U0548614

赵京华 主编

地之缘

走读于中日之间

王中忱 著

图书在版编目（CIP）数据

地之缘：走读于中日之间/王中忱著. —北京：知识产权出版社，2022.4

（观日文丛/赵京华主编）

ISBN 978 -7 -5130 -7830 -6

Ⅰ.①地… Ⅱ.①王… Ⅲ.①比较文化—中国、日本—文集 Ⅳ.①K203 -53②K313.03 -53

中国版本图书馆 CIP 数据核字（2021）第 236316 号

责任编辑：李　硕　　**责任校对：**谷　洋

封面设计：杰意飞扬·张　悦　　**责任印制：**刘译文

地之缘

——走读于中日之间

王中忱　著

出版发行：	知识产权出版社有限责任公司	**网　　址：**	http：//www.ipph.cn
社　　址：	北京市海淀区气象路 50 号院	**邮　　编：**	100081
责编电话：	010 -82000860 转 8342	**责编邮箱：**	lishuo@cnipr.com
发行电话：	010 -82000860 转 8101/8102	**发行传真：**	010 -82000893/82005070/82000270
印　　刷：	三河市国英印务有限公司	**经　　销：**	新华书店、各大网上书店及相关专业书店
开　　本：	880mm×1230mm　1/32	**印　　张：**	10.625
版　　次：	2022 年 4 月第 1 版	**印　　次：**	2022 年 4 月第 1 次印刷
字　　数：	202 千字	**定　　价：**	59.00 元

ISBN 978 -7 -5130 -7830 -6

观日文丛

缘　起

“观日”，自然是观察和叙述日本的意思，但本丛书是从中国的视角出发来观察邻国日本，因此也就同时包含了中日之间思想文化的种种“接点”，呈现了双向交叉、彼此对话的关系。这是本丛书收入作品的共同特点之一，即以中日近现代思想、文化、艺术的关涉为主题，从东亚区域的视角出发，侧重挖掘和描述中国与日本之间多被遗忘的各种复杂关联，以及当代日本文化的众生相。

日本是一个复杂的观察客体，中日近现代关系更是十分缠绕，难以述说清楚，需要人们从总体性的方面和综合的文化视角加以观照。而在人文社会科学不断分科细化、研究题目渐趋专业窄化并形成通观障碍的当今，努力打通学科壁垒，实现交叉跨越，从而获得对观察对象的整体观感，也就显得十分重要。

本丛书的作者们都是在大学或研究机构从事教学科研的学者，在各自的领域自然要根据学术规范生产一些专业性研究论文。然而，为了打开视野、把握日本或中日关系的大势，我们也时常跨出专业领域，写作一些跨学科乃至跨文化的尝试之作。这些文章文体灵活机动，往往取不拘一格、率性而谈的形式，反而可以直抒胸臆，达到通观全局的效果。本丛书所收的大概是这样一些文章的结集，称之曰学术随笔或知识小品均无不可。

对学术之外的现实关怀，也是本丛书作者们共通的追求。那就是，在当今东亚局势扑朔迷离、复杂多变的情况下，以文化搭桥实现民间的对话互动，就成为促进相互理解的不可或缺的重要力量。我们希望，未来的东亚能够成为一个和平共生而彼此和睦的共同体。如果本丛书可以起到加深东亚各民族文化沟通、推动心灵交流的作用，或至少帮助中国读者打开几扇了解日本的窗，那么丛书作者们哪怕付出再多辛劳，也在所不辞。

以上，是我们编辑这套“观日文丛”的缘起。

赵京华

2021 年 10 月 23 日

小　引

人和在地居所之缘有时微妙得让自己也觉得不可思议。相信这不只是我一个人的经验：和故土距离越远反而越会意识到它的存在。本书“Ⅰ”虽然题为“东北亚”，所收文字的内在主线却是我的故乡中国东北地区的历史，关注重点则在明清以来这一地区人与物的流动，以及由此交织纠结的国家和族群之间的复杂关系。2008年，我到坐落于日本京都洛西地区的国际日本文化研究中心（简称日文研）做客座研究员。那里的地理气候接近中国的江南，夏日细雨霏霏，即使到了冬季，凭窗望去绿色仍是底色，近树远山上点缀着花的洁白和深红，而我就在这江南般温润的风物里，埋头阅读有关北部东亚朔风卷雪地带的文献。偏巧有朋友接手办了一本杂志，在我动身赴日之前特地来约写专栏，于是我就写成了这样一组方便一般读者阅读的短文，注释尽量少，且都放在行文里。但现在，甚至在图书馆里也找不到这本杂志了，我只能依照电脑里留存的原稿录入，也没有办法一一注明最初刊发的卷期，好在每篇篇末都有写作时间，算是留下了当时的印记。

“地之缘”其实也是人之缘。我之所以能在京都有一段比较完整的时间集中读写北部东亚，首先受益于刘建辉先生邀我参加他主持的研究计划。建辉先生从北京大学比较文学与比较文化研究所转职日文研以后，致力于现代东亚区域文化史研究，连续多年主持国际研讨班，且努力促成了日中历史研究中心将所藏文献转赠给日文研。日中历史研究中心是在村山富市就任首相时期（1994 年 6 月—1996 年 1 月）发表承认日本对亚洲邻国侵略的历史并正式表示道歉的“谈话”之后，通过国会议案创办的，由日中友好会馆负责运营，由著名历史学家安藤彦太郎先生领衔组织。该研究中心从正视日本殖民侵略历史的立场出发，推动日中两国历史学者合作开展研究，扎实搜集文献资料，也得到了中国很多研究机构及图书馆、档案馆的响应和支持。但由于日本政局的变动，研究中心获得政府的资助不断减少，到 2005 年终于不得不停办，所藏图书档案也无处可归，甚至可能被打散处理。在此时刻，正是由于建辉先生和安藤先生，还有安藤先生的夫人岸阳子先生积极协商，多方奔走，才使这批文献最终完整入藏日文研的图书馆。而我到日文研客座的时候，正值这批文献开架阅览不久，我有幸成了较早的受惠者。

日文研每年从世界各地招聘客座研究员，申请审核颇为严格，但进入研究中心后则基本自由放任，除了要求有一次公开学术讲演，对研究课题和内容没有限制，也不要求在限定期间内提交研究成果。而日文研为研究人员准备的工作条件堪称一流，图书馆里相关专业文献收藏丰富，馆际互借业务尤其周到高效。热心又具有很高专业素质的馆员甚至会根据你所查找的文献，提示你不曾注意的线索。日文研内设有多种类型的研究班和研讨会，既有基本成员作为主体，也向所有感兴趣者开放，特别鼓励跨国和跨学科的交叉融合，也鼓励到历史事件发生现场做田野调查。作为建辉先生主持的研究班成员，我们曾一起到紧邻韩国釜山的对马岛，向当地的史志研究者请益，也曾到符拉迪沃斯托克（海参崴）和俄罗斯远东国立大学东方学院与同行交流研讨。有了这些游历经验，我在那年夏秋之交重回吉林和黑龙江地区，观察和思考也多了维度。在日文研期间，我完成了一篇综合考察清代中国东北地区人口移动与族群混融的论文，开篇从日本探险家间宫林藏到黑龙江下游踏查、目睹清朝边界朝贡贸易的景象提起问题，就是试图超越通常仅仅局限在一个国家内部的地方史框架，努力从多国交错的关系中考察一个地区结构性变动的尝试。此文先后两次在日文研内的研讨会上发表，多方听取了批评意见，最后修改成稿，收入姬田光义先生主编的《北・東北アジア地域交流史》（有斐阁 2012 年版）。因为时间关系，此次未能翻译成中文收入本书接受更多方家指教，颇感遗憾。

而我对东北亚区域文化史产生有意识的关心，则早于到日文研客座，回想起来当是在20世纪80年代末留学大阪外国语大学时期，在西村成雄先生的研讨课上开启端倪。西村先生的成名作《中国近代东北地域史研究》(1984)，是在批判日本近代东洋学脉络上的所谓“满蒙史”研究基础之上开展的地域史研究力作，后来他的研究又拓展到20世纪中国政治、外交和经济、社会等诸多领域。我被西村先生的研讨课吸引，自然首先因为课堂的讨论题目有一部分和中国东北地区相关。我曾生长于斯的地方，本来以为很熟悉，但参与讨论后却突然感到陌生，从而产生重新了解和认识的欲望；而西村先生把地域史研究和整体性把握现代中国的历史结合起来，并进而延展到东亚区域分析的方法，也让我感到了特别的魅力。但更重要的原因，是西村先生的师者风范，他对学生的真心关切。即使在我留学结束归国以后，也经常接到先生寄来的论著，每当他来中国参加学术会议，总会约我见面。有时我到日本做学术发表，他只要知道，一定会抽出时间赶来，并在会后留下长谈，给我很多建议和指教，使我这个一直以文学研究为业的人，体认到了突破学科藩篱的必要，也增强了勉力一试的勇气和信心。当然，由于既有的训练和兴趣所在，我更关注的是有关某一区域的历史叙述的形成过程，考察其知识谱系，分析对其产生制约性影响的现实政治情境。本书“Ⅱ”所收文章，虽然论题各异，但在这一方面来说主旨大体是相近的。

本书“Ⅲ”至“Ⅴ”所收文章，大都以文学艺术为讨论主题，与我的主业比较文学研究更为接近，且多从具体的文本分析入手展开讨论，但我注意不把文本视为自足之物或透明之物，而是同时考察文本的物质性（如小说印刷，藏书作为载体等），关注文本生产场域的变化对文本意义生成的影响。现在回头检视，或许可以说，尝试把比较文学和区域文化史研究结合起来，是这些文章的共有特色。尽管写作当时，我本人并没有清楚地意识到。

走读于中国和日本之间，是我一段时间内的生活状态，也是本书所收多篇文章得以写成的条件。感谢赵京华兄在筹划“观日文丛”时想到来招呼我，我的这些文字其实既观“日”也观“中”，更多描述的是中、日对观，和文丛的主旨或许并无偏离，但因为最初刊发多为学术论文体式，此次即使努力简略注释，终不能达到随笔文章的灵动，也得到了京华兄的宽厚接纳。感谢责任编辑李硕女士，她默默地为打理本书的文字和注释体例等所做的工作，让我深深感念。

2021 年 11 月 7 日

立冬之日，写于清华园

目　录

Ⅲ 活的文本：物质性与跨域性

Ⅳ 介入的谱系

Ⅴ 视觉意象的流动与再生产

I

东北亚：交错的历史光影

虾夷锦

1593 年，也就是日本的文禄二年，在诸侯纷争中崛起的丰臣秀吉已经获得了控制日本全国的霸权，正野心勃勃地部署和指挥对朝鲜的侵略战争。这年 1 月，在驻节之地九州肥前海滨的名护屋（位于今佐贺县内），他接见了来自北海道的、日后的松前藩藩主蛎崎庆广。

准确地说，北海道这一地名那时还没有诞生，那一块地方当时的称谓是“虾夷岛”，而蛎崎庆广也还没有藩主的名号。两年以前，丰臣秀吉初定天下，“虾夷岛主”蛎崎曾和日本东北地区的大名（诸侯）安东实季到京都觐见，却未能像安东氏那样得到委任。这当然因为蛎崎原本隶属于安东实季的麾下，虽然代理安东氏越海管理虾夷岛后逐渐坐大，但毕竟身份未改，名分依旧。另外，则可能因为他的领地在当时日本人的印象中还属于荒蛮之地，不值得重视。但在丰臣秀吉与朝鲜开战时，蛎崎赶来主动请缨，情况就很不相同了。丰臣秀吉正式给了他一个头衔：“志摩守”，让他回自己的领地备战，以防“高丽”从北方袭来。1603 年德川家康取代丰臣政权，在江户（今东京）开设幕府后，也延续了对“志摩守”

的认可，并于1604年给蛎崎氏颁发了盖有墨色大印的任命书。而在此之前，1599年，蛎崎庆广已经把自己的姓氏改为驻所的地名“松前”，进入江户时代，他的领地也就自然被称为“松前藩”。

其实，早在名护屋谒见丰臣秀吉之时，蛎崎庆广就曾拜见过德川家康。不知为什么，当时身为丰臣政权重臣的德川最为关心的却是蛎崎身上的华贵服饰。据一部用汉文写成的松前藩藩主家谱说，当时德川曾“称美之甚”，而蛎崎也很会见机行事，立刻把锦袍脱下来恭敬呈上。而当德川家康成为幕府将军之后，这种被叫作“虾夷锦”的锦衣，就成了松前藩向幕府贡献的主要特产之一。

这段逸闻经常被后世的历史学家当作描述“虾夷岛”如何被编织到日本中央政权体系的有趣事例而引用，但近年则有一些民族学、人类学研究者开始注意追究“虾夷锦”的来历。在地处边鄙的虾夷岛上，除了藩主蛎崎等从日本本岛侵入的外来统治层，作为原住民的“虾夷人”多以渔猎为业，绝无生产如此精美锦衣的可能。通过对历史文献、档案和实物的调查，现在已经清楚，这些丝织品其实来自中国。在现藏于日本青森县的两件“虾夷锦”上，分别绣着的两位“苏州织造”官员的名字，就是明证。其中的一位官员“舒文”，曾在乾隆三十六年（1771）到四十二年（1777）间担任“苏州织造”（据泷本寿史《青森县现存之虾夷锦》），时间应该在出身于“织造世家”的《红楼梦》作者曹雪芹去世以后。

出产于中国江南、由清朝内务府监造的高级丝绸和华贵官服，为何会变成“虾夷锦”出现在日本的北方？其间的故事甚多。概言之，当时的清王朝按照朝贡体制的原则，在黑龙江下游至库页岛地区推行了一套贡纳恩赏的制度。生活在这一地区的鄂伦春、达斡尔、赫哲族人向清政府贡献貂皮，清政府则赏赐乌林（也写作“乌绫”，意为财帛），其所值远多于贡品，以示天朝皇恩浩荡。获得乌林赏品的游猎民族其实也懂经商之道，他们用包括乌林在内的特产和库页岛、虾夷岛住民交易，有力刺激了这一地区的经济贸易。因为库页岛、虾夷岛住民把黑龙江流域的住民统称为“山丹”，和他们进行的交易便被称为“山丹贸易”。17 世纪中叶，东来的俄罗斯人的暴力抢掠曾给这一地区带来动荡不安，但康熙皇帝主导的军事反击和《尼布楚条约》（1689）的签订，则维护了这一地区的稳定和繁荣。

以往人们讨论清朝处理周边民族或国家关系的朝贡体制，常常只把它理解为落后的“天朝心态”和维持所谓“华夷秩序”的一种愚蠢形式，且将其看成西方近代“平等的条约体制”的反面衬托。重新发掘清朝朝贡体制下形成的“北方丝绸之路”，也许会矫正这些历史偏见。日本民族学研究者佐佐木史郎曾说过，尽管“如果”是历史研究的禁忌，但我们想象一下“如果”，还是很有意思的。“对于黑龙江、库页岛的原住民来说，如果俄罗斯人在 17 世纪纷争中获得胜利，那么，他们现在所遭遇的事关民族存亡的危机，可能会提前两百年到来。而 18 世纪的‘山丹贸易’，也可能走上完全相反的道路。”（《来自北方的交易民族》，日本放送出版协会 1996 年版）

2008 年 2 月 16 日写于北京

“红楼”里的轻裘

一位研究云锦的专家说，他读《红楼梦》，满眼所见都是锦缎绮绫。听时禁不住生出很多感慨：真是各人有各人的“红楼”，诸如我辈，只关心情节热闹，读到那些穿着打扮的地方，常常是要跳过去的，哪里会注意衣料的质地纹样？不过，从那以后，再读《红楼梦》，却也会不自觉地留心其中的服饰描写，有时还去翻翻相关资料，慢慢也就知道，从“红楼”说到锦缎，这样的书和文章已经很多。这当然不足为奇，小说作者的“织造”家世，和大观园里仿佛江南的风物，都诱导人们朝这方面联想。但人们似乎很少注意，大观园里也有春夏秋冬，其间的人物不仅衣锦，也要衣裘。所谓锦衣轻裘，才是“红楼”人物服饰的完整特征。

其实，在小说的描写里，本就是锦裘相映的。比如最为人称道的王熙凤“人未至声先到”的初次亮相，不仅她那旁若无人的笑语惊人，服饰的华丽也明显“与众姑娘不同”：“彩绣辉煌，恍若神妃仙子。头上戴着金丝八宝攒珠髻，绾着朝阳五凤挂珠钗；……身上穿着镂金百蝶穿花大红洋缎窄褃袄，外罩五彩缂丝石青银鼠褂，下着翡翠撒花洋绉裙”（第三回）。其中的“五彩缂丝石青银鼠褂”，衣里镶缀的便是银鼠皮。而“刘姥姥一进荣国府”时，正当岁暮冬日，看到的毛裘服饰自然更多：“那凤姐儿家常带着秋板貂鼠昭君套，围着攒珠勒子，穿着桃花撒花袄，石青缂丝灰鼠披风，大红洋绉银鼠皮裙”（第六回）。当然，虽然按照小说的叙述，这是刘姥姥的眼中所见，但这位乡下老妪肯定搞不清这些服饰的名堂。据专家注释，所谓“昭君套”，就是没有顶的女用皮帽罩，“秋板貂鼠”则是秋季绒毛尚未长全的貂皮，比夏季捕猎的“夏皮”稍佳，但不如“正冬皮”。小说交代这是凤姐的“家常”装束，看似不经心的一笔，其实里面自有讲究。“红楼”人物中服饰华丽可以和凤姐媲美者，大概要数宝玉了。他去探望宝钗时身上穿着的“秋香色立蟒白狐腋箭袖”（第八回），就是以轻软纯白的狐腋积之而成的，名贵异常。

如同虾夷锦不产于虾夷之地一样，不必说，“红楼”里的轻裘也不出于“织造”所在的江南，而是来自遥远的北方。从黑龙江流域到库页岛、北海道，那里才是毛皮的产地。生活在那里的人们的狩猎所获，最早是从什么时候开始拿来和中原、江南地区的物产进行交换，还有待考察，但自从 13 世纪中叶元帝国在黑龙江下游奴儿干地区设置东征元帅府、建立“收贡颁赏”制度以后，以貂皮为代表的北方毛皮大规模地向内陆流动，已经是可以确认的史实。明王朝继承并发展了元帝国的“朝贡体制”，但自15世纪30年代以后，随着明王朝对北方的政治军事控制能力的逐步衰弱，贸易主导权也逐渐转到当地的女真族手上。其中，因依附明王朝而崛起的“建州女真”，也就是后来创建了清王朝的努尔哈赤一族，本来就曾通过皮毛贸易积累过财力，建立后金政权以后，当然也不会忘记把黑龙江、乌苏里江流域的渔猎部族编组到自己的管理范围之内。清王朝入关后，还专门设立了布特哈总管衙门，管理北部边疆的“打牲部落”。所谓布特哈，是满语“butha”的汉字写音，本来就是渔猎之义。“打牲部落”主要包括索伦、达斡尔、鄂伦春、赫哲等部族，他们的一项共同义务，就是向清王朝贡献貂皮。其中，黑龙江上游各族按丁纳贡，凡属于“布特哈牲丁”者，每人每岁缴纳貂皮一张；黑龙江下游各族则按户纳贡。据不完全统计，顺治五年（1648），黑龙江上游的“布特哈牲丁”贡貂约一千四百五十六张，到康熙五十五年（1716），则增至四千零九十张。可见，《红楼梦》作者曹氏家族“织造”事业兴隆显赫的时期，也是北方“打牲部落”交纳貂皮数量大幅度增加的时期。

对于缴纳貂皮的丁、户，清政府都会按例给予比较丰厚的赏赐，但因贡物皆为上品的紫貂黑貂，且为宫廷用品，自然也被社会普遍崇尚。自康熙年间起，黑龙江将军、索伦总管大臣（布特哈总管）屡屡行文，禁止贡貂丁户“在贡貂前买卖貂皮”，斥责某些贡貂丁户把御用上好黑貂皮“隐匿不送”，“高价变卖”（中国第一历史档案馆、鄂伦春民族研究会编《清代鄂伦春族满汉文档案汇编》，民族出版社 2001 年版），其实从侧面反映了当时皮货贸易的兴盛。而“锦衣”和“轻裘”荟萃“红楼”，则说明，所谓“丝绸之路”，从来就不是单向流动的。

2008 年 3 月 25 日写于京都大枝山

亦失哈：北方的“郑和”

实际发生的历史事件和后人对它的记忆和叙述，关系是很奇妙的。明代永乐年间，曾有两位人物，身份、经历和所担当的事业都非常近似，但在后世的名气却有云泥之别。一位是三宝太监郑和，他的七下西洋，不仅是历史学家持久关注的课题，也是一般百姓以及国内外各种媒体津津乐道的故事。尤其是近些年来，由于“地理大发现”越来越成为热门话题，郑和航海甚至成了一项国家级的纪念活动。比较起来，另一位永乐帝的亲信内官、也曾奉命率舰队出行的亦失哈就黯然失色了。现在，能有多少人记得他率领船队北巡奴儿干的旧事呢？

当年亦失哈船队的声势其实也是颇为壮观的。据《永宁寺记》汉文碑文的记载，永乐九年（1411），亦失哈“率官军一千余人，巨船二十五艘”，巡游“东北奴儿干国”。以后，他又多次奉命巡游奴儿干，“永乐中，……锐驾大船，五至其国”。宣德初年，明宣宗继位不久，亦失哈再次奉命到奴儿干谕抚当地民众；宣德七年（1432），他又“同都指挥康政率官军二千、巨船五十再至”奴儿干都司的治所所在——特林。（《重建永宁寺记》）而从他第一次巡视这里算起，此时已经是第二十一个年头了。

如果仅从船队规模和航行的里程来看，亦失哈也许不能和郑和相比，但亦失哈北巡却另有重大作用。明王朝在黑龙江下游设置的奴儿干都司所辖范围，西起斡难河，北到外兴安岭，南接图们江，东北则越海至库页岛，地域辽阔，境内部族众多。在元代，奴儿干地区由东征元帅府管辖，元朝覆亡以后，明太祖对北方民族部族采取招抚政策，但似乎未能在奴儿干奏效，所以《重建永宁寺记》上会有“洪武间遣使至其国而未通”的说法。有明确记载的亦失哈七次北巡，其实也就是明王朝的统治体制全面进入奴儿干的过程。自永乐朝开始，明王朝在这一地区设置了行政单位：卫所。奴儿干都司管辖的卫所有多少，说法不一，但总在三四百之间。各卫所的官员，虽然由中央政府任命，其实都由各部族的首领担任。由他们“收集旧部人民”，“自相统属”，可谓是帝制王朝体制内的一种民族自治。而由于区域行政统合，道路获得整备，以驿站为联结点的交通网络也被建立了起来。据有关史料，从奴儿干都司的治所特林，经辽东都司到北京，驿站遍布，道路畅通。这无疑为这一地区经济贸易的发展提供了条件和保证。

和郑和一样，亦失哈也不是汉族人。《明英宗实录》中有一条记事说“亦失哈本海西人”，据此可知他是女真人。在明代，女真人因居住地点以及生产生活方式而分为建州女真、海西女真和野人女真（亦称东海女真）三个部分，海西女真其时已从事农耕，和汉文化交汇较多。亦失哈所以成为北巡船队的最高领导，除了永乐帝的宠信，很重要的原因应该是他的族群出身。而他也确实比较了解当地的民情和人心，虽然知道奴儿干的女真以及“野人、吉列迷、苦夷”诸部众难于驯化，“非威武莫服其心”，每次出巡，都是坚兵巨船，但基本方策还是放在“抚谕慰安”，做道德感化工作。永乐十一年（1413）第三次北巡的时候，亦失哈在特林附近建造了佛教寺院永宁寺，并刻石立碑，颂扬“我朝盛德无极，至诚无息，与天同体”，号召当地人民归化臣服。“敕修奴儿干永宁寺碑”的碑文用汉、蒙、女真文书写，显然体现了传达给各部族民众的希望。宣德七年第七次到特林时，永宁寺已被当地的吉列迷（似乎是野人女真的一支）所毁，亦失哈也没有深加追究，而是“体皇上好生柔远之意，特加宽恕”，并在原地重新建寺立碑。

据《重建永宁寺记》上说，亦失哈的“怀柔”收到了良好效果，永宁寺重建以后，“国人无远近，皆来顿首谢曰：‘我等臣服，永无疑矣’”。这肯定也是粉饰之词。因为在亦失哈船队此次北巡以后，奴儿干都司的行政功能迅速衰弱，失去了对各卫所的管辖能力，奴儿干地区再次出现部族分立状态。而由于逃退到漠北的蒙古势力又起，使明王朝无暇北顾，连亦失哈本人后来也被派出任辽东镇守太监，指挥对蒙古军队的作战，大约在1449年因战败而凄惶回京。代明而起的清朝虽然也出自女真，但统治层多属于建州一支。并且，作为新的王朝统治者，他们极为讳言女真曾经附属明朝的史实，怎么能去宣扬亦失哈的业绩呢？而到了清末，原来的奴儿干都司治所成为俄国的领地。再后来，亦失哈当年刻立的石碑也进了异国的博物馆，这位北方的“郑和”自然就更少被人提起了。

2008 年 4 月 29 日写于京都

亦失哈的浪漫历险

故事发生在亦失哈北巡的途中。永乐皇帝的这位钦差大臣在黑龙江下游巡行时，突然遭遇暴风雪。一时间天昏地暗，伸手见不到五指。亦失哈和他的卫队艰难行进，在几近绝望之时，眼前突然耸立起一座巨大的城。城中的主宰名叫赵秦世，自称是某朝皇帝的后裔。赵秦世和他的妹妹玉芝盛情款待了亦失哈一行，并给他们安排了舒适的住处。但也就从这一夜开始，亦失哈卫队的士兵一个个相继失踪……

这个浪漫而惊险的故事没有被刻录在永宁寺的碑文上，在明代的史料里也没有记载，而是由当代日本作家田中芳树在一篇小说里讲述的。在中国，不知道是否有人知道这位作家，在日本，田中芳树可是相当知名。早在20世纪70年代读大学期间，他就开始发表小说。1978年，他以李家丰为笔名发表的《绿色草原》获得《幻影城》的小说新人奖，从此登上文坛。《幻影城》是一本专门发表推理侦探科幻作品的杂志，李家丰的创作当然走的就是这个路数。1982年，李家丰改笔名为田中芳树，并以此名发表了科幻小说《银河英雄传说》。据说第一卷推出时出版社并没有抱什么奢望，也没保证说会继续印行第二卷，但第一卷出版后销路出乎意料地好，作家也不得不一路写下去。作品到 1987 年已有十卷，每年重印五六次，还被改编成动画和电子游戏。田中酷爱中国历史，他的科幻小说混合了华丽的历史传奇，因而独树一帜。但仅仅这样，田中似乎还不能过足历史瘾。在科幻类作品之外，他写了数量可观的中国历史题材小说。当然，田中的这类小说也常带有科幻的色彩，适合改编为动画或漫画。《亦失哈的浪漫历险记》本是一篇短篇小说，改编成漫画后居然成了两册不薄的书。

了解了上述情况后，自然也就没有必要去追问亦失哈黑龙城历险故事的真与幻。而我更感兴趣的是，为何亦失哈的故事会成为日本流行作家笔下的题材？这当然与作家的个人喜好有关，但相关的社会氛围肯定也在发挥作用。一般说来，流行作家对社会阅读风气和读者阅读趣味的嗅觉，总要比所谓纯文学作家敏锐得多。

事实上，近代以来，亦失哈当年巡视的地方与中国“渐行渐远”，与日本和俄国却“越来越近”。如同 J. J. 斯蒂芬在《萨哈林：日中苏抗争的历史》（1971）所概括的那样，近代以前，从萨哈林到黑龙江流域，是中国独大，近代以后，则逐渐成为俄国和日本的角逐地。首先是俄国利用中国在第二次鸦片战争时期面临的危机，先后通过《瑷珲条约》（1858）、《北京条约》（1860），将黑龙江以北、乌苏里江以东的土地纳入自己的版图。这一事件甚至引起了马克思的注意，他在《中国和英国的条约》一文中评论说："由于进行了第二次鸦片战争，帮助俄国获得了鞑靼海峡和贝加尔湖之间最富庶的地域。"而从那以后，在鞑靼海峡对面的萨哈林岛（库页岛）上，俄国和日本的争夺就日益激烈。先是双方向岛上移民，随后便提出主权要求。但在19世纪前期，日俄两国大约都觉得对方势均力敌，所以，尽管摩擦不断，还是签订了《日俄亲善条约》（1855）。后来，双方又商定把萨哈林岛（库页岛）完全划归俄国，而作为交换条件，俄国同意千岛群岛归属日本。这就是1875年签订的《萨哈林·千岛群岛交换条约》。当然，日俄两国商谈交换时，并没有想过去征求岛上原住民的意见。

但后来日俄两国关系还是走到了兵戎相见的地步。把中国东北作为战场的日俄战争，其实也波及萨哈林岛（库页岛）。日本获胜后，不仅获得了中国东北地区的南部——所谓"南满"的权益，也顺势占领了萨哈林岛（库页岛）的南部，并在那里统治到1945年。"二战"以后，萨哈林岛（库页岛）和千岛群岛都归属了苏联，但对于距离北海道较近的四个岛屿的主权所属，两国争议激烈。苏联解体以后，俄罗斯放低身段，提出了诸如"首先返还两个岛屿""共同统治"等方案。虽然日俄交涉至今没有结果，但漫长的争议和交涉使"北方"成为日本媒体特别热衷的话题。而"二战"后从萨哈林岛（库页岛）、千岛群岛等地遣返归来的日本人的各种活动和撰写的回忆录，更让“北方”充满了乡愁。

近些年来，在日本，和俄罗斯合作进行“北方”历史、文化的研究也开始活跃。其中，日本北海道大学和俄罗斯萨哈林国立大学、日本中央大学和俄罗斯萨哈林国立大学的合作研究，都已经有分量厚重的研究报告出版。后者的研究项目，还邀请了中国学者参加。在此以前，日本、中国学者直接进入这一地区的机会很少，研究主要凭借文献，自然局限很多。现在的合作研究，由于俄罗斯方面的参与，得以把文献和历史遗存相互印证，一下子获得了飞跃性进展。比如，永宁寺遗址的调查，对确认明代奴儿干都司的位置，考察奴儿干地方住民的宗教信仰，都大有助益。还有，对位于萨哈林岛（库页岛）南端的白主土城遗址的调查，证明了该城的修筑技术与日本国内迥异，而属于中国的金、元、明时代的筑城系统。不必说，这也为进一步探索中国在这一地区的历史影响，以及这一地区住民和中国的关系，提供了新的线索。

这些考古寻旧的研究和当下的现实是否具有某种关联？这当然不宜做过于直接的牵扯。但各方面的视线朝这一地区集中，则肯定和冷战结束之后这一地区在东北亚政治经济格局中所处的位置有关。对此，也许身居此地的人们感受更为直接。在现在的俄罗斯版图里，从黑龙江下游到萨哈林岛（库页岛），都属于远东的沿海地区。自从苏联解体、市场经济导入之后，运输价格的高涨使这里与俄罗斯的欧洲部分“越来越远”，而在经贸往来方面，则和近邻的中国、日本、韩国越来越密切。为了改变在俄罗斯联邦内部被边缘化的处境，远东沿海地区官商学各界都在努力设法培养、激发地方的自主性和发展活力。俄罗斯科学院远东分院于1998出版的《俄罗斯沿海地区历史》，虽然是讲述历史，但也明显指向当下和未来，其中明确写道：“可以预测，沿海地区将不仅作为俄罗斯在远东的桥头堡和通往西伯利亚的关门，也作为面向东亚和太平洋沿岸国家的大型国际贸易金融中心，在世界经济、政治中发挥作用。”但该地区对进入东北亚经济圈也疑虑重重，同书在“20世纪90年代初东北亚诸地域人口、人口密度表”后所附的分析，既谈到沿海地区地广人稀、资源丰富的优势，也强调近邻国家和地区的人口所带来的紧张和压力，显然就是这种担心的流露。

表1 20世纪90年代初东北亚诸地域人口、人口密度表

地域	人口 （百万人）	人口密度 （人/平方公里）
日本	123.6	327.2
朝鲜民主主义人民共和国	21.3	174.2
韩国	42.8	431.5
中国东北	99.3	127.3
俄罗斯远东沿海	2.3	13.9

这本《俄罗斯沿海地区历史》是一本教科书，供俄

罗斯十一年义务教育的八、九年级学生使用，相当于“中学历史”，但不是俄罗斯指定的国家历史课本，而是一本乡土历史教材，由远东沿海地区政府和教育局推荐，各学校自由选择使用。2003 年，日本翻译出版了这本书，译者在“后记”说，在日本通行的世界史教科书里，有助于深入理解这一地区的信息很少，这是今后应该重视的课题。在中国，又何尝不是如此呢？

2008 年 6 月 16 日写于京都

鞑靼海峡的两岸风景

在库页岛与西伯利亚大陆之间，有一条狭长的海峡，北接鄂霍次克海，南通日本海。关于这条海峡的名字，英美的地图多用英语标记为“Tatar Strait”，俄罗斯的地图标记为“Татарский пролив”。很显然，相当于定语位置上的“Tatar”的发音，是来自古代中国对蒙古、女真等北方民族的称呼：鞑靼。在中国的地图上，这条海峡用汉字写作“鞑靼海峡”，无疑也是出于同样的缘由。

但日本的地图例外。在现今日本通行的地图上，这条海峡的正式名称是“间宫海峡”。“间宫”是日本的一个姓氏，而这条海峡的日本名称，也确实源自一位名叫间宫林藏（1780—1844）的人。1780年，间宫林藏出生于日本常陆国筑波郡（今茨城县筑波郡）的一个平民家庭，父亲有箍桶的手艺，可能对其有较大影响。后来，间宫林藏凭借修筑水堰的一技之长，成为德川幕府的职业工匠。18世纪后期，因《尼布楚条约》的限制而无法在黑龙江流域活动的俄国人开始在日本北方的海域出没，引起松前藩乃至德川幕府的注意和警惕。也就是在这一时期，间宫林藏等人奉调从江户（今东京）往虾夷之地进行地理探查和测量。1809 年 7 月 2 日，在桦太岛（库页岛）住民的帮助下，间宫林藏渡过鞑靼海峡，到达黑龙江下游地区。回国以后，他向幕府提交了报告书和手绘地图，而根据他的踏查见闻写成的记录，被题名为《东鞑地方纪行》，表明当时的人们（包括日本人在内）都把海峡对岸的广漠大陆称为“鞑靼之地”。

间宫“发现”了一条“海峡”，这在当时属于国家机密。无论德川幕府还是间宫林藏本人，都没有对外张扬。十多年后，一位旅居日本名叫施福多（V. Siebold，1796—1866）的德国医生知道了此事。这位医生具有博物学家的好奇心和搜集癖，1823 年来到日本后，以近乎狂热的情绪，大量搜集所有关于日本社会制度、风俗人情、山川形胜、动物植物等书籍、器具各类资料。间宫林藏的探险记和绘制的地图，自然引起他的极大兴趣，但也因此触犯了当时日本的国家禁忌。1828 年，施福多遭到拘禁审讯，随后被驱逐出境，许多和他有联系的日本人也惨受牵连。但被逐出日本国境的施福多仍然按照一个欧洲学者的脾气行事，1829 年在德国地理学会的学术报告会上发布了间宫林藏的越海探查，并把“鞑靼海峡”用欧文写作“间宫濑户”“间宫海峡”，后来又在自己的著作《日本》（1832—1854）中翻译、引录了《东鞑地方纪行》。

施福多对“间宫海峡”的宣扬，直到间宫林藏去世以后，才逐渐被日本国内重视。到了明治维新以后，特别是在日俄战争时期，这甚至成为日本争取桦太岛［萨哈林岛（库页岛）］主权的历史依据。从那以后，间宫林藏的“发现壮举”便在日文语境中被不断叙述，渲染得近乎哥伦布发现新大陆一般。一本权威的间宫林藏传记开头便说：“间宫海峡，在外国人绘制的地图上，以日本人作为发现者予以标记的，仅此一地。”（洞富雄：《间宫林藏》，吉川弘文馆 1960 年版）而在日本通行的中学地理教学参考书上，则有这样的记述：（间宫林藏）“1800 年左右，赴千岛・桦太探险，证实桦太不是半岛，而是一个岛屿。（该岛）与大陆之间的海峡称间宫海峡。”（《中学地理详解参考书》，教学研究社 1990 年版）

从上述过程可以看出，所谓间宫林藏“发现”间宫海峡，其实是日本民族主义思潮与欧洲人对亚洲历史地理的误读相结合而构筑出来的神话。不必说，库页岛以及黑龙江下游的住民早就知道海峡的存在，这在《东鞑地方纪行》里就有明确记载。在间宫越海之前，当地的“土人”就告诉他，“桦太地方本来就是一个独立的岛屿，没有和大陆连接”。而在中国的地理知识中，从元明时代起，库页岛与大陆之间的海峡就不是什么秘密，而在 18 世纪初期刊行的康熙《皇舆全览图》上，已经标明库页岛是个独立的岛屿。实事求是地说，间宫林藏的“地理发现”，仅在扩大日本人的地理视野层面上具有意义。

但《东鞑地方纪行》所记录的黑龙江下游地区朝贡仪式的一幕风景，却是关于北方丝绸之路的珍贵资料。

据书中说，桦太岛（库页岛）上的住民所以答应了间宫林藏的请求，带他乘船过海，其实是因为他们自己也要到海峡对面参与朝贡贸易。1809 年 7 月 11 日，间宫林藏一行到达一个名叫“德楞”的地方，这里有“满洲假府”，也就是清朝三姓副都统衙门派往黑龙江下游巡游的官员的临时驻地。在这里，间宫林藏得以亲眼看到了“赏乌林”的别致仪式。

> 进贡之礼：下官夷走出帐门，分别传唤诸夷各部族的哈拉达、噶珊达即首领人物。帐幕之内，有上官夷三人，分坐桌后，接受贡品。诸夷脱笠跪地，三叩首，然后经中官夷引见，将一张黑貂皮呈到上官夷面前。贡礼毕，颁赏赐品，哈拉达锦一卷，长七寻；噶珊达缎四寻；一般夷众则赏赐棉布、木梳、针、锁、红绢等物。

关于清政府派出机构所举行的“赏乌林”仪式，虽然不无文献记载，但很少有像间宫林藏的《东鞑地方纪行》记录得如此绘声绘色。并且，间宫林藏还颇有绘画才能，他随手速写下的图景，在照相技术尚未出现的时代，就更显得珍贵。书里写到的“上官夷”“中官夷”“下官夷”，是间宫林藏对三姓衙门派出的不同级别官员的称呼，他们自然都有正式的官职和姓名。间宫林藏得到了他们的名片，分别是正红旗满洲世袭佐领舒托精阿、镶红旗六品骁骑校葛拨勒浑阿、正白旗满洲委署笔帖式鲁伏勒恒阿。间宫林藏看到，这些官员虽有上下之别，但并无严格的等级之礼。官员和前来朝贡贸易的各部族民众之间，更不拘礼节，包括“上官夷”在内，都非常随意地在“诸夷”群众中走来走去，不带扈从。“中官夷”“下官夷”，则更为平易随便，和相互交易的“诸夷”交谈笑骂，甚至饮酒作乐，亲如家人。官员们对间宫林藏也特别友善，招待他到帐中就餐饮酒。席间汉字笔谈，一位“官夷”听说日本不到中国朝贡，颇感诧异不解。这引起了间宫林藏的感慨，事后还不忘在《东鞑地方纪行》中留下一段文字，指责清朝“官夷”的“骄傲自大”。其实，如果想想此时（1809）的中国，虽然已经改换了嘉庆年号，但尚沉浸在乾隆盛世的余韵之中，北徼无事，官员们言笑晏晏，面露自得，也在情理之中。但如前所述，间宫林藏的北方探查，其实是对俄国扩张压力引起的反应，意味着《尼布楚条约》以后形成的稳定的东亚世界秩序以及繁荣畅通的北方丝绸之路开始出现危机。从这样的意义上看，间宫林藏的跨海之旅，与其说是一次地理发现，不如说是对当时东亚世界危机的最早警报。

2008 年 7 月 23 日写于京都

北疆“外记”的命运

在“德楞”地方，间宫林藏曾向清朝官员询问俄国的边界，被报以颇为不屑的神情，清朝官员称俄国为属国，不认为两国之间有边界可言。这也是间宫林藏在《东韃地方纪行》中记录下的清朝官员盲目自大的言行之一。间宫林藏的批评虽然不无道理，但也有些责之过苛。这几位来自三姓副都统衙门的官员，虽在边地受贡颁赏，但所司之职仍属于国内公务，对域外事物懵然少知，也在情理之中。更主要的是因为当时中俄之间确实相安无事，不要说一般官、民，即使是身涉边事的军人，也还没有感觉到俄国有重新东扩的可能。据成书于间宫林藏渡过鞑靼海峡之后的《黑龙江外记》（1810）记载，那时的中俄边界并无常备军队卫戍，仅每年五六月间，由黑龙江将军派遣“齐齐哈尔、墨尔根、黑龙江协领各一员，佐领骁骑校各二员，共兵二百四十名，分三路至格尔必齐、额尔古纳、墨里勒克、楚尔海图等河巡视，谓之查边”。

而边界对面的俄国人的态度也颇为友善。《黑龙江外记》中说，清朝中国的“查边”部队行至格尔必齐河边界，便有俄国官员名玛玉尔者前来迎接，“待以宾礼”，且邀请中国查边官员到其驻地，“盛设酒肴，极款洽意”。而俄国人的生活习俗，显然给中国官兵留下了深刻印象。作者不厌其详地描写道：“屋不甚高敞，四面多窗，无棂，皆嵌玻璃，酒五色，颇香清，然限三爵，不多进。食则用匕，故我官宴玛玉尔，设挂面，玛玉尔爱之，难于入口，以彼俗不惯用箸虐之也”。不必说，中俄边界上其乐融融的气氛，是《尼布楚条约》签署以后一百多年的和平养育出来的。1689 年，清朝皇帝康熙（1654—1722）知道主要威胁来自准噶尔，而俄国的沙皇彼得（1672—1725）刚刚接近成人，尚未到欧洲历练，还没有生长出强烈的扩张欲望。可以说，当时两个帝国都清楚自己的界限，所以才理性地控制了过分冲撞。

当然，承平日久，一个社会很容易产生惰性，如果内部缺少恰当的应对机制，就难免由惰而腐。这在清朝北疆的朝贡贸易中也有体现。清政府对黑龙江上游以渔猎为生的各部族人的管理是颇为严密的，基本都编组到布特哈总管衙门之下，而凡属于“布特哈牲丁”，“无问官兵、散户，身足五尺者岁纳贡貂皮一张，定制也”。（《黑龙江外记》）对贡献貂皮者，照例都有赏赐。赏品主要为锦缎、布匹、鞍镫、靴帽以及棉线木梳等日常生活用品。康熙三十五年（1696）以后，颁赏章程有所更动，直接或间接领取饷银的牲丁们缴纳貂皮算是义务，只有散居在山野里的无饷牲丁才能领取奖赏。

收取贡品和颁赏，本来都由布特哈总管衙门主持，但从康熙后期，布特哈总管衙门划归黑龙江将军节制，收纳贡品也由将军主持。据《黑龙江外记》记载，“选貂之制”一般都是“将军副都统坐堂上，协领与布特哈总管分东西席地坐中，陈貂皮，详视而去取之”。按当时规则，牲丁交纳的貂皮，必须是检验“入格”者才能充贡，不入格的统统“玛克塔哈色克”，也就是“掷还”，听由牲丁们自由买卖。不必说，很多“学问”就出在这根据官员的“详视”分辨等级和决定“去取”之间。包括将军在内的官员，竟然把“入格者故为掷还，阴以贱值逼卖”，用此手段，把上好的贡品弄到自己手上，目的当然是自己享用或拿去发财。

《黑龙江外记》之外，类似的记载也不罕见，甚至成为地方官员的奏文和皇帝批复的内容。如乾隆八年（1743），时任副都统的巴灵阿上奏皇帝，首先为自己辩诬，称“将军博第说我收取拿获鄂伦春人价值六两貂皮一张未给价银，纯属无稽之谈”，然后揭发“将军博第每年于挑选进贡貂皮、封固所剩貂皮之次日，选取好貂皮、貂尾，以低价强买”。（中国第一历史档案馆、鄂伦春民族研究会编《清代鄂伦春族满汉文档案汇编》第一八〇件，民族出版社 2001 年版）此项案件在当时应该得到了处置，但在贡貂过程中的贪腐之风非但未被刹住，反而愈演愈烈。乾隆六十年（1795），户部尚书福长安作为钦差到齐齐哈尔视察，其写回的奏折仍说：“近几年，从挑驳貂皮内，将军、副都统率员低价购买，逐年增多，布特哈地方人众颇受其苦。倘不制定章程，嗣后仍不能消除此弊”。（中国第一历史档案馆、鄂伦春民族研究会编《清代鄂伦春族满汉文档案汇编》第二〇八件，民族出版社2001年版）毫无疑问，这些留在官方文件上的文字，都鲜明地显现了当时官场的腐败程度。

《黑龙江外记》的作者西清是满洲旗人，也是名臣鄂尔泰的曾孙，嘉庆年间曾任齐齐哈尔的汉文学塾之长，在公务教务之余，为北疆地方撰写史志，显然是颇有远见和志向的人士，不属于官场上那些醉饱终日的庸碌之辈。但该书写成后未获刊刻，到了同治年间，才有关心北方历史地理的何秋涛、黄彭年等人予以注意，而传抄借阅，也是在有限的范围之内。直到光绪二十年（1894），也就是甲午战争惨败以后，此书终于被视为了解东北地区不可或缺之文献，且有校刊出版之议。但此时的北疆早有大片土地被划进俄国的版图，而对于黑龙江地区，其实需要新的“外记”了。

帝国的疆缘

在清代，黑龙江下游、乌苏里江以东直到萨哈林岛（库页岛），都属于吉林将军的管辖范围。在这一区域，清政府没有采用八旗军政制，也没有建立一般的州县民政制，而是顺应当地部族原有的聚落形态，推行了一种“噶珊制度”。所谓噶珊，在汉文文献里也写作嘎山、哈沙等，据说是满语发音的转写，就是村屯的意思。每个噶珊的人丁多少不等，小嘎珊不过三五户人家，大嘎珊则多达七八十户。这些村落，当然原来都有族长、村长之类的首领，清政府以此为基础，任命嘎珊达（乡长），然后由若干乡组成一个哈拉（即“姓”）。哈拉达亦即姓长，统属于三姓副都统，再上面，则是吉林将军。

三姓副都统衙门管辖下的噶珊究竟有多少？据《大清会典》卷八十四记载：“三姓所属赫哲、费雅喀、奇勒尔、库叶、俄罗春、恰克拉五十六姓、二千三百九十八户。”这其实只是一个大概的数字。清政府对这一地区的住民管理，主要通过纳贡颁赏的方式进行：把自动前来纳贡的部族或村落记录在册，任命首长，同时派遣官吏到各地招抚劝诱，鼓励更多的原住民进入纳贡体系，但并未进行大规模的人口普查，更没有在人口普查基础上确定纳贡人数。这在当时，既无可能也没有必要。因为对清政府来说，对纳贡的边民赏赐乌林（有时也写作“乌绫”），其实已经成为不小的财政负担。所以，到了乾隆十五年（1750），曾明确规定：“纳貂皮贡之赫哲费雅喀二千二百五十户及库叶费雅喀一百四十八户永为定额，嗣后不准增加。”（辽宁省档案馆等译编《三姓副都统衙门满文档案译编》，辽沈书社1984年版）也就是说，清政府并不希望纳贡臣民的人数无限制地增多。

似乎有人认为，近代以前的中国，尤其是清代中国，是“天下国家”型的帝国，正所谓“普天之下，莫非王土；率土之滨，莫非王臣”。按照这样的逻辑，天子受命于天，管理天下的一切，帝国的疆缘可以是无限的。但从上面所举的这个不算很大的事例可以看出，事实并非如此。作为以农耕为主的王朝国家，清帝国对外伸张的欲望和冲动，受制于内部的需求和能力。可以和限定北疆纳贡边民户数的举措相联系的，还可以举出康熙五十一年（1712）颁布的有关丁银税额固定的谕旨。该谕旨明确宣布：此后“滋生人丁永不加赋”。这不仅是清政府对内的休养生息，同时意味着其对外开疆扩土的冲动已经开始消落。

前面多次说过，清代中国北疆的长期安定局面，与康熙皇帝主持签订的中俄《尼布楚条约》关系密切。但《尼布楚条约》后的沙俄帝国是否停止了对外伸张的欲望呢？那倒没有。俄国只是改换了方向，把扩张的路径转向了鄂霍次克海和北太平洋。俄国人先是在千岛群岛向原住民征收貂皮，随后，因为在这一带发现了比黑貂更为珍贵的动物——海獭，追逐的目光自然由荒野丛林转向了海洋。从千岛群岛到萨哈林岛（库页岛）、北海道沿海，俄国人一路疯狂收夺，使得此类生物顿然减少。1741 年，当年应彼得大帝之邀任职于俄国海军的丹麦探险家维他斯·白令（1681—1741）从鄂霍次克海出发，向北太平洋航行，穿越白令海峡，登陆阿拉斯加，确认了另一片大陆的存在，也找到了更为丰饶的海獭新产地。维他斯·白令在归途中病死，但他的船队带回了数百张海獭皮。从那以后，俄国人在阿拉斯加湾设置了狩猎基地。据研究，从 1743 年到 1800 年，俄国船队在这一海域进行了一百多次航海，获取的海獭皮销售总额超过 800 万银卢布。海獭皮因此被称为“柔软黄金”。

这里所说的俄国人，主导力量是西伯利亚的俄国商人。其中最著名的是谢利赫夫，属于从欧洲大陆到西伯利亚掘得“第一桶金”的一代。受“柔软黄金”的诱惑，西伯利亚的皮货商人纷纷向北美大陆伸手，一时间有三十多家从事北美贸易的公司成立。但毕竟海路艰辛，且有当地原住民的猛烈抵抗，众多公司都在这场淘金浪潮中消散，唯有谢利赫夫异军突起。1784 年，他在北美大陆的一座岛屿上建立了永驻基地，随后，便向俄国的西伯利亚总督提交了详细的殖民计划。为确保公司在阿拉斯加沿岸皮货交易的垄断权，谢利赫夫建议把这一地区列入俄罗斯帝国的领土。很明显，他很懂得把商业利益的追逐和帝国领土的扩张巧妙地编组在一起。

1795 年，谢利赫夫公司的船队带回价值一百五十万卢布以上的皮货。他成为西伯利亚最富有的商人之一，并受到俄国女帝叶卡捷琳娜二世的嘉奖。女帝称赞谢利赫夫公司“大有益于国家”，但为了避免和英帝国发生正面冲突，她暂时搁置了对北美大陆的领土要求。不过，1796 年女帝去世，她的后继者对领土表现出更为强烈的欲望。即位的保罗一世不仅支持谢利赫夫等人模仿英国的东印度公司组建俄美公司，明言皇帝对该公司予以保护，而且给予其垄断经营权。其最重要的保护行动，就是正式宣布阿拉斯加为俄罗斯帝国领地。这一时期，西班牙、葡萄牙、英国、法国、美国也加入了北太平洋沿岸的皮货贸易的争夺。按照通常的历史叙述，这些国家此时已经进入“民族国家”阶段，而所谓“民族国家”的明显特征，则是以明确的意识，在划定的一定区域范围内行使主权。换句话说，“民族国家”与“天下国家”的区别之一，就在于后者没有自觉的疆界意识。但本文描述的现象，也许可以给这样的历史叙述提供一个反证。被视为“天下国家”典型的清代中国，其实早意识到了自己的限界，而同时代接近欧洲“民族国家”形态的俄帝国，由于商业资本主义的推动，其疆缘的外向伸张却体现出了经营天下的志向。

当然，包括俄国在内的西方列强所进行的皮货贸易战，不是和中国没有关系。据木村和男《毛皮交易创造的世界：从哈德森湾到欧亚》（岩波书店 2004 年版）中说，自雍正五年（1727）中俄签订了《布连斯奇条约》之后，俄国获得在中国贸易的许可，其在北太平洋猎取的海獭，便陆续进入中国。从阿拉斯加海运到鄂霍次克的中转港口，然后走过大约四千五百公里的陆路，到达边境城市布连斯奇，再由商人的驼队运往北京。这路途实在漫长，但奇货暴利，促使俄国商人们勇往直前，且一直秘不示人。1778 年，英国的一个船队到达广州后发现，在这里出售海獭皮竟可获得百分之四百的利润。自此，俄国人的商业机密不再是秘密，他们对中国的高级皮货贸易也难于垄断。就此而言，西方列强对中国市场的争夺，早在 18 世纪就激烈地展开了。因为争夺的主战场在遥远的北太平洋，而中国又处于消费国位置，所以国人在当时似乎是没有什么感觉的。

2008 年 9 月 22 日写于京都

北方的发现：地理还是历史？

在关于世界历史的现代性叙述中，地理大发现是必定要讲到的话题。哥伦布、麦哲伦的航海当然是其中最为著名的故事，16 世纪至 17 世纪俄国人在北亚的探险、航行与殖民活动，虽然一直很少被认可，却是沙俄和苏联时代历史学家夸耀的伟大发现（格·瓦·麦利霍夫《满洲人在东北》，黑龙江省哲学社会科学研究所译，商务印书馆 1976 年版）。最近，也有中国学者对此进行了肯定性叙述。（张箭：《地理大发现研究 15—17 世纪》，商务印书馆 2002 年版）。而在日本，19 世纪初间宫林藏跨越鞑靼海峡的经历早已被写进了历史教科书，以间宫姓氏命名的海峡也赫然印在日本出版的各种地图上。这些在前边已经说过，不需重复。

一般认为，中国人没有参与近代地理发现。1405 年至 1433 年郑和的南洋远航，常常被作为惋惜中国人失去参与地理大发现的例子讲述，亦失哈的北方巡游则早就湮没到历史风尘之中。特别是在东北亚地区，甚至到了 19 世纪中期，中国士大夫谈论边疆史地蔚然成为风气的时候，这些也没有得到应有的关注。据著名史学家金毓黻先生的《东北通史》（1941）“卷首·引言”说：“溯自逊清之季，国人怵于外患日亟，多喜谈边疆地理，尤重视西北一隅，如张穆之撰《蒙古游牧记》，何秋涛之撰《朔方备乘》，其首选也。……然《蒙古游牧记》已叙及东蒙古之哲里木盟，《朔方备乘》亦涉及黑龙江下游，有艮维窝集诸考，由西北地理而进究东北。是时虽无东北地理整个之研究，固俨然为之附庸矣。其后专以研究东北地理为职志者，则有枝江曹廷杰所著《东三省舆图说》、《东北边防辑要》、《西伯利东偏纪要》三书，皆为间关跋涉，自稽口询之作。”也就是说，到了清末，关心边疆史地的学者的目光，主要还集中在西北地区，间或说到东北，不过捎带而已。到了曹廷杰（1850—1926）出现，才算有了“专以研究东北地理为职志者”。

其实，专心考究东北地理的曹廷杰并不是东北人。他出身于湖北枝江，二十五岁时由廪贡生考取国史馆的汉誊录，在京城供职近十年，1883 年决意北上，投效吉林边防，被吉林将军派往三姓军营办理边防文案。他的东北史地研究，就开始于此时。

尽管在当时，曹廷杰的研究完全属于公务之余，但他为此投注了极大的热情，不仅参考群书，悉心辨证，有时还实地考察。很快，他便以专业知识获得器重。1885 年 5 月，吉林将军拟派员深入俄境内探查，曹廷杰成为最佳人选。而中国与俄国的边界形势、俄国临近中国的所谓远东地区的情形，也一直是他的关心所在。于是，这年的5月26日，他在三姓地方改换服装，经松花江口徐尔固入俄，沿黑龙江至东北海口，再溯江而上到海兰泡，又沿江而下至伯力，经兴凯湖、海参崴，10月15日返回中国的边境城市珲春，总计行程一万六千余里，历时一百余天，归来后写成《西伯利东偏纪要》(以下简称《纪要》)。确切地说，在曹氏的东北地理著述中，只有这本《纪要》才真正是“间关跋涉，自稽口询之作”。

这本《纪要》不是学者在书斋里的写作，并不具备一般所谓“著作”那样周到从容的布局。严格地说，这是曹氏的探访报告。因为是变装易服秘密探访，曹氏自然不能携带测量器械，不能公开绘图记录，一路只能“在在留意，默识于心”。或许因此之故，《纪要》最后成书也采取了“札记”的方式。全书共分一百一十八条，每条最长不满三千字，短者仅一两行，文字都极简要，但缕述所到地方“兵数多寡，地理险要，道路出入，屯站人民总数，土产赋税大概，各国在彼贸易，各种土人数目、风俗及古人用兵成迹”（曹廷杰《上希元禀文》），皆经作者身至目验，所以在记述的可靠性方面大大超过了前人。

追溯曹廷杰之前书写北疆地理历史的人物，自然不应该忘记《黑龙江外记》的作者西清和《吉林外记》的作者萨英额。后一部成书略晚，在清代道光年间，其时中俄边界也还在《尼布楚条约》划定的境域。曹廷杰踏查所到之地，应该都属于两部“外记”作者关心的范围之内，但诚如光绪年间主持刊印两部“外记”的袁昶（1846—1900）所言，西清对于“墨尔根布特哈以西外兴安岭”一带的山路水路，以及“瑷珲河、精奇里江、雅克萨城”一带的地理形势，因未能“身到目验其地”，故所记“皆不能详”；同样，萨英额也因“足迹未能全境周到，”而导致其所记“不无疏略”。（萧穆：《黑龙江外记·跋》《吉林外记·跋》）概言之，两部“外记”作者终归还是端坐书斋的著述者，而曹廷杰则亲身进入前代学者的足履不及之地，因此获得了超迈前贤的成就。

曹廷杰进入“西伯利东偏”之时，已经是中俄《瑷珲条约》（1858）签署的第二十七年、中俄《北京条约》（1860）签署的第二十五年之后，这片被前代学者视为“绝域”的地带，已经成为属于他国的“异域”。深入“绝域”和“异域”实地探查的曹廷杰，从某种意义上来说，颇有些近似日本的间宫林藏，但他从来没有被看作是地理发现者。这其实不足为奇，尽管清代晚期的中国人对这一地带已经感觉陌生，但曹氏游历的并不是新大陆。他在《纪要》里，不仅叙述了这一地区原住民如鄂伦春人、赫哲人的生活状况，还记下了明清两代遗留的旧驿废城。例如当年亦失哈主持刻立的“永宁寺碑”和“重建永宁寺碑”上的碑文，就是他在特林地区拓制回来的。如果说曹氏的探查发现了什么，与其说是地理上的，不如说是历史上的，是一种对北方历史的重新发现。曹氏熟知清朝历史掌故，面对斑驳的历史遗迹，常常会联想到清朝开国之初以及康乾之世一些名臣名将的旧事。大概限于《纪要》体例，曹氏记录此类故事时，笔锋不显感情，但做出今昔对比，他的内心想来是颇为难过的。

值得一说的是，曹廷杰在踏查旅途，看破了清朝在北疆推行的朝贡颁赏的“赏乌林”制度已经是虚应故事。因从《瑷珲条约》以后，昔日贡貂“诸部俱入俄境，于是贡道阻绝，彼不能来，我不能往，贡貂之典已属虚文”。但可笑的是，每年春季从盛京解往北方的“乌林等件”，仍然“车载马运，络绎于途，非数万金不能办”。既然已无可以赏赐之贡貂边民，这些赏品给谁？原来是在俄国境内做买卖的中国商人，带着同样来置办货物的边地部族之人前来，“貂皮均由华商垫出，非本人真贡”。当然，负责“赏乌林”的三姓官员，仅凭如此方式获得的“贡貂”是“不足貂额”的，于是便“在本地购买，”然后“如数解京”。(《曹廷杰集》，中华书局1985年版)

在曹廷杰看来，这样的“赏乌林”，已经失去原来“羁縻诸部，固我边陲”的意义，完全是在“虚縻巨款”，所以在光绪十二年（1886）撰写的《条陈十六事》中，他向主持朝政者建言：“三姓贡貂各族有名无实，宜停赏乌林以节靡费也。”但查《清代三姓副都统衙门满汉文档案选编》（辽宁古籍出版社1995年版），直到光绪三十二年（1906），三姓衙门右司还在为“保证贡貂数目”呈递文书。看来，无论朝廷还是地方官员，都不愿意从朝贡幻梦中醒来，上下共谋，虚应故事。曹廷杰的建言，有谁会听呢？

2008 年 10 月 20 日写于北京

从驿路到铁路

作为清代吉林将军的部下，曹廷杰到俄属西伯利亚东部探查，只身深入“绝域－异域”之地，当然路途坎坷，但也不可将之想象成潜入敌穴的密探。自中俄《瑷珲条约》《北京条约》之后，尽管双方在边界上不无摩擦和争端，但整体说来，尚未发展为大的冲突。这首先因为，《瑷珲条约》的签署，本来就是俄国在清代中国外临第二次鸦片战争西方列强的压力、内有太平天国起义的危难之际，趁火打劫而成的。到曹廷杰访查俄地时期，虽然清王朝经过“同治中兴”，国力有所恢复，东北边疆的防务力量也有所加强，但防守现有边界尚且力所不及，如何遑论外扩？而从19世纪中叶开始推行解放农奴等社会改革的俄国，直到19世纪80年代，还未将远东地区列入社会改革的规划之内。正如俄罗斯科学院远东分院编写的《俄罗斯沿海地区历史》所言：“对于沙皇政府和俄国的资产阶级来说，包括远东在内的边境地区，主要被视为生产成品的销售通道、生产材料的资源供应地和农业移民区，对这些地区本身的产业发展则不予注意。”总之，俄属远东地区的社会、经济此一时期发展迟缓，俄国继续向中国境内扩张的冲动自然也就没有那样强烈。

可以说，曹廷杰是在中俄双方处于上述胶着状态的时期进入西伯利亚东部的，曹氏自然是一路小心，但从他的《西伯利东偏纪要》（以下简称《纪要》）可以看出，俄国人对曹氏并没有特别戒备。《纪要》第八十八条说："此次入黑河时有俄官二员，……出黑河时，有俄官六员，……与之同船，甚为浃洽。均问江吉边荒，何以无人垦种？廷杰答以国家养兵牧马之地，闻将来拟移兵屯田，作为营田。"这样的问答表明，俄官不仅知道曹氏来自中国，也大体清楚其身份不同于一般行商走贩之辈，仍能交谈融洽，正是其时中俄边关无战事的反映。

曹廷杰得到的很多信息，都来自俄国官员。《纪要》第三十六条谈到俄人在远东的殖民活动，特别是移居到当年黑龙江、吉林"二省旧地"的人口数字："光绪九年，七十三万余名口。本年三四月间，因英夷构衅，或回本国，稽数不及七十万。秋间事平复稽，共八十万名口有零，官与兵不在此数。"详实有据，就因为"此询之稽查户口俄官而知者也"。曹氏也注意到俄移民的成分，《纪要》第十六条说："探库页岛有山产煤，俄人名曰沙哈林。凡隶东海滨省犯重罪者，俱发往此处掘煤，日给黑揑饽四两，最为苦楚。有实数兵百余名守之。"第四十四条也有类似记载："查各处向无大辟重典，有犯重罪者，发往库页岛俄名萨哈林掘煤，次则发往近处，次则鞭笞。"也就是说，在俄国的远东移民之中，被国家判为犯罪者的人占有一定的比例。

这在著名作家契诃夫的旅行记里可以得到印证。曹廷杰探查西伯利亚五年以后，1890 年 5 月，契诃夫从莫斯科动身，经由西伯利亚，到达萨哈林岛（库页岛），一路撰写随笔，后写成长篇调查报告《萨哈林岛》。作为具有人道主义关怀的作家，契诃夫不仅描写了当时的沙皇政府如何“大量驱使士兵、囚徒和移民开发阿穆尔河（即黑龙江）沿岸”与萨哈林岛（库叶岛），也披露了来自俄国的殖民者对原住民的欺侮和压榨：盘剥异族人，除了采用灌醉和哄骗等通常的方法之外，有时也有很特别的方式。如已故的尼古拉耶夫斯克（庙街）商人伊万诺夫每年都去萨哈林，向那里的吉利亚克人（即费雅各人）征收贡品，如不按时交纳，就进行残酷折磨，或者干脆绞死。

当然，由于契诃夫接触的主要是殖民者一方，对俄属远东地区的原住民处境的了解相当有限。比较而言，曹廷杰的记录就丰富具体得多。据曹氏《纪要》记载，原住民不仅被要求归顺俄国，改穿俄式装束，还被强行迁离故土。《纪要》第五十八条说：“查黑龙江东岸旧有高丽二百余家，共三千余人，在彼垦地致富。前数年，俄人欲逐出境外，高丽无所归往，隐忍改装，俄人恐其为患，又勒令散处俄屯，今高丽犹有不愿者。”第五十九条也说：“俄人于奇勒尔、俄伦春、回部归顺之人，则徙于伯利、海参崴等处为兵，于黑河改装高丽则析而四散。”这些文字，对于了解《瑷珲条约》以后俄属远东地区民族的变动和重构状况，无疑都是珍贵资料。北方的丝绸之路，是在朝贡体系中繁盛热闹起来的，随着朝贡体系的实际解体而变得萧条寂寞，也是必然的。不过，东北亚区域的贸易没有因此而终结，而是换了形态。曹廷杰《纪要》第九十条曾写道："探闻俄人欲修铁道通中国"，且忧虑"俄人此举若成，不但经商获利无穷，即兵之进退，亦皆电掣风驰，恐高丽、日本未必能安枕也。"曹氏的看法可谓卓见，此后的东北亚地区确实因中东铁路的修建而改换为另一天地。驿路改为铁路之后，北方世界的人与物的流动，呈现出了怎样的面貌，这应该是另外的话题了。

张家口：陆地港再开埠与亚欧通道新构成

张家口，在现今中华人民共和国的行政区划上，属于河北省的一个地区级别的市（一般简称“地级市”），下辖十县——张北、康保、沽源、尚义、蔚县、阳原、怀安、怀来、涿鹿、赤城。张家口位于河北省西北部，东邻首都北京，西部和西南部与山西省交界，北部和西北部则与内蒙古自治区接壤，市府所在地张家口市区位于外长城内缘，距首都北京一百八十公里，距天津港三百一十七公里。近年中国政府规划的京津冀（环渤海）经济圈和冀晋蒙（外长城）经济圈在张家口交汇，尤其是2015年7月北京市偕同张家口市获得2022年冬季奥运会的举办权，以及与此相关的京张城际铁路的开工，使得这个地区重新成为被关注的对象。

之所以说张家口重新被关注，是因为这里曾经是一个跨区域贸易的商埠，是京畿之北热闹繁盛、当然也令人瞩目的陆地贸易港，其历史甚至可以追溯到隆庆五年（1571）明朝政府与蒙古俺答部议和之后在大同、宣府、山西三镇举办的互市贸易，当时宣府镇所指定的“马市”交易场所即张家口堡（《明实录·穆宗实录》隆庆五年九月癸未条）。自清代康熙时期起，张家口成为俄国官营商队奔赴北京必经的一站，同时也是从事对蒙古及俄国贸易的中国商人的聚集地和他们所营商品的集散地。19 世纪 40 年代以后，随着南京、天津等口岸城市的开埠，“辟张家口为自由贸易区”曾成为俄国对华交涉中持续不断的要求。而非常有意思的是，在一直设法拒绝俄国此要求的清政府内部，后来也出现了在张家口“自开商埠”的呼声（《清实录·德宗实录》光绪三十四年戊申五月己丑所录察哈尔都统诚勋的奏文），并且这呼声没有因清王朝覆灭中断，而是在民国三年（1914）获得了实施。

相对于已有的作为陆路商埠的数百年历史，张家口的这一次开埠可说是近代背景下的开埠，二者之间的连续性和差异性何在？如果说，张家口的“近代开埠”实际经历了一个不算短的过程，那么当时的人们对开埠持怎样的看法，发表了怎样的意见？还有，此次开埠与中国至俄国之间新通道的形成是一种怎样的关系？这些，都是值得探究的问题。

如所周知，张家口作为一个城市的出发点，最初始于明代宣德四年（1429）张家口堡的构筑。明朝政府为防御游牧于长城之外的蒙古诸部族，在长城沿线修筑了若干军事堡垒。张家口堡即其中之一，在当时属于宣府镇万全右卫。而在明蒙关系缓和时期，如前面说到的明代隆庆年间，这里则成为互市的场所。据侯仁之（1911—2013）《明代宣大山西三镇马市考》，隆庆五年张家口首次举办的互市从六月十三日延续至二十六日，官市交易的对象为蒙古“昆都力哈、永邵卜、大成”诸部，交易量为“马千九百九十三匹，价万五千二百七七两”；私市交易量为“马羸（骡）牛羊九千，抚赏费八百两”。至万历（1573—1620）初年，宣府镇仅官市的马市年交易量即被定为“一万八千匹”，“用货价银一十二万两”，远远超过山西镇和大同镇。但明代对蒙古的贸易一开始即被置于官方的严密管控之下。据双方约定，“开市之日，蒙古以三百人驻边，中国兵五百驻市场，期尽一月而止”。嗣后双方戒备似乎有所松弛，万历四十一年（1613）时任宣府巡抚的汪道亨巡阅边塞至张家口堡，当地官吏曾向他这样讲述互市情形：

> 敌来市，即率我吏士商民，裹粮北向而遇合之。番汉错趾，贸易有无，绵蕞野外，市罢各散去。其抚赏亦然。

另据曾任宣大山西总督的杨时宁主持编制的《宣大山西三镇图说》［万历三十一年（1603）成书］云：“本堡乃全镇互市之所，堡离边稍远，恐互市不便，乃砖垣其口。”侯仁之据《宣镇志》等文献认为此处所说之“口”，即“旧称张家隘口，在堡北五里边城之下。初就口建市，称张家口市城”。综合这些史料，可知自隆庆五年开市至万历四十一年这四十二年间，张家口的明蒙互市，都是在与张家口堡之北相距五里的长城隘口举行的，交易场所仅以砖简单垒砌，草草营构，确实可谓是“绵蕞野外”。而汪道亨则注意这个交易之地的山川形势，认为这里“上下山原，则有天设之险，而我未之据也”。所以，汪提出在这里加筑一座新的城堡，其理由是：

> 诚于此筑城堡，竖城橹，屯将校，表烽燧，严走集，稽往来，时启闭，隐隐若负嵎之虎豹，则我处有安堵之便，市城无燥湿之虞。不此之图，而退处内地，是以险资敌也。山川之险，险与敌共。垣堑之险，险为我专。我恃其所专，而夺其所共，此城不可已也。
>
> [本文所引汪道亨之言论皆据其撰写的《张家口新筑来远堡记》（1614）]

汪道亨主持修筑的新城堡于翌年亦即万历四十二年（1614）竣工，被命名“来远”。他所撰写的《张家口新筑来远堡记》明言是“奉尼父之训”，当取义于《论语》“有朋自远方来”。但值得注意的是，该记一再提到的“敌”方，指的无疑都是已经和明王朝议和通商的蒙古各部族，可见汪氏在心里仍然把蒙古视为“敌国”。故来远堡虽为贸易场所，却戍楼高垣，“匹马单兵不能匿形影”，显然同时兼具军事堡垒的功能，而长城一线也仍然在发挥着边界线的作用。1618 年俄国政府派遣的以伊万·佩特林为首的外交使团到达这里时，曾经过“又低又矮”的城门。在使团所写的报告中说：“除这一处城门外，长城边界上再无别的入口。来自各国的人都从这一个关口进入锡喇喀勒喀”。这里所说的“锡喇喀勒喀”，指的就是张家口，据说是从蒙语发音转译而来的。但即使在森然的戒备之下，边界贸易还是给张家口这座当时的边镇带来繁盛。佩特林使团的报告这样描述说：“城市气派华丽，行业兴旺，城楼很高，与莫斯科相仿。……城里有很多石砌的店铺，刷以各种颜色，上面绘有各种花草。店铺里的货物种类繁多。”［娜·费·杰米多娃、弗·思·米亚斯尼科夫：《在华俄国外交使者（1618—1658）》，社会科学文献出版社 2010 年版］

1644 年清军入关，明清易代，使张家口作为商埠获得更大的发展机遇。据《清实录·世祖实录》顺治二年乙酉春正月戊子条记载：

> 设张家口、古北口满洲章京各一员。命哈克萨哈驻张家口，满都布赉驻古北口。谕之曰：尔等驻防之地，凡外藩各蒙古来贸易者，俱令驻于边口，照常贸易，毋得阻抑；其喀尔喀部落来市马者令驻于口外。申报户部。

如果仅从字面意思看，清廷要求驻守张家口等长城隘口的将领允许“外藩各蒙古来贸易者”在边口“照常贸易”，似乎是明朝时期与蒙古贸易的自然延续。但早在1635年，后金皇太极已经征服了林丹汗统领的察哈尔部，将漠南蒙古置于外藩，而游牧漠北的喀尔喀蒙古也在此一时期开始向后金遣使纳贡。如果考虑到这段历史则可以说，上面引录顺治谕旨所言与“外藩各蒙古”及“喀尔喀部落”进行贸易，已不同于明王朝与蒙古的“敌国”之间贸易，而是属于清帝国内部的跨区域、跨族群贸易。

并且，这种贸易不仅是蒙古各部落移动到长城边缘的来市，也是为长城内侧的汉人商人深入蒙地的往市。康熙中期，已经有汉人商人跟从征讨准噶尔的清朝军队进行随营贸易。康熙三十年（1691），康熙皇帝在多伦诺尔接受漠北、漠南蒙古王公贵族的臣服盟誓之后，也开始准许内地商人前往蒙古地区经商，而张家口即被认定为内地商人出关的关口之一(卢明辉、刘衍坤：《旅蒙商——17世纪至20世纪中原与蒙古地区的贸易关系》，中国商业出版社1995年版)。康熙二十八年（1689）清王朝和沙俄签署《尼布楚条约》，其中第五条规定：“两国今既永修和好，嗣后两国人民持有准许往来路票者，应准其在两国境内往来贸易。”随后即有俄国官方商队不惜长途跋涉，来北京贸易。起初俄商队走的是尼布楚至齐齐哈尔再至北京的路线，随后发现了由库伦（今乌兰巴托）至张家口再至北京的路线。雍正六年（1728）中俄《恰克图条约》签署之后，后一条路线成为主要路线。与此同时，从事蒙、俄贸易的中国商人也多以张家口为生活据点和商品的集散地。（齐米特道尔吉耶夫：《蒙古诸部与俄罗斯：17—18 世纪》，内蒙古人民出版社 2008 年版；米镇波：《清代中俄恰克图边界贸易》，南开大学出版社 2003 年版）张家口由此成为沟通欧亚大陆的陆地贸易港。

关于清代汉蒙、中俄贸易的历史，先行研究成果丰厚，无须笔者赘述。但对于清政府如何管理跨区域、跨族群的陆地商埠，似乎尚少有学者讨论，而这当为一个考察张家口之位置与功能的有趣视角，故笔者于下面略做尝试。

雍正二年（1724），京城八旗都统弘昇受命考察张家口一带，注意到居民骤增，遂向理藩院建议增设张家口理事同知，其奏文云：

> 臣等又看得自张家口至镶蓝旗察哈尔西界各处，山谷僻隅，所居者万余。居民既多，不无贼盗等事。若交与新设同知（指其建议在察哈尔右翼四旗所设满洲同知——引用者注），令其兼辖，既有钱粮，又任以刑名，殊觉繁剧，应于张家口地方，再设理刑满洲同知一员。……自张家口起至杀虎口，俱近直隶，应将新设同知，为直隶所属，其盖造衙门，设立书吏皂隶，凡所应用应给之处，俱交与该抚，照依归化城同知一例办理。如汉人之事，令同知料理完结。如蒙古汉人参错之事，会同该总管审事可也。如有所关人命，汉人之事，解与直隶巡抚。……自

> 张家口起至杀虎口，种地人民，俱令新设同知管辖。（金志章撰修、黄可润增校《口北三厅志》卷之一《地舆志》，乾隆二十三年版）

由此可知，张家口理事同知，实为应对聚集于此一带的汉人民人日益增多的状况所设，这当与张家口作为商埠贸易繁盛所产生的包括粮食在内的物品需求不无关系。值得注意的是，弘昇提议且被朝廷批准了的张家口理事同知的管辖权限，虽然涉及口外的察哈尔蒙古旗分，但对其所辖的具体内容，却有明确限定，即管辖这些旗分的"入官地亩，经征钱粮"及旗、民、蒙、汉的交涉和纠纷、诉讼等事。其中，口外已经属于"入官地亩"之内"有未垦荒甸之处"，可以令人开垦，但"断无容其向外估垦游牧之地"（雍正二年都统弘昇的奏文）。而有关民事纠纷，倘若属于旗人和民人交涉或"蒙古汉人参错之事"，理事同知并不能独自处理，必须会同该旗人所属之旗的总管共同审理。这一系列的规定，自然不仅仅是职责范围的划分，其实也是一种政治性的制度安排，即"旗、民"与"蒙、汉"的分治，游牧与农耕的区隔。在此意义上可以说，张家口理事同知的设置及其发挥的功用，既促进了长城内外不同区域、不同族群—社会体系的交汇和结合，也通过多元的管理体制，对不同区域、不同族群—社会体系的各自特性进行了确认，是一种保持区分的交汇，是一种有区隔的结合。

驻于张家口外的察哈尔部，在康熙十四年（1675）已经由外藩改为内属蒙古，施行盟旗制管理，在察哈尔各旗设总管，直接隶属于京城的八旗都统。至乾隆二十六年（1761），军机大臣奏设察哈尔都统："察哈尔新设都统，驻扎张家口，即令辖该处弁兵。无庸京城八旗都统兼管。其副都统二员。就左右翼游牧边界驻扎。"（《清实录·高宗实录》乾隆二十六年辛巳十一月辛丑）据此可知，新设的都统驻地为张家口，但管辖对象则是驻防军队和口外各旗。清政府同时对察哈尔都统和张家口理事同知的关系作了规定，云："张家口理事同知一员，照各省驻防例，属都统管辖。遇满蒙、民人交涉事件，会同左司官员审办。"（《清实录·高宗实录》乾隆二十七年壬午春正月乙巳）也就是说，尽管在行政级别上，理事同知在都统管辖范围之内，但这仅限于"满蒙"之人和汉人的"民人"发生交涉之时，至于纯属于汉人民人之间的事宜，则由理事同知按照其所属的直隶州县政府的相关程序办理。不过，内地商人到口外贸易，则须领取户部的票引（许可证）并经都统衙门的查验，也需要向清廷设置的"张家口监督"缴纳税金。（《清实录·高宗实录》乾隆二十七年壬午春正月乙巳）总之，察哈尔都统衙门的设立，不仅没有改变而且维系了此前确立的张家口地区的多元管理体制。

至19世纪40年代，由于西方列强的压力，中国的一些港口城市如广州、上海、厦门等相继开港。那么，对北方的陆路贸易产生了怎样的影响？这首先不能不提到清咸丰八年（1858）签署的《中俄天津条约》，俄国据此获得上海、宁波、福州、厦门、广州、台湾、琼州等七处海口通商权，改变了原来被限于中国境内陆路贸易的格局。而对于与陆路商埠张家口关系密切的事件而言，则应提到咸丰十年（1860）签署的《中俄北京条约》。由于该条约第五条写有“俄国商人，除在恰克图贸易外，其由恰克图照旧到京，经过库伦、张家口地方，如有零星货物，亦准行销”等内容，故俄方据以要求到北京贸易。后虽被清政府改为天津，但俄方仍坚持要求开辟张家口为自由贸易港，并在同治元年（1862）通过签署《中俄陆路通商章程》，获得在张家口销售所携带货物之二成的贸易权，并在同治八年（1869）通过修订《中俄陆路通商章程》，加入允许俄国商人深入蒙古地区贸易等内容，删除在张家口售货数量的限制条款，遂使张家口实际上成为单独面向俄国商人的“开埠”城市。（米镇波：《清代中俄恰克图边界贸易》，南开大学出版社2003年版）

关于俄国在清晚期不断扩大对中国贸易权益的历史，已有很多研究者做了翔实的考察和分析，同样值得注意的是，面对如此变局，当时的中国当事者是如何认识的？笔者在此仅以姚锡光的言论作为个案进行考察。

姚锡光（1857—？），江苏丹徒人，以生员入选国子监，光绪四年（1878）作为清朝首任驻日公使何如璋

（1838—1891）的随员赴日本，对明治维新后的日本多有了解。归国后得到李鸿章（1823—1901）的拔擢，于光绪十二年（1886）任北洋武备学堂教习，光绪二十年（1894）到山东巡抚幕帮办军务，后汇集整理有关甲午战争的文书、史料，撰《东方兵事纪略》，于光绪二十三年（1897）刊行。光绪二十四年（1898）再度赴日，考察教育、军事、工商业，光绪三十年（1904）被清政府新设练兵处的大臣任命为军政使副使，后于光绪三十一年（1905）、三十二年（1906）先后两次受练兵处派遣赴内蒙古东部考察。其所写有关蒙事的建言于光绪三十四年（1908）汇编印行，题为《筹蒙刍议》（有关姚锡光的生平，参见忒莫勒校勘《筹蒙刍议·解题》，收入内蒙古图书馆编《内蒙古历史文献丛书》之四，远方出版社2008年版；舒习龙：《姚锡光与晚清边疆治理》，《成都理工大学学报》2006年第3期），其中《实边条议》（光绪三十一年八月上练兵处王大臣）从当时的国际格局论及“边疆”的变化时云：

> 我朝龙兴，威灵远播，东极黑龙江，被环外蒙古，悉主悉臣，为我环卫。是以柳城（朝阳境内）以西，临潢（赤峰迤北）而南，既非内地，亦非严疆。……故自开国迄今，三百年来，呋煦覆育之意多，而力征经营之意少，盖有由也。顷者，今昔殊形，冲阚异势，东北两边，自俄罗斯西伯利亚铁道

成，而全局一变。自日俄交閧，胜负和战，皆与我有绝大关系，而全局又一变。恐战事告竣以后，将东三省利害，我与日俄共之，向之视为内地者，今不啻为严疆。而东四盟蒙古适当畿辅，奉吉腰膂之间，此实堂奥之忧，并非边隅之患也。

（姚锡光：《实边条议》，收入内蒙古图书馆编《内蒙古历史文献丛书》之四）

应注意姚锡光提到的两个事件。一是“俄罗斯西伯利亚铁道成”。此处所说的“西伯利亚铁道”，显然不仅是指俄罗斯境内的西伯利亚铁路，还包括甚至更主要的是指由俄罗斯境内伸展到中国东北地区哈尔滨至旅顺的中东铁路。1903 年 7 月这条铁路开通运营，改变了东北亚地区的政治地理环境，当然也影响到贸易通道。二是“日俄交閧”，即发生于 1904 年的日俄战争，姚锡光写此条陈时，日俄双方刚刚由战争进入和谈阶段。

姚锡光指出这两大事件使得原本为大清龙兴之地的东三省和北方屏障的东四盟蒙古地区皆由“内地”而变为“严疆”，而为了应对边疆危机，他提出的“实边”策略之一，是把“热河、口北两道所辖二府三厅六州县”及相邻地段，另建行省，“别设巡抚，凡吏治、财赋、兵政、汉民、蒙部皆所专辖，以归统一”。也就是说，把原来多个机构多元分治的各项事务一元化地统管起来。姚氏由此论及清朝对蒙古的整体政策并给予激烈的批评，云：

> 我朝抚绥蒙古，分建札萨克、台吉、塔布囊，以掌旗务，划疆而理，实即封建之制也。而热河一道，又设承德一府，滦平、丰宁、平泉、赤峰、建昌、朝阳六州县，顷又升设朝阳一府，析置建平一县。而口北一道，分设三厅。山西一道，增设七厅。此又郡县之制也。窃维封建与郡县，二者不能并存，而封建之法，尤不宜于今日之世界。
>
> （姚锡光：《实边条议》，收入内蒙古图书馆编《内蒙古历史文献丛书》之四）

姚锡光虽然以“封建”与“郡县”对举，主张以后者取代前者，但他所说的“郡县”，其指涉的内涵应该并不限于中国古代的郡县制度。姚氏在同奏文里还曾举日本明治政府“废藩置县”及北海道屯兵拓殖作为例证，表明“明治日本”类型的国民国家（nation-state）亦为其心中蓝图。

姚氏的建议，在当时得到了怎样的回应尚待查考，但查此一时期驻于张家口的察哈尔都统为呼应清廷经历“庚子事变”后推行的“新政”所施行的一系列举措，则可以看到这并不是孤立的声音。如光绪三十三年（1907）时任察哈尔都统的诚勋（1848—1915）便提出建议说：“拟将察哈尔及绥远城热河三处，改为行省，别以直隶之宣化、山西之大同，二府择要拨归察哈尔管辖。分设总督巡抚各员。其张家口并先行自开商埠。”（《清实录·德宗实录》光绪三十三年丁未八月辛酉）很明显，诚勋提出在察哈尔、绥远、热河建立行省，并希望把隶属直隶的宣化和隶属山西的大同划归察哈尔，当然也包括解决宣化府境内张家口的行政归属问题，改变原来察哈尔都统不能管理其衙门所在地民政、财政的状况。而他在张家口“自开商埠”，也应放在建立行省施行都统衙门一元化管理的脉络上理解。

翌年，诚勋再次提出自开商埠的建议并作了论证。据《清实录·德宗实录》光绪三十四年（1908）戊申五月己丑条记载：

> 察哈尔都统诚勋奏：边疆要地，铁轨将通，交涉日盛。请于口外正黄旗所属博罗差滩地方，自开商埠，以保主权。下所司议。寻议：开埠事关交涉。多一商埠即多一轇轕。请暂从缓办。从之。

诚勋此处所说“铁轨将通”，当指光绪三十一年（1905）开工的北京丰台至张家口的铁路，即“京张铁路”。它在清宣统元年（1909）开通运营，至民国十年（1921）由张家口延伸至归绥（今呼和浩特），称“京绥线”。不必说，这条交通线和中东铁路一起构成了连接亚欧的新通道。

诚勋的察哈尔建省和张家口自开商埠的建议都没有得到清政府的批准，但在中华民国成立之后，民国三年（1914）即设置了“察哈尔特别区”，并把张家口镇的军政、民政、财政都置于都统的管辖之下。（《呈遵议张家口镇司法管辖区域拟请暂仍旧贯文并批令》，《司法公报》第29期）此年一月，民国政府为了“兴实业而保利权”，宣布“归化城等七处一律自辟商埠”，“张家口地方为自辟商埠之一”。（《察哈尔政务辑要》中册，内蒙古图书馆编“内蒙古历史文献丛书”之十二，远方出版社2012年版）这些举措，可以说实际上实现了姚锡光、诚勋们的构想。

2010年初稿，2013年改写

Ⅱ

民族意识与殖民知识批判

民族战争与新考据史学的“借喻”书写

——重读傅斯年的《东北史纲》第一卷

问题之所在

本文所拟讨论的主要对象傅斯年（1896—1950），是一位在文学、语言学、考古学、历史学等领域皆有建树的学者，特别是在中国古代史的研究方面，成就最为突出。由于长期主持学术行政和参与社会活动，傅氏的著述并不宏富，但已经刊行的论著，则多为具原创性的精心结撰之作。张光直（1931—2001）曾说，仅一篇《夷夏东西说》就足以奠定傅氏的“历史天才”地位。（《傅斯年、董作宾先生百岁纪念专刊·序》，中国上古秦汉学会1995年编印）何兹全（1911—2011）认为，傅氏《民族与古代中国史》所包含的五篇论文，“篇篇都是有突破性、创始性的第一流的好文章。就这一本未完成的书之已完成的几篇文章，已足以使傅斯年坐上20世纪中国史学大师的宝座”。（《民族与古代中国史·前言》，河北教育出版社2002年版）这些都不是过誉之词。而傅斯年对于中国史学的贡献，还更多体现在他于民国时期创办并长期主持中央研究院历史语言研究所（习称“史语所”）的工作里。杜维运（1928—2012）甚至这样评价：“自晚清迄今百年间的新史学，其创获辉煌成绩者，不是梁启超、何炳松所倡导的新史学，而是傅孟真先生所实际领导的新史学。找出一个新方向，领导一个学术群体，共同从事史学研究，历久而不衰，在中国历史上，甚少前例。有之，则自孟真先生领导中央研究院历史语言研究所始。”（《傅孟真与中国新史学》，《当代》1995 年第116 期）其中，关于梁、何与傅斯年及“史语所”新史学的优劣比较论，或许不无可商，但傅氏及“史语所”以明确标示的学术宗旨和研究业绩，开创出一种新的学术风气，主导了 20 世纪一个时期的学术潮流，则是众所公认的事实。

从笔者所读到的中国史学史著述来看，自 1902 年梁启超（1873—1929）倡言“史界革命”以来，20 世纪前半期中国的“新史学”界，一直是多个学派并存与竞争的世界。在有关“新史学”的历史叙述中，傅斯年及“史语所”的学者们有时被归入王国维（1877—1927）等以“史料搜集与整理”见长的史家谱系，如金毓黻《中国史学史》附录“最近史学之趋势”便说：“最近史学之趋势，可分两端言之，一曰史料搜集与整理，一曰新史学之建设及新史之编纂。”金著缕述“史料搜集与整理”部分，所举例证，多为罗振玉、王国维以及“史语所”诸学者的工作。（金著初版于 1944 年，商务印书馆印行。此处引文所据为收入《二十世纪中国史学名著》的新版本，即河北教育出版社2000年版）有时则被冠以“史料学派”的名号，以示其与王国维、陈垣（1880—1971）等人的“考证学派”以及胡适（1891—1962）、顾颉刚（1893—1980）等人的“方法学派”有所区别。如许冠三《新史学九十年》即如此分类（许著初版于1986年，香港中文大学出版社印行。本文所据为岳麓书社2003年版）。但总体说来，都认为这三派旨趣相近，轨则大体相同，尤其是“史料学派”与“方法学派”，相互影响，相互渗透，至20世纪20年代末，已经界限模糊，而“一同被视为‘新考据学派’”。（许冠三：《新史学九十年·自序》；王学典：《20世纪史学进程中的“乾嘉范式”》，收入《20世纪中国史学评论》，山东人民出版社2002年版）本文用“新考据史学”指称傅斯年等史学家，根据即在于此。

把史料考辨作为史学研究的核心，是中国新考据史学家的基本学术取向。可以归入这一谱系的史学家，大都对此持有自觉的意识，而把这一轨则作为学术旗帜鲜明地树立起来，进行系统的理论阐述且产生了广泛影响的，当首推傅斯年。1928年他为筹办中央研究院历史语言研究所而写下的《历史语言研究所工作之旨趣》（以下简称《旨趣》），其内涵远远超出了一个研究所的工作计划，实际上成为一个学派宗旨、规则的宣言书。《旨趣》有关史学的主张，最为令人注目的，无疑是开篇一段语气斩截的论断："历史学不是著史：著史每多多少少带点古世中世的意味，且每取伦理家的手段，作文章家的本事。近代的历史学只是史料学，利用自然科学供给我们的一切工具，整理一切可逢着的史料。"而在划出"考史"与"著史"之界限的同时，傅氏还提出了"考史"的一系列原则，如"直接研究材料"、处理材料要"证而不疏"等。总之，在傅氏看来，史学研究要摒弃道德评判、哲理玄思和文学式的表述，即傅氏所谓"作文章家的本事"，把考辨材料作为研究的起点和终点，"材料之内使他发见无遗，材料之外我们一点也不越过去说"。傅氏甚至不惜动用行政手段来贯彻自己的治学理念："果然我们同人中也有些在别处发挥历史哲学或语言泛想，这些都仅可以当作私人的事，不是研究所的工作。"（《傅斯年全集》第 3 卷，湖南教育出版社 2003 年版）1930 年，傅氏在题为《考古学的新方法》的讲演中再次申说："历史的对象是史料，离开史料，也许可以成为很好的哲学和文学，究其实与历史无关。"（《傅斯年全集》第 3 卷）

按照上述傅斯年所标举的治史原则和思路，新考据史学应该不会与我们接下来所讨论的"借喻"书写发生关联。所谓"借喻"，本为修辞的一种格式，按照陈望道《修辞学发凡》中的说法，一个比喻的成立，首先要有希望表达的思想对象，其次是与这思想对象有某种类似点的事物，可以用来打比方。体现在具体的句子形式上，所谓思想对象就是比喻句子中的"正文"，拿来打比方的事物则被称为“譬喻”，此外则有表示二者关联的“譬喻语词”（如“如同”“好像”“仿佛”“犹如”等）。按这种规范格式构成的比喻，一般被称为明喻。而比喻的形式还可以变格，如果把表示“正文”与“譬喻”之间相似关系的词语（甲如同乙），改为表示相合关系的词语（甲就是乙），就由明喻变成了隐喻。至于借喻，则“比隐喻更进一层”，把实际要表达的“正文”完全省略掉，而把用来打比方的“譬喻”作为“正文”写出。当然，这样做的目的，最终还是为了表达在形式上没有写出的“正文”。在此修辞格中，如果借喻不仅体现在几个词语或一个句子之中，而是扩展到段落和篇章，就成了“借题发挥”。（《陈望道文集》第2卷，上海人民出版社1980年版）这样的修辞方式，自然是追求“言外之意”“象外之旨”的文学最乐于使用的，在中国的史学写作中，亦是惯常手段。中国传统史学讲求在历史叙述中寄托微言大义，梁启超提倡“史界革命”时，即主张“新史学”应和合客主二观，断言“有客观而无主观，则其史有魄无魂”。（《新史学》，收入《饮冰室合集》第1卷，中华书局1989年版）至于“五四”时期兴起的唯物史观学派，根本目的本在于建立历史演变的“普遍的理法”，反对以考辨具体史实为治史的依归，所以特别强调“理法”的阐发。（李大钊：《史学要论》，商务印书馆1924年版）在这一史学谱系中，“史”与“文”并无明显的畛域，如果就借具体叙事表达某种寓意这一点来看，甚或可以说他们著作的历史文本与文学文本没有根本的区别。傅斯年等新考据史家之所以激烈地主张历史学家不著史，甚至严禁在考辨史料中疏通义理，从一定意义上说，就是针对这个谱系的史学而发的。由此而言，新考据史家的史学研究，与借题发挥、讽喻影射的“借喻”修辞，理所当然是无缘的。

但是，把“借喻”的修辞方式与历史书写连接起来，又确实是写了《旨趣》之后的傅斯年所提出的主张。1935 年，傅氏应一家杂志之约，著文讨论历史教科书的编写问题，曾明确说：“历史之用，本在借喻于行事”。同时傅氏也坦率明言，他欲以“借喻”方式表达的思想，即民族主义意识。“本国史之教育的价值，本来一大部分在启发民族意识上，即外国史也可用‘借喻’的方法，启发民族意识。”（《闲谈历史教科书》，收入《傅斯年全集》第 5 卷）结合上下文看，傅斯年所说“借喻于行事”的“借喻”，显然不限于陈望道界定的一个修辞格，而如果我们考虑到此文写于傅氏所编著的《东北史纲》第一卷（1932）出版以后，就可以认为，傅氏在这里提出的观点，并非一般的“闲谈”，肯定也包含了他自身的著史体验。

从把著史驱逐出历史学领域之外，到自己写作东北地区的历史，且把“借喻”这种本属于“作文章家的本事”，列为历史书写的重要方法，这对于新考据史学领军人物的傅斯年来说，变化可谓巨大。那么，傅氏的历史研究旨趣，为什么会发生如此巨大的变化？我们应该怎样看待他的这一变化？这是本文首先想讨论的问题。

《东北史纲》：民族主义的叙事文本

傅斯年写作《东北史纲》，其实是一个连他本人都不曾预料到的意外。查“史语所”1930 年度工作报告所载“下年度研究计划大纲”，傅斯年准备做的是“继续为中国经典时代语言及历史的研究”。(《傅斯年全集》第 6 卷）同所 1931 年度的工作报告则说：“本年度开始七、八、九之三个月为本所同人轮流假期，亦为本年度工作最安定时期，一切均得按预定计划进行。”但日本发动的“九一八”事变，打破了中国学者宁静的学院生活。作为当时国家学术研究最高机关的“史语所”，也因事变发生而“未能按预算领到”经费。(《傅斯年全集》第 6 卷）而国难给傅斯年的精神刺激尤深，他在北京大学的座谈会上，“拍案而起，即席慷慨陈词，提出了‘书生何以报国’的问题，让大家讨论……”（岳玉玺、李泉、马亮宽：《傅斯年：大气磅礴的一代学人》，天津人民出版社 1994 年版），而这个问题，也痛苦地折磨着傅氏本人，他甚至悔恨自己所从事的历史研究职业，不能直接解救国家危难。他在 1931 年 10 月 6 日写给友人的信中说：“弟自辽事起后，多日不能安眠，深悔择此职业，无以报国。

近所中拟编关于东北史一二小册子，勉求心之所安耳。”（《致王献唐》，收入《傅斯年全集》第7卷）信里所说的“拟编关于东北史一二小册子”，指的就是《东北史纲》，这就是傅氏发起编写《东北史纲》的缘起。

傅斯年最初的计划，是组织多位学者合作编写从上古至清代的东北地区通史，《东北史纲》第一卷卷首“告白”刊出的通史卷次与作者分别是：（一）古代之东北（傅斯年）、（二）隋至元末之东北（方壮猷）、（三）明清之东北（徐中舒）、（四）清代东北之官制及移民（萧一山）、（五）东北之外交（蒋廷黻）。据该“告白”说：“本书文稿及图稿均已写定，预计二十一年年尾出齐。”但真正付梓刊行的，似乎只有傅斯年撰写的第一卷。该卷在1932年10月初版印行时，封面和扉页均署“《东北史纲》（初稿）第一卷 古代之东北　傅斯年 方壮猷 徐中舒 萧一山 蒋廷黻 共编”，版权页“撰写者”下也排列着这五人的名字。但所谓五人“共编”和共列名“撰写”者，其实皆指作为五卷本通史的《东北史纲》，后人不知其详，把第一卷作者误归于傅氏之外的徐中舒、方壮猷等人的原因之一，或出于此。作为《东北史纲》作者之一，蒋廷黻在1932年12月发表于《清华学报》第8卷第1期上的《最近三百年东北外患史——从顺治到咸丰》，应为其《东北之外交》的一部分。另一作者徐中舒撰写的未刊稿也已在台湾发现，其中《东三省之封禁》部分，曾刊于2005年3月第12期《古今论衡》。

“九一八”事变以及随后日本制造的“满洲国”的出现，是促使傅斯年写作《东北史纲》第一卷的最直接背景。王汎森（1958— ）说：“《东北史纲》是傅斯年在‘九一八’事变之后心焦如焚下赶出来的作品，主要是为了说服国联（League of Nations）李顿调查团东北自古以来是中国领土，故出版不久随即由李济节译成英文小册子送交调查团。”（《思想史与生活史有交集吗——读“傅斯年档案”》，收入《中国近代思想与学术的系谱》，河北教育出版社 2001 年版）所述情况基本确实，但其间有关环节须加以补充和订正。“九一八”事变后，因中国政府向国联理事会提起控告，国联曾先后三次开会讨论。1931 年 12 月 10 日，第三次会议将结束时，决议派遣调查团。翌年 2 月，以英国人李顿（Victor Alexander George Robet L. 1876—1947）爵士为团长的调查团动身来中、日两国现地调查。（解学诗：《伪满洲国史新编》，人民出版社 1995 年版；NHK 取材班编《日本的选择：8　满州事变　致世界的孤儿》，角川书店 1995 年版）而据前面引述的傅斯年致友人书，至迟在 1931 年 10 月，“史语所”已经开始筹划东北史的编写，那时国联尚无派遣调查团之议。因此，有关《东北史纲》的写作动机，还是傅氏本人说的更为全面、清楚。在《东北史纲》“卷首·引语”中，傅氏确实明确表示，写作动机之一即为反驳日人妄说。而所谓日人妄说者，即日本一些所谓学者以“满蒙在历史上非支那领土”为由，为论证日本侵占中国东北的“正当性”而鼓噪。从傅斯年“九一八”事变后发表的一系列时论文章看，他对此类妄说所产生的国际影响相当忧虑，极欲通过讲述东北自古属于中国的历史，校正国际舆论之视听，促使国际社会改变对日本侵略行径“反应之麻木”的状况。（傅斯年：《“九一八”一年了》，《独立评论》1932 年第 18 号；《这次的国联大会》，《独立评论》1932 年第 31 号）在《东北史纲》第一卷尚未印行之前（而非如王汎森所说“出版不久”），傅氏即请“史语所”研究员李济（1896—1979）节译成英文，交给国联李顿调查团。那自然是此种努力之一。

但作为《东北史纲》写作的“第一动机”写在该书“卷首·引语”的，是唤醒“国民酣梦”。“引语”开篇即说，“中国之有东北问题数十年矣”，但国民对此前日俄“以我为鱼肉”竞相角逐的历史懵然无知，对近年日本“露骨的进攻之口号”也毫无警惕，“持东北事以问国人，每多不知其蕴”。傅氏对此几至痛心疾首：“岂仅斯文之寡陋，亦大有系于国事焉。”傅氏具有良好的社会科学修养和丰富的国际政治知识，清楚了解“东三省是否中国，本不以历史为其根据”。（傅斯年：《东北史纲·卷首·引语》）在国势危急之际，他把书写“东北史事”，作为“有系于国事”的工作，全力以赴。除了因为史家的专业所限，主要原因应该在于他认为可以用“史事”激发现实中的国民对国家的连带感情，唤起对于“中国”的民族—国家想象。说《东北史纲》是一部有意识的民族主义写作，应该接近傅斯年的本意。

有关傅斯年的民族主义情绪，海外学界已有一些研究，但似乎很少涉及《东北史纲》。由于笔者所见有限，在此暂不做讨论，而把范围限定在中国国内。正如王汎森已经指出的那样，因傅斯年在国共党争中坚定站在国民党一边，被明确指为“反动学者”，他的名字在大陆曾经成为禁忌，并因此牵连《东北史纲》的写作，亦被长期有意遗忘。(《思想史与生活史有交集吗——读“傅斯年档案”》，收入《中国近代思想与学术的系谱》）但“文革”以后，此种情况已经逐步改变。近些年来，中国大陆的傅斯年解读，大体可分成两个流脉。一为宣传类的报刊或读物，多喜从爱国精神和民族气节角度肯定傅氏，《东北史纲》由此被视为傅氏学术思想朝着进步方向转变的标志。在此类文字中，抗日的民族主义作为肯定性前提，自然无须讨论。另一主要在学术研究界。由于20世纪90年代以来中国学界逐渐形成“思想淡出、学术凸现”的氛围，新考据史学的治学范式成为人们希望重续的学统，傅斯年及“史语所”的学者也随之成为众多学者心仪师法的对象。在这一学术流脉上，《东北史纲》显然无法安置，便被视为傅斯年“理论和实践”发生矛盾的产物，作为例外而搁置一旁。(王学典：《两大学术谱系的对立与整合》《20世纪史学进程中的“乾嘉范式”》，均收入《20世纪中国史学评论》，山东人民出版社2002年版）总之，这两种解读，虽然立场、路径有极大差异，造成的结果却是共同的。因为无论把《东北史纲》的写作看作傅氏爱国“进步”的转折，还是脱离新考据史学规范的失误，实际上都忽略了民族主义意识在傅斯年学术思想中的一贯线索。而傅氏提倡新考据史学，用意之一已经在“史语所”《旨趣》中说明：“我们要科学的东方学之正统在中国”，明显是在和西方汉学界争长。王汎森将之称为“学术民族主义”，(《思想史与生活史有交集吗——读“傅斯年档案”》) 可谓切当。我们有必要沿着这条线索，把握傅斯年学术思想的内在连续性，对《东北史纲》第一卷这部民族主义的叙史文本做进一步分析。

东北史与“满蒙史”：殖民与反殖民的纠缠

傅斯年的《东北史纲》是“九一八”事变和“满洲国”事件刺激的产物，也是对日本一些所谓学者的妄说的驳议之作。王汎森注意到，傅著引述这些妄说时，并没有深究其在日本的具体来源，便根据相关史料指出傅氏在《东北史纲》“卷首·引语”所批驳的妄说，实际出自日本的京都帝国大学教授矢野仁一（1872—1970）。(《思想史与生活史有交集吗——读“傅斯年档案”》) 近年中国大陆一些学者论及此事，亦采此说，但基本是沿袭王汎森所论，并没有提供其他的材料。故笔者在此仅就所知，略作补充。

傅斯年批驳的日人所谓“满蒙在历史上非支那领土”说，确实出自矢野仁一。矢野的《满蒙藏は支那本来の领土に非る論》，1922 年刊载于日本《外交时报》1 月号，后被收录进同氏的《近代支那论》。在“满洲国”成立之后，矢野更是极力为之做理论鼓吹，公言“确立满洲独立的理论根据，是我对满洲国的义务责任”。李顿调查团的报告书发表后，矢野认为其中最主要的，也是他最不能接受之点，是报告书认定了“满洲在本质上始终是中国之领土”。他认为，李济的著作（傅斯年《东北史纲》第一卷的英文节译本）对李顿调查团产生了决定性影响，遂专门撰写《满洲国历史》一书，分十五项对李顿的报告书进行批判，再次申说“满洲不是支那的领土”。（矢野仁一：《满洲国历史》，目黑书店 1933 年版。另参见西村成雄：《中国近代东北地域史研究》，法律文化社 1984 年版）而傅斯年则对李顿调查团的报告书中“论‘九一八’之责任及满洲国之两事”表示满意，认为其“与我们所见并无不同”，同时认为报告书中对日本的侵略行为过分迁就，公开撰文给予批评。（《国联调查团报告书一瞥》，《独立评论》1932 年第 22 号）由此可见，傅斯年与矢野仁一的斗争，即使在《东北史纲》第一卷出版以后，也仍在继续。

但也有必要在此说明，矢野仁一关于“满洲”的论说，在当时的日本并非个别现象。与中国近代国人、学界忽视东北及东北问题相反，日本自甲午战争、日俄战争以来，从国家战略上把所谓“满蒙”视为日本帝国的“利益线”“生命线”，也促使学术界的研究视线向这一地区集中。“满蒙学”应运而生，且成为显学，东京、京都两所帝国大学的东洋史学讲座教授白鸟库吉（1865—1942）和内藤湖南（1866—1934）都以“满蒙”研究知名于世，即是证明。白鸟氏在日俄战争后，曾说服“满铁”首任总裁后藤新平（1857—1929）专门在“满铁”东京支社内设置“满鲜历史地理调查室”，印行《满鲜地理历史研究报告》十数册。白鸟氏之所以热心“满洲”研究，因为在他看来，“满洲之地与日本命运攸关，其重要性绝不亚于朝鲜”，但“我国人民知之甚少，颇堪忧虑”。(《满洲问题与支那的未来》，收入《白鸟库吉全集》，岩波书店 1971 年版）而内藤湖南在 1907 年任教于京都帝国大学之前，已经先后三次到过中国的东北，在沈阳的寺院乃至皇家藏书处寻访到满、蒙文字的珍贵资料。帝国大学就任之后，他经常以替中国人“设想”的口吻议论中国问题，多次“建议”中国缩小版图范围。1911 年辛亥革命爆发后，内藤发表《支那时局的发展》，“劝告”之后的中华民国“放弃”蒙藏地区。1914 年，他在专门讨论中国问题的专著《支那论》里，专设一节“领土问题”，再申前说：“无论蒙古、西藏、满洲成为谁的领土，都无碍汉人的和平发展……支那的领土问题，从政治实力上考虑，现今是应该缩小的”。其基本逻辑，和矢野仁一并无多少差别。

20 世纪 30 年代，对于所谓“满蒙学”与日本帝国主义的关系，中国学者有所了解后给予了揭露。一篇发表在《禹贡》杂志上的文章曾辛辣地讽刺说，中日甲午战争以前，日本有“朝鲜学”，而朝鲜亡；日俄战争前有“满鲜学”，而辽宁陷；“九一八”前有“满蒙学”，东北四省（含热河）沦丧。（冯家升：《日人对于我东北的研究近况》，《禹贡》第 5 卷第 6 期）傅斯年写作《东北史纲》，在“卷首・引语”之外，还专门放置了一篇《论本书用“东北”一名词不用“满洲”一名词之义》，虽有乖于一般的述史体例，但显然有深意寄托：

> 日本及西洋人之图籍中，称东三省曰“满洲”，此一错误，至为浅显，而致此错误之用心则至深。满洲一词，本非地名，《满洲源流考》辩之已详。又非政治区域名，从来未有以满洲名政治区域者。……有清二百余年中，官书私记均未尝以满洲名此区域也。此名词之通行，本凭借侵略中国以造“势力范围”之风气而起，其“南满”“北满”“东蒙”等名词，尤为专图侵略或瓜分中国而造之名词，毫无民族的、地理的、政治的、经济的根据。自清末以来，中国人习而不察，亦有用于汉文中者，不特可笑，亦且可恨，本编用“中国东北”一名词以括此三省之区域，简称之曰“东北”，从其实也。

这段有关“东北”与“满洲”的名实之辨，矛头所指，明显地不限于日本的政治舆论宣传，肯定也包括日本学术研究的“满蒙学”。从一定意义上可以说，傅斯年的“东北史”，其实是有意识对抗“满蒙学”的著作。

但一个需要指出的事实是，无论是《东北史纲》第一卷，还是该书写作前后傅氏发表的其他著述，都没有明确提及日本的“满蒙学”，也没有表露对这一学术潮流与日本殖民扩张的关系做系统分析的意愿和意识。这可能是很多因素导致的，而“满蒙学”与傅氏的新考据史学，作为近代学术，品格有相近之处，可能也是原因之一。“满蒙学”的创始人之一白鸟库吉，尊崇德国的兰克（1795—1886）史学，坚持“以严密的史料批判和精细的考证，探明诸事实的真相”；（津田左右吉：《白鸟博士小传》，《东洋学报》第29卷第3、4号）他展现了把日本东洋学的水准，提高到可以和欧洲东方学比肩、甚至凌驾其上的志向，（松村润：《白鸟库吉》，收入江上波夫编《东洋学的谱系》大修馆书店1992年版）这不难让人联想到傅斯年在“史语所”《旨趣》中的宏图。内藤湖南等京都学派的“支那学”学者，则标榜继承清代乾嘉学风，重实证，精考据，治学风格和旨趣，亦与傅斯年不无相通。总之，内藤和白鸟等人议论时政时表露的殖民主义倾向明显可见，但他们对“满蒙史地”的具体研究，则强调“科学”“客观”。这种学术民族主义和日本帝国主义的侵略扩张国策之间，当然存在联系，但毕竟不同于直接的帝国主义殖民宣传。概括地说，所谓学院的“满蒙学”研究主要从两个方面体现为帝国服务的功能。第一，用白鸟库吉的话说，就是做出可以和欧洲东方学比肩的东洋学研究，在学问上向世界显示“我国作为东洋指导者的威力”。（白鸟库吉：《后藤伯在学术上的功绩》收入《东洋学的谱系》）第二，则是通过讲述史事，引起日本国民对作为帝国国策所欲图谋的地域文化的关心。当然，这种讲述，是以“科学”的面目，加以“近代”的国际法理解释。甚至为殖民主义鼓吹最为热烈的矢野仁一，在否定“满洲”与中国的历史联系时也说：“更不能认为那（指‘满洲’——引用者注）在历史上是日本的领土”。在同一篇文章，即《满洲国历史》的“序”中，矢野特别强调：“日本在满洲的本质性特殊权益，是由日俄战争确定下来的，只要日俄战争这一事实不消灭，日本的权益便应丝毫无损。”如中国“蹂躏此权益”，日本则应“以武力”予以保护。在中国一些宣传类读物里，日本的“满蒙学”常被描绘成“阴谋”学术，让人感觉这是一门或编造或捏造史实的学术，其实是对其做了简单化的理解。

前面已经介绍过，傅斯年及其领导的“史语所”，也是以追赶乃至超越欧洲的东方学为目标的。自 1928 年成立到 1931 年“九一八”事变发生之前，“史语所”历史组的主要研究范围：（一）用考古学、人类学的“近代科学”方法，考察中国上古的文明史；（二）开展有关

“塞外之史、异族之文”的边疆史地研究。但“史语所”对中国边疆史地的研究，主要受到欧洲汉学界研究中亚的“西域学”的刺激与感染，加之有意继承本土自清末兴起的西北史地研究之传统，研究对象大都集中在中亚和中国的西北地区，［余英时：《试述陈寅恪的史学三变（1997 年）》，收入《现代危机与思想人物》生活·读书·新知三联书店 2005 年版］和白鸟库吉等日本“满蒙学”学者选择朝鲜、“满洲”为重点的着眼点大为不同。所以，在“九一八”事变以前，双方没有发生明显的碰撞。

“九一八”事变和“满洲国”事件体现了日本对中国东北所进行的公开的军事侵略，导致“东北史”与“满蒙学”的直接对阵。但在此时，傅氏的当务之急，是通过借题发挥的“借喻”式历史书写，激发中国国民的民族主义意识，自然不大可能从学理逻辑上对“满蒙学”与日本帝国主义的民族主义之关联进行透彻的分析。傅斯年的方法，是对矢野仁一类型的露骨的殖民宣传进行抨击，而对“满蒙学”的“科学研究”成果，如内藤湖南及其弟子整理的“朱蒙神话”史料以及浜田耕作（1881—1938）的考古成果等，则进行挪用。关于傅斯年等中国学者的“东北史”写作与日本的“满蒙学”研究之间的关系，需要另有专文讨论，笔者在此仅考察一下傅氏写作《东北史纲》第一卷的基本原则，作为本文的结束。

本文开头已经提到，《东北史纲》第一卷出版以后，傅斯年发表的《闲谈历史教科书》一文所谈到的著史原则，其实可以视为《东北史纲》写作经验的总结。在这篇文字里，傅氏特别强调“借历史事件做榜样，启发爱国心、民族向上心、民族不屈性、前进的启示、公德的要求、建国的榜样”。他非常明确地说：“历史一科与民族主义之密切关系，本是不待讨论的。当前的问题，只在用何方法使历史教育有效的、有益的启发民族思想。”但是，傅氏坚决反对随意编造史实，他说：“治史学是绝不当说谎的。”他认为，最正当的办法是“遵原则以选择史事，尽考索以折中至当”。也就是说，选择符合著者所欲表达的意义的事件，通过“借喻”书写，达到启发、激励民族意识的目的。

那么，傅氏“选择史事”的标准是什么呢?《东北史纲》第一卷从上古一直叙述到魏晋，最突出的关键词是东北地区在“人种的、历史地、地理的”等各个方面，“在远古即是中国之一体”。其中反复强调的，则是东北各部族或本为中国人迁徙至此，或虽为外族，但受中国文化濡染至深，以至礼俗习惯，皆类同或近似国人，而对东北各部族历史的独特性则很少顾及。考虑当时日本入侵中国的历史情景，傅斯年选择这样的历史叙述策略，自然有可以理解的原因。但也必须指出，傅氏在用学术民族主义抵抗日本殖民侵略的时候，他的历史书写自身，也深陷自我民族中心的逻辑之中。正因为如此，当我们重新检讨民族主义在东亚近代殖民与反殖民历史中的复杂纠缠时，才深切感到有重读傅著《东北史纲》第一卷的必要。

（据2004年向韩国延世大学主办的国防学术研讨会提交的论文改写，2006年8月改定）

民族意识与学术生产

——试论《禹贡》派学人的“疆域”史观与日本的“满蒙”言说

问题的提起

1934年3月由顾颉刚（1893—1980）、谭其骧（1911—1992）主编的《禹贡》半月刊发刊，是20世纪中国学术史上的一个重要事件。这份学术杂志后来持续印行至1937年7月，共出版了7卷82期，该杂志同人也组建了禹贡学会并开展活动。关于《禹贡》派学人在中国历史地理学之学科创建上的作用，已有多位学者发表了观点不无歧异的评述，如葛剑雄曾说：“如果从20世纪30年代初顾颉刚先生和谭其骧先生创办《禹贡》半月刊、筹备禹贡学会算起，中国历史地理学已经有了近七十年的历史”（《面向新世纪的中国历史地理学》，收入复旦大学历史地理研究中心主编《面向新世纪的中国历史地理学：2000年国际中国历史地理学术讨论会论文集》，齐鲁书社2001年版），似把《禹贡》学人的工作当作学科创立的起点。而吴宏岐则认为“近代中国地理学和历史地理学的开端”应该追溯到1909年中国地学会的成立，禹贡学会的创立标志“近代中国历史地理学进入了一个新阶段”(《中国历史地理学的历史、现状和发展趋势》,《河北师范大学学报》第22卷第4期)。不过,《禹贡》杂志及其同人们的活动之意义并不限于参与中国现代历史地理学的学科创建，还有更多内容可以探讨。本文拟以此杂志为中心，考察《禹贡》派学人的民族意识或民族主义观念与其所从事的学术知识生产之关系。

如同许多研究者曾经指出的那样,《禹贡》杂志创办者顾颉刚在当时倡言研究“地理沿革”，既是其考辨中国古史工作的一个自然延伸，也是他面对中国遭受外敌凌辱所做出的悲愤反应。该刊《发刊词》在以“演剧”和“舞台”作为比喻阐述“历史”与“地理”的关系时，出现下面这段文字，放在这样的脉络上理解，也就不会觉得突兀了。

> 这数十年中，我们受帝国主义者的压迫真够受了，因此，民族意识激发得非常高。在这样的意识之下，大家希望有一部《中国通史》出来，好看我们民族的成分究竟怎样，到底有哪些地方是应当归我们的。但这件工作的困难实在远出于一般人的想象。民族与地理是不可分割的两件事，我们的地理学既不发达，民族史的研究又怎样可以取得根据呢？不必说别的，试看我们的东邻蓄意侵略我们，造了“本部”一名来称呼我们的十八省，暗示我们边陲

之地不是原有的；我们这群傻子居然承受了他们的麻醉，任何地理教科书上都这样叫起来了。这不是我们的耻辱？

（《发刊词》，《禹贡》半月刊第 1 卷第 1 期）

据顾潮编著《顾颉刚年谱》（中国社会科学出版社 1993 年版）所云，该《发刊词》是顾颉刚和谭其骧合写的。这里说得很清楚，顾颉刚等《禹贡》派学人之所以决意要对“地理沿革史痛下一番功夫”，并希望通过杂志和学会促使“一般学历史的人，转换一部分注意力到地理沿革这方面去”（《发刊词》），其目的并不仅仅在于“沿革地理”或曰“历史地理”学科本身——《禹贡》半月刊和禹贡学会创立之初，多用“地理沿革”表述其研究，半月刊英文刊名自创刊号起即写作“*The Evolution of Chinese Geography*”，即“中国地理之沿革”，至 1935 年 3 月 1 日出版的第 3 卷第 1 期，改为“*The Chinese Historical Geography*”，意即“中国历史地理”，并在同期封二刊出英文说明，谓自此期起改为“正确译法”。（侯甬坚：《“历史地理”学科名称由日本传入中国考——附论我国沿革地理向历史地理学的转换》，《中国科技史料》2000 年第 4 期）同时也在于希望通过对这一学科知识体系的构筑，完成“一部《中国通史》”，以此来确认“我们民族的成分”和疆域。《禹贡》半月刊第 1 卷刊印到第 12 期（1934 年 8 月 16 日）时，顾颉刚通过《编后》的文字又一次表明了这一立场：

> 以中国历史之久，地域之广，无论如何应当有几种专门讨论地理和历史的杂志。何况当这强邻狂施压迫，民族主义正在酝酿激发的时候，更应当有许多人想到考究本国的民族史和疆域史。

在上引文字里，顾颉刚使用“民族意识”和“民族主义”概念，基本不做区别和界定便随意置换，但始终是和“帝国主义者的压迫”“强邻狂施压迫”等表述相提并举的。这表明，顾氏及《禹贡》派学人欲以学术研究进行呼应和激励的“民族意识”和“民族主义”，并非抽象空泛或普适的概念，而是和如此具体的历史情境密切关联着的。同时，在上引文字里还可以看到，作为学者，《禹贡》派学人所焦虑的，不仅是帝国主义特别是强邻日本在政治、军事、经济方面的“蓄意侵略”，还有其在学术知识生产上获得的主导权，如《禹贡·发刊词》所言，当他们试图确认民族疆域（亦即确认“到底有哪些地方是应当归我们的”）之时，所遭遇的困难竟是来自日本的有关中国的言说，这些言说所创设的一些词语和概念，甚至渗入中国的“地理教科书上”作为“常识”广泛流布，这让《禹贡》学人既感忧虑又深感耻辱。

《发刊词》特别举出日本制造的“本部”一词，虽未说明出处，但肯定不无依据。仅就笔者所见言之，如罗振玉（1866—1940）主持的东文学社于1899年译印的日本学者桑原骘藏（1870—1931）所著《东洋史要》（格致学堂译，光绪二十五年上海东文学社印。书前有序，署名“王国维述”，言此书为“同学山阴樊君炳清译日本桑原骘藏君之东洋史要”），其“总论”第二章“地势”便写道：“东方亚细亚中。除朝鲜外，余地悉属支那帝国。支那者，世人分为支那本部，青海、西藏、新疆、蒙古及满洲。”桑原氏此书题名“东洋史”，但缕述中国历史的文字占了主要部分，且对东洋—亚洲各国之间关系多有论述，从编写体例到所作的评断，在当时都受到重视，清朝学部甚至称之为“东洋史之善本”。因此，中译本刊行以后很快便“盛行殆遍于东南诸省”，不仅被很多学堂用作教科书，甚至成为中国学者编写教科书的底本。（李孝迁：《清季支那史、东洋史教科书介译初探》，《史学月刊》2003年第9期）而在清末民初，这种现象并不止于桑原氏这一本著作，把日本学者撰著的“东洋史”或“支那史”编译改写为中国的本国历史教科书，曾成为一个时期的风气，在改写时直接挪用原著文字自然也不鲜见，如陈庆年以桑原《东洋史要》为底本编撰的《中国历史教科书》，述及清朝时期，便有“本部十八省”的说法，可为一例。对于这些，顾颉刚等人应该了然于心。

当然，早在清末，已经有人对借用“东邦编述之本”“以充本国历史科之数”提出质疑，认为“夫以彼人之口吻，述吾国之历史”，存在“于彼我之间，抑扬不免失当”之弊，甚至会“令吾国民遂不兴其历史之观念，忘其祖国所自来”。(何成刚:《从译介、改编到自编：民国历史教科书的发展历程》,《历史教学问题》2007 年第 5 期）到了 20 世纪 30 年代，特别是“九一八”事变之后，中国学者更为有意识地对日本东洋学著述中有关中国的叙述以及相关地理名词提出批判。如傅斯年（1896—1950）为对抗日人“满蒙在历史上非支那领土”的妄说而写的论辩之作《东北史纲》第一卷，专门在卷首放置一篇《论本书用“东北”一名词不用满洲一名词之义》，即可谓其中的典型。同时，傅斯年还对“清末以来，中国人习焉不察”，随意把“满洲”“东蒙”等名词“用于汉文中”的现象，做了痛心疾首的批评。他说：“日本人近以‘满蒙在历史上非支那领土’一种妄说鼓吹当世。此等指鹿为马之言，本不值一辩，然日人竟以此为其向东北侵略之一理由，则亦不得不辩。”就此而言，《禹贡》派学人延续了傅斯年的立场和思路，在试图构筑中国历史地理知识体系、确认中国民族疆域的时候，他们都把清理已经内化为中国本土学术言说的日本东洋学视为必不可少的前提，并把警惕和抵抗日本仍在不断生产的带有殖民主义色彩的有关中国历史地理的知识和言说作为当务之急。这也从一个侧面显示了现代中国有关本国历史地理知识的生产与日本东洋学之间的“亲密”关系——或者更确切地说，是“亲密的敌对”关系。

而当我们沿此脉络进一步加以考察时，以下的问题无疑是需要继续追问的：（一）《禹贡》派学人对日本东洋学有关中国的历史地理学知识，特别是对其中所谓“满蒙”的知识和言说，有着怎样的了解，做出了怎样的回应？（二）在应对日本的“满蒙”言说、构筑中国的历史地理学体系的过程中，《禹贡》派学人遭遇到了怎样的难题，他们是如何解决的，或者缘何未能解决？

在此需要说明，尽管《禹贡》还在刊行时，该杂志便被视为“弥漫着一种统一的精神”，撰稿的人们已经被称为“《禹贡》派”（森鹿三：《〈禹贡〉派的人们》，周一良译，《禹贡》半月刊第5卷第10期），但该刊前后三位主编和众多撰稿人还是各有差异的，特别是在《禹贡》半月刊停办以后，这个“派”是否还在延续，就更不宜轻下结论。限于篇幅，本文无法对这一群体做全面描述，仅以《禹贡》半月刊及其两位主编——顾颉刚、冯家昇为中心进行讨论。考察的时段，亦以《禹贡》杂志的存续时间为限。至于特别提出日本的“满蒙”言说作为一个问题点，则因为当时中国的东北地区不仅是“帝国日本”进行军事殖民占领的对象，也是其以殖民知识进行言说的对象，而后者正是《禹贡》派学人特别关注的，当然也是我们今天从学术史层面进行检讨时不能忽视的观察点。

顾颉刚：如何想象古史中的“疆域”？

在《禹贡》派学人群体中，顾颉刚无疑是最为核心的存在。《禹贡》半月刊的三位主编人，谭其骧参与编辑到第4卷第12期（1936年2月）因故离任，嗣后冯家昇（1904—1970）中途加入接编，只有顾颉刚作为主编坚持始终。他在《禹贡》上发表的文章虽然不多，但指导了若干撰稿人的写作，有时甚至亲自动笔修改他们的文章。《禹贡》自第4卷第4期（1935年10月16日）起刊载学会同人通讯，至第7卷第6、7合期（1937年6月1日），共刊出一百六十五封，绝大多数是写给顾颉刚的，顾氏也大都做了回复。如果说《禹贡》杂志有“一种统一的精神”或前后一贯的主旨，那就是由顾颉刚串联起来的。

但于《发刊词》之外，在“编后”“通讯”一类文字里，顾颉刚虽然也会谈及办刊主旨，却大都片段零散，再无宣言式的表述，即或对《发刊词》所宣示的以地理沿革史研究实现确认民族疆域之意图，也未加以充分阐发。比如，缘何以前者为手段，必可达至后者之目标？这中间还须经由怎样的路径、步骤和程序？都没有予以深入讨论。也许对此时的顾颉刚来说，这些都是自明的，但执着于具体的史实考证而缺少整体的“挈合疏通”和明晰的理论论述，确实是当时部分读者从《禹贡》杂志感知的印象。有人甚至直接提出了批评，如杨效曾在《地理与历史的中心关系》中说：“我希望禹贡学会的朋友不要以考证为终极目标。”齐健在1935年12月10日致顾颉刚的信中也建议：为使初学者“知道此种问题（即《禹贡》提出的中国民族史及中国疆域沿革史问题——引用者注）何以当研究，则需作理论文字”。而顾颉刚也自认缺少理论是《禹贡》的“一个缺点”，解释说：“本会同人大率朴学，不擅以华辞相号召，故本刊所载，通论绝少”，并明确表示：“然此实非办报者所应有之态度，甚望能作理论文字之人肯加入本会，达出同人所欲言而不知所以言者，使同人之工作得以博得青年界之同情。他日相将以民族史与疆域史之研究结果灌输于民心，而激发其保国保种之血诚，则此会为不虚集，此刊为不虚出矣”。但顾氏也发出这样诘问：“倘使大家都不肯深潜于这种机械的工作，专喜欢发大议论，则既没有事实的基础，只有相率做策论八股；学问到了这步田地，还有什么意味?”（顾颉刚在王毓铨、齐健的来信所加的“按语”，《通讯一束·四七、四八》，《禹贡》半月刊第4卷第10期）

从顾颉刚的上述回应，既可感知其虚怀若谷，也不难读出固执的坚持。他解释《禹贡》学人执着于“考证”，既源自他们的学术禀赋和学术特长，也有来自对“没有事实的基础”的“大议论”的警惕和排拒。这样的表述虽不无把考证和理论、事实和价值截然切割之嫌，但也表明以朴学式考证为方法，在顾氏其实是有意为之。王毓铨在1935年12月5日致顾颉刚的信中说："在未和先生谈话以前，我也误认为《禹贡》是专搜集材料而不讲方法的。其实，我错了。《禹贡》决不简陋如此。它底目标是科学的探究，因此它很重视方法。"（《通讯一束·四七、四八》）据此可知，在私下谈话里，顾颉刚更为自觉地阐述了《禹贡》式的搜集材料和方法意识之关系。而从他发表在《禹贡》上为数不多的论文看，具体而微的考证文字里，其实都隐含着自觉的方法意识，其中《古史中地域的扩张》可谓是最具代表性的一篇。

此文考察中国古史文献中有关夏商周三代的记载，发现有关疆域范围的描述"是不相等的"。在秦汉以前的文献里，即使到了周代，也仍然地不过千里，但到了秦汉以后的文献中，如《淮南子》《礼记》等，却把"三代"的疆域描述得"和始皇同样地广大，或者还超过了他"。顾氏就此认为，这是秦汉以后的"一班学者不愿意始皇专美于后"而虚构出来的传说。但在揭破这种传说的虚构性之后，顾氏强调说："我们不必攻击传说，我们且去寻出它的背景"。也就是说，他的目的并不在于指斥传说的虚妄，而在于考证传说的形成过程。

如果了解顾颉刚的学术历程，不难看出，此文的问题意识和分析方式，都典型体现了他"疑古""辨伪"的研究思路。如所周知，1923年提出中国古史是"层累地造成的"观点时，顾氏便决意"把传说中的古史的经历详细说一遍”。他认为，现在被视为“信史”的上古历史，其中很多是经过战国、秦、汉时的知识阶级和非知识阶级想象加工而成的“传说”，所以，在他看来，“要辨明古史”，考察“传说的经历”比“史迹的整理”更为重要。“凡是一件史事，应当看它最先是怎样的，以后逐步逐步的变迁是怎样的。我们既没有实物上的证明，单从书籍上入手，只有这样才可以得一确当的整理”。（《与钱玄同先生论古史书》，《努力周报·读书杂志》1923 年第 9 期）而在顾氏当时设定的“推翻非信史”的标准里，排在前面的两条即“打破民族出于一元的观念”和“打破地域向来一统的观念”。（《答刘胡两先生书》，《努力周报·读书杂志》1923 年第 11 期。另参见《古史辨·第一册·自序》，北平朴社 1926 年版）在创办《禹贡》之前，顾颉刚的“辨伪”工作主要集中于考察“中国民族”“出于一元”之传说的形成过程，发表在《禹贡》上的《古史中地域的扩张》，重点则明显在于考察“中国的疆域”“向来一统”之传说的形成脉络。在不以直接的理论性论述为特点的《禹贡》半月刊，顾颉刚的论文无疑具有示范性，影响到《禹贡》的整体学术倾向，至少在古代地理沿革研究方面，该刊的很多文章都显示出了和顾氏接近的思路。

顾颉刚的“疑古”“辨伪”，与日本的东洋学、“支那学”有无交集？更进一步说，顾氏对上古历史传说性的揭示，是否受到那珂通世（1851—1908）的“疑古”

论述、白鸟库吉的“尧舜禹抹杀论”的启示？他的“层累说”与内藤湖南“发现”的富永仲基（1715—1746）的“加上原则”有无影响关系？这些都曾引起学术界的讨论，而现在比较一致的看法，大都认为顾颉刚是在没有直接接触到那珂、白鸟、内藤的情况下提出自己的“疑古”论述的，但他们和顾颉刚的“疑古”思路确有近似之处，且都和《崔东壁遗书》的再发现有关。张京华在《古史辨派与中国现代学术走向》（厦门大学出版社2009年版）中，就顾颉刚和日本“疑古”思潮之关系问题，对以往的各家观点做了细致的梳理和分析。在此，笔者还想补充一条张京华在文中没有谈及的资料：1940年，日本学者平冈武夫（1909—1995）把顾颉刚《古史辨自序》翻译成日文出版时，在“译者序”里曾指出：“流传至今的支那古代史是以‘加上’的方式形成的，从富永仲基那里得到暗示，内藤湖南博士如是说。顾氏在此之前也说过同样的事情。”（日文原文：“今日伝へられてゐる支那の古代史が加上に成ることは、富永仲基に暗示を得て、内藤湖南博士が説かれたが、顧氏も同じことをそれより前に言ってゐる”，《古史辨自序·译者序》，创元社1940年版）

这些研究对于理清现代中日学术交涉史上的事实当然是有意义的，但就本文的论题而言，五井直弘（1925—1999）从另一角度提起的问题，即白鸟库吉在论及中国上古神话传说与日本本国的神话传说时所持的不同态度，更值得关注。因为其中所涉及的“疑古”逻辑与自民族之历史叙述的关系，可与同时代的顾颉刚做“平行比较”式分析。据五井考察，1909 年白鸟库吉在讲演《支那古传说研究》中首次提出“尧舜禹”为“荒唐无稽难以置信”的传说，为其“尧舜禹抹杀论”之发端；到了 1930 年 5 月，他又在系列讲演《支那古代史批判》里继续阐述“三皇五帝传说”的“虚构性”，此即一般所说白鸟的“第二次抹杀论”。白鸟库吉同时也在研究日本的古代史。五井注意到，针对中国的古代传说，白鸟“如此彻底地强调其传说性，通过‘第二抹杀论’的展开，否定殷周的存在，甚至不肯去做接近史实的尝试”，但“关于我国的神话，则努力从其背后读出大和朝廷从古以来的悠久存在，将证明其实际存在视为历史学家的责任”。(《近代日本与东洋史学》，青木书店 1978 年版）五井作为例证举出的文章是《关于本邦古代迁都之原因》(《白鸟库吉全集》第 2 卷，岩波书店 1970 年版)，此文发表之时，白鸟库吉已在日本皇室的“东宫御学问所”任职，为皇太子亦即后来的昭和天皇“进讲”日本国史和东西洋史。他当时撰写的《国史》，同样表现了他为履行自己所设定的“历史学家的责任”而做的努力。该书第一卷第二章依据日本古代传说讲述“神代”历史，虽然开篇用词谨慎地把这些传说称为“物语”，即“我国有从古代流传下来的神代物语”，但随后断言：“建国之由来，皇室之本源，国民精神之精髓，皆体现于此”，而接下来便毫不犹豫地以此“物语”作为日本皇室历史叙述的依据。(《国史》卷一，勉诚社复刻本 1997 年版）综合观之，被认为和兰克史学颇有渊源的白鸟库吉，其实并不看重兰克史学尊重史料的实证方法。[姜尚中在《迈向东方主义的彼岸》（岩波书店 2004 年版）第 4 章对此做了出色分析］他的“疑古”方法，最终是内外有别，以“国家”为限。在讨论中国上古神话传说时，白鸟库吉强调其虚构性，而在讨论日本本国的神话传说时，则努力去证明其与“大和朝廷”实际历史的关联，由“疑古”转而成为“信古”。五井直弘曾尖锐地指出：白鸟库吉是把日本天皇“皇室的绝对性、悠久性作为信念、宗教来接受的”。(《近代日本与东洋史学》)

那么，在历史研究的“疑古”逻辑与本民族的历史叙述之间，顾颉刚是怎样考虑和处理的呢？其实，还在创办《禹贡》杂志之前，顾颉刚的“疑古”论已经遭到学术研究之外的干预。1929 年，顾氏为商务印书馆编写的《中学本国史教科书》因“不承尧舜禹为事实”而遭到当时一位参议员的弹劾，南京国民政府明令禁止该书发行并议决处罚出版机构。位居要职的戴季陶（1890—1949）也发表意见说：“中国所以能团结为一体，全由于人民共信自己为出于一个祖先。”由此，他认为“民族问题是一个大问题”，学者们固然可以进行讨论，但书店如据此出版教科书，则“就是犯罪”。(顾潮编《顾颉刚年谱》，中国社会科学出版社 1993 年版）

但顾颉刚对戴季陶他们的“民族史观”并不认同。教科书事件以后，他仍然发表文章阐发自己对三皇五帝的考证和结论，如在《〈古史辨〉第四册序》中便说：即使到了秦统一以后，“疆域虽可使用武力，而消弭民族间的恶感，使其能安居于一国之中，则武力便无所施其技。于是就有几个聪明人起来，把祖先和神灵的‘横的系统’改成了‘纵的系统’，把甲国的祖算做了乙国的祖的父亲，又把丙国的神算做了甲国的祖的父亲。他们起来喊道：‘咱们都是黄帝的子孙……’”顾氏认为，“借了这种帝王系统的谎话来收拾人心，号召统一，确是一种极有力的政治作用，但这种说法传到了后代，便成了历史上不易消释的‘三皇五帝’的症瘕，永远做真史实的障碍”。在顾颉刚的逻辑中，以“疑古”精神和“辨伪”方法揭破有关本国民族史的“谎话”，与通过学术研究激扬民族主义是不矛盾的，他说：

> 如有人说，中国人求团结还来不及，怎可使其分散。照你所说，汉族本非一家，岂不是又成了分离之兆。我将答说：这不需过虑。不但楚、越、商、周已混合得分不开，即五胡、辽、金诸族也无法在汉族里分析出去了。要使中国人民团结，还是举出过去的同化事实，积极移民边陲，鼓励其杂居与合作。至于历史上的真相，我们研究学问的，在现在科学昌明之世，决不该再替古人圆谎了。
>
> （《中国现代学术经典·顾颉刚卷》，河北教育出版社1996年版）

此文写于《禹贡》创办之前，在学术研究中坚持不因“价值”而遮蔽甚至歪曲“真史实”的思路，已经表示得很清楚，即使这“价值”关系到“民族大业”。前面所述《禹贡》杂志近乎禁欲式的朴学风格，亦应为此思路的体现。当然，如果我们整体考察顾颉刚的活动，特别是注意到他在主持《禹贡》的同时还勉力支撑通俗读物编刊社，亲自主持编印宣传抗日、普及知识的民歌、鼓词等作品，便不难想见，顾颉刚并没有因为把“价值”和“史实”进行了切割就能够安于书斋里考据，他还以另一种方式积极承担起社会职责。在此意义上，《禹贡》杂志和通俗读物编刊社之于顾颉刚，便不宜仅仅视为专精的学院学问和普及性的民众宣传活动的雅俗分工，更应该视为一个学者在学术志业和社会政治担当上的有意识区分。

不过，做了这样的区分，是否就可以在《禹贡》安心做“为学问的学问”呢？事情似乎没有这么简单。1935 年 9 月 4 日，顾颉刚致信胡适（1891—1962）说：“禹贡学会，要集合许多同志研究中国民族史和地理沿革史，为民族主义打好一个基础……禹贡学会的工作依然是‘为学问而学问’，但致用之期并不很远。我们只尊重事实，但其结果自会发生民族的自信心。”（顾潮：《历劫终教志不灰——我的父亲顾颉刚》，华东师范大学出版社 1997 年版）说明《禹贡》学人的“民族主义”意图，并不表现在学问本身，而表现为其自然发生的结果。但同年年末顾氏撰写《禹贡学会募集基金启》，却特别强调该刊“自第四卷起，更注重于边疆及水利，以期适合现代之要求”，并把对边疆的实地调查列为重要工作，把编撰《中华民国一统志》列为“本会工作之最大目的”。这表明他已经意识到，以学问“致用”，不仅仅是一个“尊重事实”的问题，还有研究哪些“事实”的问题，而《禹贡》杂志前期比较偏重的古代地理沿革考证，究竟能够在怎样的意义上激发民族意识、推动现实的民族主义运动，既是《禹贡》学人要面对的社会质疑，也是他们内心挥之不去的困惑。该刊同人童书业（1908—1968）为编辑“古代地理专号”所写的“序言”，就沉痛地吐露了这样的心情：

> 自从东北四省失陷以来，我们的国家受外侮的凌逼可算到了极点，所以有血气的人们大家都暂时放弃了纯学术的研究而去从事于实际工作。至于留在学术界的人物，也渐渐转换了研究的方向，即如本刊的由研究地理沿革而转趋到边疆调查，就是这种潮流的明显表现。在这样学风转变的时期之中，本刊忽然又出了这册近于考据性的古代地理专号，会不会使大家疑心我们又在那里开倒车呢？
>
> （《古代地理专号·序》，《禹贡》半月刊第7卷第6、7合期）

“由研究地理沿革而转趋到边疆调查”，这一研究方向的“转换”，不仅为《禹贡》学人当年颇为自傲地强调，也是他们后来常常念兹在兹的话题，表明此“转换”对解除他们内心焦虑的意义。后来的研究者也对《禹贡》学人自觉调整方向、以边疆民族研究呼应和推动民族救亡给予了高度评价，并对《禹贡》研究方向转换的具体实况及多重动因进行了深入考察。而在此基础上，应该还有问题可以继续探讨。比如，《禹贡》的方向转换，是否仅仅体现在研究范围的拓展？在研究方法上，《禹贡》学人的边疆民族研究和他们的古史、古地考辨之间，差异性与连续性何在？还有，通过边疆民族研究，作为研究主体的《禹贡》学人自身发生了怎样的变化？本文仍围绕顾颉刚和冯家昇继续进行个案考察。

顾颉刚：现代“边疆传说”的写作

主编顾颉刚对边疆问题的关注，特别是对东北、西北地区的关注，早在创办《禹贡》之前即已经萌发。这自然首先是当时的时代变局，尤其是强邻日本咄咄逼人的侵略促成的，但同时也和顾氏个人的感情生活颇有关系。关于前者已多被论及，而关于后者，随着《顾颉刚日记》（以下简称《日记》）公开出版，一些线索亦逐渐显现，如余英时（1930—2021）在为该书所写的序言《未尽的才情——从〈日记〉看顾颉刚的内心世界》中，便特别提到1931年2月17日所记的内容：

> 得慕愚书，承受了我的要求，自接信日起，每日抽出三四小时读书，并做笔记，先从满蒙新疆西藏等问题做起。俟见解成熟，再作论文以锻炼发表能力。为之大慰。只要她的学问有成就，我的生命也就有意义了。

慕愚，即谭慕愚（1902—1997），亦名惕吾，字健常，1926年肄业于北京大学法学院，五卅运动、“三一八”运动的积极参与者，1927年参加中国青年党且被选为中央委员，但不久退出，1930年就职于国民政府内政部。余英时引录了这段日记后分析说：“谭慕愚对边疆的兴趣此时已经开始，后来更前往绥远考察，并代内政部长写《内蒙之今昔》。这些活动直接影响到顾先生的研究方向。他告诉我们：‘廿二年（1933）秋间健常随黄绍竑到北平，旋赴绥远，商议内蒙自治问题。过平时，健常曾至燕大我家一宿。自绥远归，又至燕大讲演，予受感动，遂有研究边疆问题之志’（与健常来往年月表）。”（《未尽的才情——从〈日记〉看顾颉刚的内心世界》，《顾颉刚日记》第1卷，联经出版2007年版）但余氏序中的关心似乎更在顾、谭之间“缠绵了五十多年的爱情故事”，故对其关注边疆之事，提起之后便搁置下来不予深究。但如果就此问题细读《日记》，实可看到更多的线索。比如谭惕吾关心边疆的起始时间，《日记》所能见到的，即比余氏所指出的更早一些：1928 年，谭因参加青年党而在国民党清党运动时被捕，曾向顾氏求救。《日记》中“与健常来往年月表”1928 年条记载：谭“出狱后，东渡日本，学于东京高等女子师范”。而到 1929 年 5 月，顾颉刚受聘燕京大学，6 月回故乡苏州探亲，8 月 16 日往苏州饭店访问胡适时，曾突然邂逅谭慕愚。据顾氏所记，谭是为其“党案”未结，专程从日本回国，到审理该案的江苏高等法院出庭。而值得注意的是，同日《日记》还写道：

> 渠（指谭——引用者注）今颇有意研究满蒙问题，欲往日本搜集资料，到北平研究之。以彼之才性学力，由政治生涯转向学术之途，必大有成就，惟祝其身体强健耳。
>
> （《顾颉刚日记》第 2 卷，联经出版 2007 年版）

由此可知，谭惕吾关心边疆，并不限于内蒙，还包括“满洲”，而产生这样的关心，则和日本的“满蒙”经略有关，这在后来黄绍竑（1895—1966）为谭氏所著《内蒙之今昔》一书所写的序言中也可以得到印证。黄氏在“序”中云：

> 本书著者谭惕吾君，方其肄业国立北京大学时，

即留心边事，嗣留学日本，又深感日人对于满蒙研讨之勤，关于满蒙书籍更搜罗不遗余力，近年服务内政部，大喜研究边政。去岁随同入蒙，任文书及搜集调查之责，以其平日蕴藉之富，故于所得各种资料，颇能运用历史及科学方法，分析整理，大有助于问题之认识与解决。归而著此《内蒙之今昔》一书，都十余万言，于蒙古之历史地理及此次内蒙自治运动之经过，莫不加以委曲详尽之叙述，不仅可供政府处理蒙事之采择，抑且可备国人研究边事之参考。绍竑嘉其任事之勇，著述之勤，于是书付梓之日，乐弁数言，以为之介。

(谭惕吾:《内蒙之今昔》，内政研究会边政丛书之一，商务印书馆 1935 年版)

而对于 1933 年谭氏考察绥远途经北平时与顾氏的往来，顾氏的《日记》中还有更可注意的内容。如 10 月 21 日条:

今日得慕愚来书，知内政部长黄绍竑以内蒙古要求自治，将前往巡视，渠亦随行，将于北平逗留数日，届时可以晤面。读之，几疑在梦寐中。

其时谭氏在“内政部之编审委员会任科长”，此次来北平访问顾氏，甚至在顾家留宿一夜，并不只为叙友情，其实还有另外目的，即请顾氏为内政部长黄绍竑起草到内蒙后的演说词。1933年10月24日顾氏的《日记》中写道：

> 慕愚因部内秘书是官僚，为黄部长所作演说词必不恳切，不足以激发蒙人，因嘱予为代草。
>
> 为慕愚草代内政部长演说词，凡二千五百言，服药而眠，已十二时矣。

又，10月26日，顾氏在《日记》中还写道：

> 堂堂中华民国内政部，竟无蒙古地图，慕愚知其重要，忙里抽闲，在北平图书馆借得内蒙地图四幅，亦日本人所画也。此与甲午之战，我国无朝鲜地图同一可叹。

据此可知，对谭氏陪同内政部部长考察绥远一事，顾氏不是一般的了解，实际已经介入很多，包括借阅内蒙地图。看似一个很小的细节，肯定也是刺激顾氏创办《禹贡》的一个原因。10月27日，谭氏一行乘“平绥车赴张家口”，随后的顾氏《日记》，通过报纸报道和谭氏来信，跟踪记录其在绥远的消息。谭氏在同年12月5日返回北平后，顾氏不仅听其讲演，还“为健常作演讲记录稿”。(《顾颉刚日记》第3卷）翌年亦即1934年4月5日，顾氏《日记》写道：“今日与潜叔决定，明日赴包头，连带游绥远大同等处。”这是他连日失眠之后突然作出的决定，外游地点选择到绥远，则肯定与谭慕愚的前次考察有关。这次出游是顾氏实地考察西北之始。7月，平绥铁路局邀请作家冰心编旅行指南，顾氏也参加了该旅行团，并获得王同春在河套地区垦荒的线索。

而谭慕愚的绥远考察和顾颉刚的牵连还有后续。1934年9月，顾氏到杭州探望在这里供职的父亲，住至11月27日。10月16日，谭慕愚来杭州，拟以三个星期的时间，把前次与黄绍竑巡视内蒙之事写成一书。顾氏在1934年10月21日的日记中写道：

> 健常为黄绍竑作《内蒙巡视记》，虑时间不给，嘱予往助之，言之再三，不敢不应。且予正欲研究蒙事，借此机会可多得些材料也。

谭同时还带来一位助手"夏涛声"。据顾氏《日记》记载，此人字葵如，"北大同学，十四年救国团中，与健常同任文书，为共产党分子攻击，日前与健常同来，住俞楼中层，助健常编纂《内蒙巡视记》"。此书原拟以黄绍竑名义刊行，后来仍以谭惕吾的名义由商务印书馆出版，题名《内蒙之今昔》。谭氏在"自序"中说："此书编制时，承同学夏涛声君之襄助，及吾师顾颉刚、杨秩彝两先生之校订，深为感铭。"

但翻阅顾氏《日记》可以看到，自1934年10月21日允诺帮助谭氏著作后，便不断记有"抄《蒙古游牧记》”“抄地理图中之蒙古说明”（10月22日）、“抄集蒙古材料（黄部长巡视报告）”（10月23日和24日）、“改葵如所作蒙古历史地理两章”（10月27日）、“另草巡视记中地理沿革一段文字”（11月4日）、“到健常处，草黄部长建议”（11月10日），直至11月14日“到城站送健常、葵如行”，此事才算告一段落。整整三个星期，顾氏所投入的工作显然不止于“校订”，其中有些章节，视为他的写作应该不算过分。而在顾氏动笔修改的“蒙古之地理”一章里，可以看到对日本的“满蒙”言说的批判：

> 严格言之，蒙古仅当有外蒙古与内蒙古二大部，然自日本积极侵略我国后，常以“满蒙”并称，蒙古一名词遂见混淆。考日人最初所称“满蒙”之“蒙古”，仅指划入辽吉两省之蒙古盟旗而言，观于民国元年日俄秘密订立《瓜分满蒙条约》可证。乃日人得寸进尺，于民国四年向我国政府提出二十一条时，将“东部内蒙古”与“南满洲”并举，从此“东部内蒙古”与“东部蒙古”二名词遂混杂不清，其地域亦难确定。……
>
> 哲里木盟为内蒙古最东之一盟，故所谓“东部内蒙古”实应只限于哲里木盟，……日人以其已划入东三省，故又诡称哲里木盟为南满所辖之“东内蒙”，更以热河亦划入“东部内蒙古”之范围。
>
> （谭惕吾：《内蒙之今昔》）

类似的批判亦散见该书其他章节，表述大体相近，而在第四章“俄日对内蒙之侵略”中所述更详，但举出的日本方面的材料，仍多为外交交涉条约或条款，可以推想主要是谭慕愚的搜寻所得。

综上，本文之所以不厌其详地考察顾颉刚与谭慕愚的这段合作，主要原因有三。第一，在此期间，顾颉刚已经不很间接地参与了政府处理边疆民族的工作，这影响到了他的学术关心和研究范围的拓展。第二，考察这段合作过程可以得知，顾颉刚当时所了解到的或者说引起他强烈反应的日本“满蒙”言说，主要是政治外交类的官方文书，而非学术研究著作，这决定了他的反应方式政治性反驳多于学术性论争。换言之，日本对“满蒙”地区实施的军事占领、政治分离行为及相关的政治言说，成了顾氏强调这一地区与中国“一统”关系的前提。第三，在协助谭慕愚写作《内蒙之今昔》之后，顾颉刚很快撰写并发表了《王同春河套开发记》，此文为其边疆调查研究著作之开端，发表时间亦早于一般所述《禹贡》研究方向转换的第 4 卷，应该是引导《禹贡》方向转换的开风气之作。

当然，如果和顾颉刚参与写作的《内蒙之今昔》比较，《王同春河套开发记》更能体现其个人学术特色。确切地说，这篇“开发记”与其说是社会调查报告，毋宁说是对民间传说的采写。顾氏在 1934 年 7 月最初在绥远听到这个故事时，主人公王同春（1851—1925）已经去世。他首先记录直接或间接的知情人的口述，“材料是属于口说的”，后来又搜集到一些文字材料，遂得以成文。作为一个致力揭示“古史传说”之“伪”的学者，当自己成为现代“边疆传说”的写定者之时，会采取怎样的记录和书写策略？这无疑是个值得注意的问题。

首先，“王同春故事”的写定者顾颉刚对故事主人公的评价，明确规定了这一故事的主题意义。顾氏称这位起于民间的河套地区垦殖者、开发者为“民族的伟人”。［见《王同春河套开发记》（改稿）正文前的说明，《禹贡》半月刊第 2 卷第 12 期］这表明，顾氏对清末至民国政府推行的“官垦”行为虽然有所批评，但对开发河套地区本身则是充分肯定的；其次，在搜集王同春故事的过程中，下列这些为顾氏提供口传信息者：“平绥路车务段长贺渭南”“晋军骑兵司令赵印甫”、绥远省政府“建设厅秘书周诵尧”等，加上曾将王同春故事写录成文的张相文、王文墀等，大都是在边疆地区任职的汉族出身的官员和知识分子。他们对王同春“殖我民族”的赞赏态度（王文墀：《五原王绅同春行状》，《王同春河套开发记·附录五》），无疑也影响到了“王同春故事”文本意义的形成。阅读顾颉刚的《王同春河套开发记》可以清楚地看到，同样生活在河套地区的“蒙人”的视点是缺席的。作为故事的叙述者，顾氏甚至写道，明朝把河套这片土地“弃给蒙古人”做牧场，是“辜负了天地的美惠”；而叙述王同春在开发过程中以暴力威霸一方、做出“欺侮蒙古人”的“不合理的举动”时，则不忘记给予善意的回护说：“河套地方已久为蒙人所占有，他们自己不开发，汉人替他们开发也未为不可”。联系此前顾氏有关“民族”与“疆域”的言论，可以看出，尽管他在理性层面上很注意强调各族的“杂居与合作”，但在叙述性文字中，却会自然流露出“汉人”的立场。

但作为坚持“疑古”原则的史学家，顾颉刚深知在古代民间传说的流传过程中，一个故事会“随顺了文化中心而迁流，承受了各地的时势和风俗而改变，凭借了民众的感情和想象而发展”，并曾批评过古代文献编纂者以固定视点来“整齐故事”，即按照预设的观点和逻辑把本不完整的史料编排成完整故事的方法。所以，他编写的王同春故事几乎没有定本，不仅初稿写出之后便根据新的材料改写，且在改稿发表时“诚挚地恳求：凡是有人知道他的事实的，对于这篇文字，请给以严格的纠正，或给予大量的补充，使得它可以逐年改作”。[《王同春河套开发记》（改稿）正文前的说明]《禹贡》后来确实陆续刊发了其他作者所写的相关文章，如孙媛贞的《贻谷督办内蒙垦务记》（第4卷第3期）、王喆的《王同春先生轶记》（文后有巫宝三、曲直生所写“附记”，第4卷第7期）、张维华的《王同春生平事迹访问记》（第6卷第5期），对“时人称述其事，毁誉无定”（张维华之文章语）的现象并不回避，从而使“王同春故事”成为一个开放式的文本。

还须略作补充的是，《禹贡》时期的顾颉刚对边疆、民族的认识也在变化。随着他实际接触西北地区渐多，也就更多注意尊重考察对象的立场和视点，如《禹贡》第5卷第11期（1936年8月1日）、第7卷第4期（1937年4月16日）先后刊出“回教与回族专号”“回教专号”，都注意尽可能多地邀请“回教人士”撰稿，且尊重撰稿人的不同观点。顾颉刚还把“回教专号”委托给回族学者白寿彝（1909—2000）主编，而顾氏本人在发表于该期的《回汉问题和目前应有的工作》中则明确说：“从文化方面讲，回汉间的隔膜，其问题不在于回人对汉人文化的不了解，而在于汉人对于回人文化的不了解。”可以说，通过对西北边疆民族的接触，顾颉刚更深刻地体认到中华民族内部的多元性和丰富性，这应该是他后来思考、论述“中华民族是一个”的前提和基础。不过，顾颉刚写《中华民族是一个》是在1939年2月9日，已经是《禹贡》停刊以后。该文后发表于1939年2月13日《益世报·边疆周刊》的第9期。

冯家昇：与日本“满蒙学”的学术主导权之争

自《禹贡》半月刊第5卷第1期（1936年3月1日）起，冯家昇（1904—1970）与顾颉刚列名主编，接替了谭其骧。和谭氏一样，冯家昇也是顾颉刚的学生，1926

年考入燕京大学史学系，1934 年毕业于该校研究院。冯氏曾立志专攻辽史，就读研究院期间写成的《辽史源流考》和《辽史初校》曾于 1933 年列为《燕京学报专号》之五出版。《禹贡》创刊后，冯氏成为重要撰稿人之一，在该刊发表的文章达二十篇之多，在数量上超过了他的导师顾颉刚。

仅从发表在《禹贡》上的文章也可以看出，冯家昇的治学思路和方法明显带有顾颉刚的影响印记。而在对域外学术知识的了解方面，则比顾氏的视野更宽。如《洪水传说之推测》一文，考察中国古代文献中有关洪水的传说，认为最初起于"河水之泛滥，其地域不出今之山西。西周以后，人民地域观念随疆域而增，故以为荒古洪水遍及中国也"。其揭示古代史迹在传说中衍生的方式，可以肯定受到了顾颉刚的启发，但文中以"世界各民族"的"洪水传说"进行比较，且多处征引国外学者的研究，则显示了冯氏个人的特点。

从冯家昇《我的研究东北史地的计划》中同样可以看到受顾颉刚热衷构筑宏大学术计划的风格影响。当然，对于冯氏来说，这篇文章还标志他的研究范围已经从辽史扩展到了整个"东北史地"。而促使冯氏做出如此选择的原因无他，仍然是中国当时所遭遇的强邻日本侵略的处境，以及伴随着侵略行为而兴盛起来的日本的"'满鲜学'或'满蒙学'"。冯氏治史，在"工具方面"首重"语言与文字"，路数更近于傅斯年主持的"史语所"和欧洲汉学，故在这篇《我的研究东北史地的计划》里，他很强调语言工具的功用，并介绍了自己已经具备的语文条件：除英文之外，“对蒙文已可自己用功”，且有学习满文的准备，“对日文书籍已可阅读和翻译，对法文书籍也可懂十之四五”。与不谙日文的顾颉刚相比，冯家昇显然对日本的“满蒙学”了解更多，而他也锐意搜求，且认真进行梳理分析，其研究所得，除了发表在《禹贡》上的《东北史地研究之已有成绩》《日人对于我东北的研究近状》，还有刊载于《燕京学报》第 19 期上的《日人在东北的考古》。在《禹贡》派学人中，冯氏可谓不多的学术“知日派”，他的这一系列文章，可以说代表了《禹贡》派学人当时对日本“满蒙学”的了解程度和认识状况。

那么，冯家昇对日本的“满蒙学”有怎样的了解，又做出了怎样的分析和评价呢？

首先，冯氏对日本学者研究中国“东北”的历史作了概要性梳理，认为可分为几个时期。第一时期，“起于明治维新以前，但（研究范围——引用者注）只限于元清两朝之事；且其时之眼光与方法不脱前人之窠臼，未足云学术上之研究”。“自维新以后，迄日俄战争，日本研究东北始转入第二期。在此时期，日本产生几位卓越之学者，学植既富，又颇能利用西洋人之方法，乃树立‘满鲜学’或‘满蒙学’之基础。其中最可注意者三人：一为那珂通世，一为内藤虎次郎，一为白鸟库吉。”不过，在冯氏看来，在此一时期，即使是这三位代表人物，其著作或

“拾取吾国学人之见解，稍加抒张”，或“介绍西洋人之学说”，都缺少自己的“发明”。

> 自日俄战后，日人研究东北走入发展之时期，最要者则为开拓搜求史料之分野。明治四十年（1907）那珂在广岛高等师范学校《满洲修学旅行纪念录》中登载《满洲研究参考书》，明治三十九年（1906）内藤在《早稻田文学》杂志发表奉天宫殿所见之图书，明治四十一年（1908）又公布整理奉天故宫新获之史料，大正八年（1919）刊行《满蒙丛书》（只刊七卷），均为学术界大可纪念之事。同时白鸟从欧洲回国（明治三十八年，1905），奔走计划组织亚细亚学会；此会虽终不成，但明治四十年则建设东洋协会学术调查部，四十一年又设满铁学术调查部。此二学会可谓为日人研究东北之总干。……但此皆偏于文献之研究，自八木奘三郎、滨田耕作、原田淑人、鸟居龙藏等在考古学与人类学努力之结果，而日人研究又别开一新路。
> （冯家昇：《东北史地研究之已有成绩》，《禹贡》第2卷第10期）

在叙述日本“满蒙学”的成立与发展过程时，冯氏始终不忘揭发其与日本殖民扩张行为之间的密切关系。在宣布自己“研究东北史地的计划”时他便说：“譬如东北四省，就历史上，地理上，法律上说，明明是中国的领土，而日本人为了伸展领土的野心，早几年前就在国际间宣传他们的‘满蒙非支那论’，可怜我国学者没有一个能起来加以有力的反驳的。同时日本人为了实现此种基调起见，就雇用了大批学人专门致力于‘满鲜学’或‘满蒙学’，研究的成绩很能独树一帜。”（《我的研究东北史地的计划》，《禹贡》第1卷第10期）而在《日人对于我东北的研究近状》一文里，冯氏则说得更为激烈：

> 总之，日人对于我国东北的研究，不论古今，不论那一科，无不有突飞猛进的成绩。返看我国事事落后，又事事颟顸，真不禁令人长叹息！按中日战前有“朝鲜学”，朝鲜以灭；日俄战前有“满鲜学”，辽省以陷；“九一八”以前有“满蒙学”，四省以亡。今之日人又高唱所谓“东亚学”了，呜呼！剑及履及，事至迫矣，请看明日之东亚将为谁家之天下？愿我国人醒一醒吧！
> （《禹贡》第5卷第6期）

西村成雄（1944—　）在《中国近代东北地域史研究》一书中认为，冯家昇的上述言论虽然略带比喻色彩，但对近代日本的中国东北地域认识之历史性格的分析，可谓切中肯綮。其实，我们也不难从中读出冯氏的复杂心情，他既痛切指斥日本“满蒙学”与日本殖民主义侵略行为之间的“共犯”关系，也高度评价日本“满蒙学”的研究成绩，甚至说：“凭日本人对于东北研究的成绩，也可以把东北取走了。假使国际联盟注重学术上研究的话，凭我们临时作的几种小册子，是要失败的，东北四省仍是要送掉的。”（冯家昇：《我的研究东北史地的计划》，《禹贡》第1卷第10期）

应该如何看待具有浓厚殖民主义色彩的“满蒙学”知识？对冯家昇来说，显然是个很沉重的课题。与顾颉刚等人对日本的“满蒙”言说笼而统之的处理方法不同，冯家昇对“满蒙学”作了更为细致的区分。在他看来，同样是在日本对外扩张背景下发展起来的“满蒙学”，对东北地区“现代社会，经济，土俗，地理，外交等方面”的研究，显然与日本的侵略行为具有更为直接的关系。如“现代地志与地图”“对于军事政治是有深切关系的”，以满铁调查部为中心做出的“各种调查报告”及相关研究，其实相当于提供给日本政府的“政策之意见书”，而“他们对于东北近代外交史的研究”，则“是日人拥护他们的‘生命线’的言论”。（《日人对于我东北的研究近状》）比较而言，冯氏认为“满蒙学”中有关东北古代历史地理的文献学、考古学及人类学的研究，虽然也以日本的侵略扩张为背景，但其作用则主要在于以“研究的成绩”骄人。由于冯家昇本人即志在“东北史地研究”，所以他对后一类研究更为关注，也深为中国学术在这方面的“落后”而焦虑，但他在剖析此类“满蒙学”研究与日本殖民侵略之间的联系时，并没有无视或否认其“成绩”，而是对其进行认真梳理，翻译介绍给中国学界作为参考和激励。因此在翻译日本学者的文章时，冯氏很注意对其进行严格的验证和辨析，如他翻译松井等的《契丹可敦城考》，便在译文后加按语说：“本文原载于《满鲜地理历史研究报告》第一册，以其有关大石西辽，故取而移译之。文中引证繁博，考据亦有精当之处。惟谓《辽史》中之猾水为胪朐河，皮被河为今喀米尔河，不免武断之讥。又大石出走之地点据《辽史》当为夹山，而氏误为大同，箭内亘所论甚是（《蒙古史研究》）。大石所过之黑水，氏从 Bretschneider 说为额济纳河，不如从津田左右吉之由茂明安部流入乌喇特部西南入黄河之黑水。”（冯家昇译《西辽建国始末及其纪年》，《禹贡》第 5 卷第 7 期）。这样的态度，可以说体现了一种沉痛而坚忍的学术自律。

（原载《社会科学战线》2014 年第 10 期）

叶荣钟与矢内原忠雄

——在殖民批判知识谱系上的考察

一

最初接触叶荣钟（1900—1978）先生的著述其实始于一个偶然的机缘。2011 年夏秋之间，应徐秀慧教授之邀，我在彰化师大文学院客座。授课之余，秀慧教授多次安排观访活动，使我得以了解彰化和台中地区的历史和风俗人情。其中一次是到台中拜访叶荣钟先生的夫人——年过百岁仍然清明敏慧的施纤纤女士。虽然秀慧此前曾断续向我谈及叶荣钟先生在中国现代台湾文化史和文学史上的贡献，但因为我在这方面缺少阅读储备，并未引起相应的共鸣。当时我的好奇心更在“人瑞”叶奶奶，很想听她讲讲历经百年沧桑的个人史，同时还因为我和叶奶奶只能用日语交谈，担心自己不善使用变化繁复的敬语而有所失礼，内心颇感紧张，所以到了叶宅之后，竟然没有主动提起叶荣钟先生。但叶奶奶的慈祥和幽默很快消除了我的局促，随着她典雅而风趣的谈吐，叶荣钟先生很自然地成为我们的话题。当叶奶奶说到矢内原忠雄的名字，说到叶荣钟和矢内原先生的交谊，我的内心则涌起了要去阅读叶荣钟著作的强烈冲动。

那时叶荣钟于我还颇为陌生，但对矢内原忠雄（1893—1961）我却有一些了解。而这也是由于一个人际的机缘。20 世纪 80 年代末，我在日本大阪留学，大学所在的市区有两位老人待我亲如家人。先生隅谷季雄在一家商社担任重要职务，事务繁多，却专门在家里备了一块写字板。每当我去，他便放下自己的工作，在上面连写带画地为我讲解日语或社会、文化和历史知识。夫人隅谷穗波不仅每次皆以丰盛的菜肴招待，且在艺术和文学方面对我多有教诲，至今我还保存一盘录有她朗诵岛崎藤村诗歌的录音带。随着日语交流和读解能力的增长，我对隅谷一家的了解逐渐增多。尤其是读到季雄先生的哥哥隅谷三喜男（1916—2003）的传记之后，我得以知道，早在明治时期，隅谷兄弟的父亲便以基督教徒的慈爱和坚忍，在东京贫民街区创办学校，为贫苦的孩子们提供接受教育的机会。而这种精神，后来在隅谷三喜男身上得到了直接的继承。1940 年 9 月，就读于东京帝国大学经济学部的三喜男因和同学组织“《资本论》读书会”等活动而被逮捕并拘留了三个月，获释以后，他决意深入社会底层，遂于翌年 5 月前往已经被日本帝国殖民统治的中国东北地区，就职于鞍山的“昭和制钢所”，主动深入中国工人，考察他们的劳动条件和生活状况，在此基础上撰写了《满洲劳动问题序说》（《昭和制钢所调查汇报》第2卷第2、3号)，直陈当时“满洲地区的劳动者在脱出农村劳动之后并没有成为近代劳动者，而是沦为了半农奴式的被雇佣的劳动者”，以深切的人道主义同情描述了日本殖民统治下中国东北地区劳动者的凄惨境遇，批判了殖民劳务管理的残酷和野蛮。

一般认为，“二战”以后自成体系的“隅谷劳动经济学”，是隅谷在继承并扬弃他的恩师大河内一男（1905—1984）的“生产力”论基础上创建的。针对大河内一男以抽象的经济学概念“劳动力”来概括“劳动者”，隅谷氏更为重视“劳动者”作为“人”的存在，并把被概括为“劳动力”的劳动者饱尝悲苦却仍怀持理想地生活下去的存在状况，作为社会思想问题进行思考。（姜尚中：《我们应该做什么?》，收入《现在应该做什么：向隅谷三喜男学习》新教出版社2015年版），其实隅谷所汲取的思想资源并不限于大河内一男，未曾直接受教的矢内原忠雄无疑更可列入他所师承的思想谱系。当年隅谷被拘捕时，从他家里搜出用以定罪的“禁书”之一就是矢内原撰写的《耶稣传》。警察把此书定为“禁书”的理由，则因认为矢内原是一个危险人物。那时，矢内原忠雄已因发表批判帝国日本失去国家理性的文章而被迫辞去大学教职。《耶稣传》最初发表于他被迫辞职之前，续载于他辞职后在1938年1月创办的个人杂志《嘉信》上，改题为《耶稣传讲话》，1940年6月作为“嘉信文库”第一册自费印行。隅谷在同年9月被拘捕之前冒着风险购读此书，可见他是把矢内原视为自己的精神和思想导师的。

我则是因为认识隅谷三喜男先生而知道了矢内原忠雄先生的存在，并且由知其人而想着要读其书。在留学快结束的时候，我曾在旧书店整齐摆列的《矢内原忠雄全集》前徘徊不已，终因一个留学生的有限财力而不得不怏怏离去。几年后，我重到日本担任教职，才得以了却当年的心愿，同时还买了矢内原的恩师内村鉴三（1816—1930）的全集。但我后来陆续选读的主要是收入《矢内原忠雄全集》的那些时论，特别是20世纪30年代矢内原发表的分析中国社会性质及日中关系的论文，我自然知道《日本帝国主义下之台湾》是他的代表作之一，也粗略翻读过一些章节，且在台湾买过两种中文译本。但直到拜访叶奶奶之后，陆续阅读了叶荣钟先生的相关文章和著作，特别是在最近读到叶荣钟著的《日据下台湾政治社会运动史》，我才产生了细读矢内原大著的愿望。我觉得摸索到了解读这两本经典著作的新门径，如果把两书做互文式的对读，很有可能会让深潜于文本之中的意义更为鲜明地呈现出来。

二

叶荣钟与矢内原忠雄最初相识于1927年4月，起因是担任东京帝国大学“殖民政策”讲座教授的矢内原到台湾去实地调查。为了进行真正的“实证研究”，矢内原有意不走“正门”，亦即不通过日本拓务省和台湾总督府的官方安排，而是请托熟识的朋友帮忙，也就是他自己所说的“走后门”方式，直接奔向调查现场。当时为矢内原热心安排在台日程的蔡培火（1889—1983），本为抵抗帝国日本在台推行同化政策的领袖人物，故以信函介绍矢内原访问另一位民族运动重要人物林献堂（1881—1956）。时任林氏秘书的叶荣钟既做翻译，又陪同矢内原到竹山考察，对其后来撰写的《日本帝国主义下之台湾》颇有贡献，两人由此结下深厚友谊。同年 8 月，叶氏再度赴日求学，落籍中央大学，矢内原特别安排他到自己的课堂听讲。1929 年 11 月，矢内原在家里为叶荣钟讲解《圣经》，直至 1930 年 4 月末。所以，无论从学问还是思想信仰上来说，矢内原忠雄都是叶荣钟名副其实的恩师。这些交谊，在叶荣钟所写的《矢内原先生与我》（原载《台湾文艺》第 6 期，1956 年 1 月，署名“凡夫”）一文里有饱含深情的记述。

矢内原也同样珍惜和叶荣钟的师友情谊，如同戴国辉先生（1931—2001）所介绍的那样，在收入《矢内原忠雄全集》第二十六卷、第二十八卷和第二十九卷的文字里，可以读到相关的记录。尤其矢内原在追溯自己作为无教会派基督教徒之传道经历的回忆录里，谈到他在自己家里正式举行传道集会，面对的第一个弟子就是叶荣钟时，那段文字真是感怀无限且感人至深。兹迻译如下：

我的家庭集会的最初发端，因一位台湾青年而起，这对我来说具有深刻之意义。我在大学担任殖民政策讲座，我的讲义，对政府的统治政策给予了相当的批判，我的著作《日本帝国主义下之台湾》被台湾总督府列为禁书。我的人道同情，也寄予在殖民地人的解放。如是，为了一个台湾青年灵魂的解放，给他讲述《圣经》的福音，就是极其自然之事了。圣灵的引导之手即在其中，经历了后来的事件而显现得更为鲜明。我怀着保罗“异邦人的使徒”般的自觉开始了自己的传道生涯，这是让我深为感谢和深感骄傲的。

(矢内原忠雄：《我的传统生涯》，收入《矢内原忠雄全集》第26卷，岩波书店1965年版)

叶荣钟后来一直为自己未能成为基督教徒而对矢内原先生深怀愧疚，在《矢内原先生与我》一文里，他这样写道：

矢师在有形的方面，和我的接订，为时短暂，且也不甚频繁，但是在精神方面，却予我以不可磨灭的印象。他曾经使我中宵坐起，痛哭流涕，忏悔我自己罪孽的深重，但是他并不教训我，他不责备我，他只是谆谆地和气地讲圣经，与其说是说教，毋庸说是讲学较为恰当。

…………

在狭义的所谓传教的意义上说，矢师对我是失败的，因为我不能成为一个他所期待的基督教信者。但在广义的感化的意义上来说，他是百分之百成功的，因为通过他的存在，使我能意识到神的存在，不但如此，纵使我有朝一日会否定神的存在，也不能灭却矢师给我的印象啊！

这两段文字诚挚而沉痛，纠结悱恻而又包含着谜团。其中有些令人难解的是，既然叶荣钟深受矢师感化，在其家庭集会受教期间，甚至多次经历“中宵坐起，痛哭流涕”的心灵体验，为何最终不能如矢师所期待的那样皈依于神？叶荣钟曾描述过自己和神发生交涉时矢师居间所起的作用，他说：“我如果意识到神的存在，便自然而然地想起矢师来，极端来说，假使没有矢师的影像，也不能意识到神的存在”，“这是矢师一向所最反对的，矢师教人要单独面对救主，但是不可救药的我，始终不敢独个儿向上帝讲话”。（《矢内原先生与我》）叶荣钟的描述，充满自责自省，完全从自己一面找原因，但从中也可以看到矢内原悖论式的存在：在神与叶荣钟之间，他既是沟通的中介，又是阻隔之墙。

当然，这样说也许只是我的误读或妄测，有违叶荣钟的原意，但在以日文撰写的《矢内原先生与台湾》一文的最末一段，叶荣钟确实触及在日本帝国施行殖民统治的状况之下，矢内原向异邦人传道的内在困境。虽然略有些长，还是有迻译抄录的必要。

> 以上是我作为一个异民族之人并且是作为日本帝国主义下的殖民地人和先生接触的始末。先生是真正从心里爱着我们台湾的人们的。如果从先生的立场来说，应该说是怜爱所有的被虐待者吧。名著《日本帝国主义下之台湾》所表现的先生对台湾的深切挂虑和温暖同情，现在自不待言，还切实告诉我们台湾是如何被日本帝国主义剥削的。我们尽管切身体验到日本帝国主义的压迫，但对台湾统治者的统治装置之真相，于事实之处，却不能确切地把握。而正如先生在同书序文所承认的那样，“本书虽非政论，但关于殖民地统治方针，却包含若干具有‘天气预报’性质的内容”。书中随处可见给予统治者的切中肯綮的警告，然而并没有打动统治者们固执的心。同书出版同时便在台湾禁止发行，即是统治者对先生的明确回答，我想这或许也在先生的预料之内。但先生从更根本的方面向台湾的人们伸出了救援之手，那就是传递神的福音。同书 211 页这样说道：“在欧美诸国的殖民地，虽在政治经济上施行严

酷的压迫和剥削，但在宗教家中却有人成为原住民之友、以其教化对资本家的剥削略做补偿。我们于此却几近完全阙如。我国国民迄今不得对异邦人传道的原因何在，此乃应慎重探讨之问题，亦为青年热心之士以实践予以解决之问题。教化的阙如，使日本的台湾统治沦为简单明了的帝国主义统治。”对异邦人传道的问题，不是从当时即已经萦回在先生心里的念头么？在此事上，我一直对先生怀有愧疚，先生对异邦人的传道以我为嚆矢，但这一颗麦粒终于未能发芽，并将空虚地终了一生。所幸由于门内同辈的努力，先生的精神已经扎根台湾大地并在坚实地发展，令我观之而欣喜无限。

这段文字是叶荣钟回顾自己和矢内原先生交往的全过程之后，所做的总结性归纳。恰如其文章标题表示的那样，他没有仅仅将之视为个人之间的情谊，而是从“矢内原先生与台湾”的层面予以理解。叶荣钟深刻体认到矢内原对处于被殖民境遇的“台湾的人们”乃至所有被虐待者的真诚关爱，高度评价《日本帝国主义下之台湾》对殖民统治的揭露深度，也对其中包含的有关殖民地统治政策的建言表示理解，并对殖民统治者拒绝矢内原建言的顽固态度表示愤怒。在把矢内原的政策性建言作为对比的时候，叶荣钟称矢内原的传道是“从更根本的方面向台湾的人们伸出了救援之手”，并由此把两者作了截然的切割。但值得注意的是，叶荣钟引述矢内原谈论在殖民地传道之必要性的那段话，强调以宗教教化来缓解“资本家的剥削”，显然仍属于调整殖民统治方式的政策性建言，至少可以说含有把基督教传道和殖民统治政策协调起来的用意，而非从根本上构想如何去除殖民统治制度。以叶荣钟的敏锐和敏感，当然不会读不出这层意思，而他所以对之做了更为“体贴”的阐释，则应该是出自对矢师的尊敬，故尽力做“同情”之理解。这是否也是致使叶荣钟内心痛苦纠结，但最终仍坚持做一个不受教化的“异邦人”的深层原因呢。

三

矢内原的殖民地研究，一般认为可分为理论论述和具体的个案研究两个部分。前者主要体现在专著《殖民及殖民政策》（1926）及论文集《殖民政策的新基调》（1927），后者则以《帝国主义下的台湾》（1934）、《满洲问题》（1934）、《南洋群岛之研究》（1935）、《帝国主义下的印度》（1937）为代表。在前类著述里，矢内原曾对殖民地研究中最为关键的概念“殖民”作过界定。他首先从构成人类社会之“社会群”的“移动”着眼，认为“各社会群虽占居一定地域，但并不为其所束缚，而会因应需要进行地域移动”，并把“社会群移住于新的地域进行社会经济活动的现象”定义为“殖民”。矢内原明确说：“我否定所谓殖民与移民的本质区别。政治的从属关系是属地的必要条件，但不是殖民地的必要条件。属地（Dependency）和殖民地（Colony）不宜在观念上混同”。在此基础上，他高度肯定“殖民”的意义，认为“殖民不仅增加地球的人口支持力，还丰富人类经济生活的内容”。与此相关，矢内原还提出，当时日本法律上经常使用的“拓殖”和“殖民”词语里的“殖”字应该改为“植”，因为“‘植民地’和‘Plantation’词义相通，那是种植民之地，或是将民种植在那里之地，换言之，此词义暗示了植民的实质性概念”。(《殖民及殖民政策》)

矢内原忠雄在《殖民及殖民政策》中系统阐述的殖民地论，公开发表后不久即受到细川嘉六（1888—1962）等马克思主义学者的批判，近年亦时有学者从后殖民批判的观点予以质疑，例如姜尚中（1950— ）便指出：尽管矢内原“批判殖民地统治政策的‘从属主义’和‘同化主义’，提倡采取和平的‘自主主义’，但对‘殖民’本身的‘效用’、对其‘文明化作用’却未持怀疑”，认为他和他的恩师新渡户稻造（1862—1933）一样，“都未能洞察到殖民问题的本质在于民族问题”。（姜尚中：《迈向东方主义的彼岸》，岩波书店2004年版）但实事求是地说，由于矢内原在日本军国主义气焰最盛时期挺身抵抗的铮铮表现，“二战”以后他为民主和平事业所作的努力和贡献，使他成为日本思想文化界自由精神的象征，也在一定程度上影响了学术界乃至他本人对其殖民地研究的批判性省思。直至现在，在日本，这样的观点似乎仍占主导地位：虽然矢内原的殖民地理论和殖民政策论缺陷明显，但他对台湾、南洋群岛等所作的具体研究，仍是其学术业绩中真正有价值且值得肯定的部分。这样的看法自然不无道理，但把矢内原有关殖民地的理论论述和具体的个案研究进行过于清晰的切分，是否会遮蔽二者之间的错综纠缠及复杂张力？而不做批判性清理，便把矢内原的殖民地研究转换为新学术体制内的“国际经济论”或“地域研究”，会带来怎样的后果？这些无疑都是值得认真检视和讨论的问题。

但限于篇幅和论题，这里不能就此再做延伸，必须回到叶荣钟。就我对叶荣钟非常有限的阅读，还无法判断他对矢内原殖民地研究中理论论述部分持怎样的看法，但对于具体的个案研究，尤其是对于《帝国主义下的台湾》，叶荣钟显然非常推崇，在《日据下台湾政治社会运动史》（以下简称《运动史》）和《近代台湾金融经济发展史》（以下简称《发展史》）两部著作里，他相当频繁地引用矢内原的著作，不仅引其资料或文献作为佐证，还引其观点和论断作为自己展开论述的前提。说叶荣钟有意识地把矢内原著作当成自己写作的楷模甚至指针，应该不会太错。当然，叶著后出，有条件比矢内原写得更充分、更翔实。矢内原从日本最初据有台湾之时写到1929年，而叶著《运动史》和《发展史》两部加在一起，则完整地写出了日据台湾半个世纪的政治社会和金融经济史。就日据台湾史的书写谱系而言，从矢内原至叶荣钟，可谓是由椎轮而大辂，由草创而达至大成。

叶著把矢内原著作作为“前文本”，并且不是为了辩驳反对而是有意继承，二者的连续性一目了然。这自然与叶荣钟和矢内原非同寻常的师生情谊有关，肯定也因为叶氏在日据时期参与的民族反殖民运动属于林献堂所代表的温和派。该派以相对合法的手段渐进地争取自治权的斗争方式，和矢内原的立场多有共鸣。但对读矢内原的《帝国主义下的台湾》和叶著，亦不难看到两者的差异。如前所述，矢内原对日本在台湾的殖民统治以及由此导致的殖民者在政治、经济、文化教育等方面独占优位的状况持批判态度，但他并不否定“殖民”行为本身，而是构想着殖民者和原住民以“自主主义”的方式和平地实现“对等”结合。由于他认为“日本对于台湾的经济要求，是决定统治台湾各种政策的最有力因素”，所以在《帝国主义下的台湾》里把“研究的主力”放在了“经济关系的分析”。从解析日本在台湾的殖民统治机制与装置而言，矢内原的经济关系分析当然不失为一个有效的视角，但由此忽略或淡化了殖民地里更为本质的民族问题，也是毋庸讳言的事实。叶著《运动史》以台湾人们的反帝反殖民斗争为主要线索，把矢内原著作里仅仅勾勒了一个剪影的“民族运动”浓墨重彩地展开书写。不仅如著者自己所宣称的那样，描述了“由小资产阶级和知识分子”领导的汉民族抗日运动一脉，对左翼抗日阶级运动一脉亦多有言及。借用郑鸿生（1951— ）的话说，叶著其实描绘了日据时代抗日运动三条不同路线“前仆后继，左右争辉”的状况，呈现了那一时期台湾反殖民历史丰富纷纭的面相。

叶著《运动史》书写台湾的“民族运动”与矢内原著作的差异，不仅表现于文字篇幅的增加，也体现在观察与叙述的视点上。矢内原强调研究的“科学”性，有意与殖民统治者拉开距离，但其投注给被殖民者的同情目光，终难免由上而下的俯视姿态。而叶荣钟既体验过被殖民者的切肤之痛，又直接参与过抵抗殖民统治的运动，并身处切近运动领导者的位置，对“民族运动”历史的观察和理解，自然和矢内原多有不同。如矢内原认为：“台湾的近代民族运动肇始于1914年板垣退助伯爵之来台”（《帝国主义下的台湾》），而叶著《运动史》开篇则说：“台湾近代民族运动与领导者林献堂有密切关系，林献堂一生的思想和行动，除他生得的性格与学养外，受梁启超先生的影响最多也最深”，明确把台湾反殖民运动放置到本土与祖国关系的内在脉络上分析论述，无疑是在和“矢师”唱反调。

叶荣钟和矢内原对台湾“民族运动”历史起点的不同设定，与其说是因为各自掌握的史实多少所致，毋宁说反映了各自关切点的差异。叶著《运动史》之“凡例”专列一项解释“民族”的观念，认为此观念“系以文化、传统、目的、愿望等共同的心理要素为其内涵”，可见叶荣钟更重视长期自然形成自己文化传统的民族群体，故在《运动史》里以沉痛笔调描述了民族群体被殖民统治暴力分断、其文化传统被强行切割的悲剧历程。矢内原的《帝国主义下的台湾》同样谈及台湾人与其祖国中国的联系，“台湾人在中国有其故乡、共同的语言及习惯”，但同时也指出：“日本的台湾统治旨在将台湾与中国分离而与日本结合”，因为肯定“殖民”的合理性是其立论前提。所以，在该著作里，矢内原为日本殖民统治的“失策”而使台湾不能与日本融洽“结合”的焦虑溢于言表，却鲜少见到他对因与祖国中国分离而给台湾人们带来的创痛表示关注和同情。矢内原当时对台湾“民族运动”的观察显然还颇为表面，他甚至未能充分体会他的学生叶荣钟内心深处的“被殖民创伤”。当然，在此意义上也可以说，叶著《运动史》《发展史》和矢内原著《帝国主义下的台湾》之间并非直线式接续。叶荣钟既汲取矢内原的洞见也弥补了他的盲见，他以自己的著作，与恩师矢内原进行了一场沉重的思想和历史对话。

2016 年 5 月 4 日写于北京清华园

（原载《人间思想》第 13 期）

III

活的文本：物质性与跨域性

梁启超在日本的小说出版活动考略

1898 年维新运动失败之后，梁启超（1873—1929）亡命日本，在横滨继续进行政治活动，同时也对文学特别是小说倾注了热情。他在自己主持的《清议报》《新民丛报》上连续刊载翻译小说和创作小说，并于 1902 年创办了《新小说》，倡导“小说界革命”，从而正式揭开近代小说历史的帷幕。梁氏在这一期间的文学活动，一直受到文学史家的重视。但迄今为止的研究，大都集中于梁氏的小说论和小说作品，而对梁氏的小说出版活动，以及当时的小说出版与流通的情况，则极少关心。

然而，在笔者看来，小说文本的意义生成，并不仅仅受控于作者的写作行为，也与小说书籍的物质生产颇有关系；了解小说书籍的物质生产过程，将有助于我们更丰富理解小说文本意义形成的过程。

出于这样的考虑，本文拟着重考察梁启超在日本横滨的小说出版活动，并从这一侧面，对近代初期中国小说的出版形态略作一些分析。

一

1898年10月，梁启超抵达日本后，先住在东京牛込区。那时，他曾游说日本政治家，企望借助日本的力量帮助光绪皇帝复权，但未获结果。（丁文江、赵丰田编《梁启超年谱长编》，上海人民出版社1983年版）为此，梁氏不得不考虑在日活动的其他可行途径。同年11月，他从东京移居横滨，可以说就是这一考虑的结果。毫无疑问，他希望在横滨华人社区寻找同志，重新开展活动。

其实，早在来日本之前，梁启超即与横滨的华侨有所接触。1897年，横滨华侨冯镜如等为创办华侨子弟学校，曾派人专程到上海拜访维新派领袖康有为、梁启超，请托他们帮助选择教员，并希望梁启超出任总教习。其时，梁氏任《时务报》主笔，风头正健，便改派给了徐勤等另外三人。维新运动失败之前，这几位康门弟子即已到任，在横滨创办了大同学校。对亡命的梁启超来说，大同学校当然是非常理想的根据地。他迁到横滨之后，很快就成了大同学校的核心式存在。

梁启超迁居横滨的又一重要目的，则是创办杂志，继续传播维新派的主张。1898年11月，他在给妻子的信里说："吾在此创办报馆已成。"（《梁启超年谱长编》）12月，《清议报》即创刊发行。

不必说，如果仅仅凭借梁启超自己的力量，在这样短的时间里，在异国他乡，如此顺利地创办一份刊物，几乎是不可能的。这其中，在横滨经营印刷所的华侨冯镜如起到了重要的作用。但至今为止，似乎很少有人注意到作为印刷业经营者的冯镜如和《清议报》的关系。近年出版的厚达六百多页的《梁启超传》，在叙述梁氏与《清议报》时，竟只字不提冯镜如。（李喜所、元青：《梁启超传》，人民出版社1993年版）中华书局的《清议报·影印说明》介绍该刊创办缘起时，也仅仅注意到冯氏的政治倾向，说“梁启超在旅日华侨的资助下创办此刊，发行人为原兴中会横滨分会会长冯镜如”，而忽略了和《清议报》出版有直接关系的冯氏印刷所。

就笔者所见，近年来对冯镜如与横滨华侨印刷业做了认真研究的，是日本学者伊藤泉美。据伊藤氏介绍，冯镜如是广东南海人，在香港长大，“1869年，冯氏东渡日本，先在长崎经营文具店，不久移至横滨，……1878年，在横滨外国人居留地53番开设文具商店（现警友医院附近）。但这个商店不只贩卖文具，还兼营印刷、装订，并代理茶和生丝的包装”。（伊藤泉美：《冯自由》，《横滨开港资料馆馆报》1990年11月第32号）

冯氏商店的店名，伊藤氏根据该店的英文广告，称之为“文经文具店”，但冯镜如之子冯自由在其所著的《革命逸史》里则记作“文经商店”“文经印刷所”“文经活版所”等，而该店在《清议报》刊登的广告，又署

“文经印书店”和“文经印字馆”——因为兼营多种业务，有多种店名，也不足为怪。至于冯氏到日本之前在香港的情况，现在尚不能详细得知，但从其抵日时期及所营业务，可以推断他可能在与印刷业有关的欧美系的公司或商社工作过。居日期间，冯氏曾向英国领事馆申请保护。其子冯自由这样记述说：“甲午之战，旅日侨多避难返国，及马关和议既成，侨商渐次东渡，余父仍有戒心，以生长香港，遂剪辫易服，求英国领事馆保护。”（《革命逸史》）

冯镜如为什么能够向英国领事馆申请保护呢？冯自由的说法颇为暧昧。这可能是因为冯氏拥有英国国籍。《清议报》的版权页上记载得很清楚：“发行人兼编辑人英国人冯镜如。”冯自由后来成为孙中山的革命派成员，而较早结识孙中山且身为横滨兴中会会长的冯镜如，却转向了康梁一派。或许由是之故，冯自由谈及其父时，常有一些有意的遗忘。

冯镜如的“文经”在横滨开设时，日本的印刷业已经越过活字制造的摸索阶段，进入大步发展时期。但在横滨，印刷业的主要服务对象是外国人，特别是欧美人。因此，在香港或广东的欧美公司学会了近代印刷技术和英语的华人，就比这两方面都不很熟练的日本人有利得多。不仅英文系统的新闻杂志社里的华人技术工人比日本人多，华人独立经营的印刷装订所，也在外国人居留地占优势。（伊藤泉美：《居留地的中国人印刷装订文具店》，《横滨开港资料馆馆报》1992 年 4 月第 37 号）而冯镜如，不仅是印刷所经营者，同时还是《英华辞典》的编纂者和出版者，当然属于同业乃至横滨华侨界有影响的人物。

在此有必要提到冯镜如的弟弟冯紫珊。《梁启超年谱长编》中把“紫珊”注为冯镜如的字，是错误的。冯紫珊早年曾在其兄的商店任职，1885 年左右独立经营致生印刷店。到 1905 年，“致生”的工人职员达到三十五人，超过“文经”，在外国人居留地的同业里算得上是大公司。而冯紫珊也和冯镜如一样，是梁启超的热情支持者，后来成了《新民丛报》的发行人兼编辑人。虽然《清议报》《新民丛报》皆有自己的活版印刷所（《新小说》在日本出刊时，由《新民丛报》的活版所承印），但其技术与设备，无疑都主要依靠冯氏兄弟印刷所的支持。从这一意义上说，确实如伊藤氏指出的那样，梁启超在横滨的出版活动，其实是“横滨华侨的资本、技术”和“亡命政客带来的新思想”相遇后产生的结果。

二

但是也必须看到，冯氏兄弟与梁启超的相逢，不仅使梁氏的活动获得资金和技术的保证，同时也对梁氏的活动方式乃至思想都产生了不容忽视的影响。梁氏的新闻出版活动，最早可以追溯到 1895 年 6 月在北京创刊的《万国公报》（后改称《中外记闻》）时期，同年 11 月该刊被禁。翌年 7 月《时务报》在上海创刊，当时正值维新运动高潮，引起了较大反响。担任主笔的梁氏，也成为全国注目的人物。因此，在《三十自述》里，他称自己的“报馆生涯”始自“时务”。但如果从出版经营的角度看，《万国公报》免费向京城官僚赠送，《时务报》主要靠强学会会费和官僚支持层的捐款支持。所以梁氏并不需要担心运营问题，他此时的“报馆生涯”严格来说主要的工作内容仍是著述。也正因为如此，尽管梁氏本是《时务报》的创办人和最初出资人之一，后来他和主持经营的汪康年发生分歧时，汪氏可以说“康年于丙申秋创办《时务报》，延请新会梁卓如为主笔”（《梁启超年谱长编》），把他看作是被雇用的职员，轻易地排挤出去。

但到了《清议报》情况就不同了。《时务报》直到停刊也不曾登过有偿收费广告，而《清议报》从创刊号起就刊出广告价目表，随即便陆续登载银行、药店的商业性广告。仅此似乎不难看出两刊的性质区别。作为民营杂志，《清议报》不能不在经营方面投入精力。不难想象，该刊的运营方式，肯定主要出自富有近代商业经营经验的冯氏兄弟。

梁启超究竟多大程度上参与了《清议报》的经营，情况不详。但在《新民丛报》创办，以及在此前后开设广智书局（1901 年，上海）和译书局（1902 年，横滨）

的时候，梁氏则成了主要经营者。1902 年 4 月，梁氏在致康有为的信里汇报《新民丛报》报社的情况时说：

> 此报，股份分之为六，以二归弟子，而紫珊、为之、荫南、倡笙各占其一。

与《时务报》“官款商办”（汪康年语）、所有权暧昧不清的状态不同，《新民丛报》采取股份制，明确了创办人的产权、责任和义务。其组织方式，应该说已经具备了近代民营出版机构的雏形。对于这种组织形式，梁启超应该早就有所了解。因为《时务报》就曾译载过一些外国公司的章程，但能在自己的出版活动中顺利付诸实施，则不能不说，很大程度上是得力于冯氏兄弟等熟悉近代商业规则的同人。

梁启超既任主笔，又是股东之一，其所持股份，比编辑人兼发行人的冯紫珊还多，占了总股份的三分之一。不必说，他不能不关心杂志的经营。1907 年 7 月《新民丛报》停刊之前，梁曾考虑出新刊接续，在给徐佛苏的信里，他相当详细地谈到印刷费用、发行部数、稿费和版税的支付办法等，俨然是一个老练的出版经营者了。在同书简里，梁氏还明确提出：“办报固为开通社会起见，亦必须求经济可以独立支持”。

办报为开通社会，本是梁启超自己的主张。在《论报馆有益于国事》（《时务报》1896 年 8 月创刊号）等文章里，他曾大声呼吁人们重视报纸杂志等出版物的文明启蒙和沟通社会交流渠道的作用，但当梁氏渐次从撰述者向出版经营者的立场转移的时候，他思考问题的方式和角度似乎也发生了变化，注意到了出版物的文明启蒙作用与作为商品的二重属性，并认识到后者是前者得以成立的不可或缺的前提。因此，在实际运营中，他也不像以前那样仅仅把读者视为启蒙对象了，而是同时把读者视为消费者，并且相当重视读者市场的消费需求。比如，此时的梁启超已经是科举制度的批判者，但他主持的一向以出版进步书籍而闻名于社会的广智书局，却大量印行科场用书。在关于该书局的一份报告书里，梁氏坦率地说："当本局初办时，科举未废，故所印之书，多为科场之用"。(《梁启超年谱长编》）这或许是比较极端的例子，但因此也就比较突出地从一个侧面显露了梁启超等维新派的出版活动从文明启蒙向商业化转变的轨迹。

三

小说出版是梁启超等在日本的出版活动的一个重要组成部分。《清议报》从创刊号起，连续六十九期译载日本政治小说《佳人奇遇》（柴四郎著，梁启超译）和《经国美谈》（矢野龙溪著，译者不详）。接续《清议报》的《新民丛报》（1902 年 2 月）出刊时，虽然编者们已经在筹划专门的小说杂志，但也用了相当的篇幅刊载了梁启超从日文转译的《十五小豪杰》（凡尔纳著）等作品。至于《新小说》（1902 年 11 月创刊），就更不必详细介绍了。晚清小说的一些重要作品，如梁启超的《新中国未来记》，我佛山人（吴趼人）的《痛史》《二十年目睹之怪现状》《九命奇冤》等，都首发于此刊。

1903 年 7 月，《新小说》移至上海广智书局出版后，该刊以及“广智”的一些书籍的编辑和印刷工作，仍在日本进行，但这些问题拟另稿处理。本文处理的内容，限定在《清议报》创刊（1898 年 12 月）到《新小说》迁沪这一时段内。在这一期间，梁启超等也印行过小说作品的单行本，但其小说发表，如上所述，主要采用的是定期刊物形式。

这在今天看来极其普通的事情，从小说出版史的角度来看，却是划时期的事件。这当然不能说是始自梁启超，因为早在 1873 年，上海《申报》（1872 年 4 月创刊）及该报馆的杂志《瀛寰琐记》就陆续刊载过翻译小说。但这些报刊只把小说当作一种装饰和调剂，而不是常设的重要栏目。梁启超对小说的态度则与《申报》编者不同，他把小说视为杂志必不可少的内容。在《清议报》创刊号的“叙例”上，他明确规定政治小说为常设的六个栏目中的一栏；在该刊百期纪念号上，他列举“清议报之有以特异于群报”的内容时，政治小说也赫然在列。因此，如果说梁启超是小说与定期刊物结合的最有力的促成者，应该不算言过其实。

在此，有必要谈一下梁启超对同属定期出版物的报纸与杂志的媒体特征的认识。亡命之前，梁氏似乎还没有意识到二者的区别，在《论报馆有益于国事》一文里，他在介绍西方的情形时说：“其出报也，或季报，或月报，或半月报，或旬报，或七日报，或五日报，或三日报，或两日报，或每日报，或半日报……”。把报纸和杂志统称为“报”，报刊不分，这是近代新闻初中期常见的现象。不独中国，日本也是如此。但日本明治十年（1877）前后，报与刊的分别已渐趋明显，专门指称刊物的名词“杂志”也被普遍认可。（山本文雄：《日本新闻出版史》，东海大学出版会 1981 年增补版）到日本以后，梁氏很快注意到这一现象，因此，在《清议报》百期纪念号的“祝词”里，他特意在日报与丛报下面作了注释指出二者的区别：“丛报者，指旬报、月报、来复报等，日本所谓杂志是也。”

在同篇“祝词”里，梁氏特别强调杂志的作用，认为和日报比较，“丛报为尤要”。客观地说，这当然是这位论客式的报人的偏爱之词，如果换位记者型的报人，可能另有别论了。但梁启超对杂志的偏爱，确实为小说找到了合适的载体。报载小说大都控制在半版或更少的篇幅内，杂志却可以容纳比这丰富得多的内容；而在刊行时间上，杂志又远比传统的单行本迅速、及时。对于近代城市的小说读者来说，杂志特别是专门的小说杂志，无疑是最受欢迎的读物。因此，《新小说》一出，很快就有《绣像小说》（1903）、《月月小说》（1906）、《小说时报》（1909）、《小说月报》（1910）等接踵问世，而近代以来的重要小说作品，则多数都是首先在刊物上发表，然后再出版单行本。这种出版形态一直延续至今，而一定形态的确立，应该说是始自梁启超的《新小说》。

小说以定期刊物的形式出版，自然要求有相应速度的印刷配合。如前所述，因为有冯氏兄弟的支持，这对梁启超来说，不成为问题。他在横滨主持的三个杂志都是铅字活版印刷的。施蜇存先生在讨论近代小说的成立时期时曾提出应该考虑小说的印刷形态，并指出，近代翻译小说的代表性作品《巴黎茶花女遗事》（林纾译，1899 年初版）、《黑奴吁天录》（林纾译，1901 年初版）的初版本“还是木刻本”，后来再版时，才改为铅印本（施蛰存：《文艺百话》，华东师范大学出版社 1994 年版）。比较起来，梁启超主持出版的小说书刊印刷形态的近代化改革很明显是先行了一步。

小说的印刷形态，自然也应该包括装订样式。但无论是中国还是日本，接受西方的洋式装订，都晚于铅字活版印刷。有相当一段时间，都是采用单面印刷、折页线订的方式。日本最早的一页双面印刷、机器订装的所谓洋装本，据说出现于 1877 年，并很快获得普及，代替旧式的和装本占据了书刊市场。（李孝德：《表象空间的近代：明治“日本”的媒体编制》，新曜社 1996 年版）

中国的铅字活版机器印刷早于日本，但洋式装订的采用却比日本要晚。据实藤惠秀的研究，中国人最早出版的洋装书可能是1900年8月留日学生唐宝锷等人编印的《东语正规》，以及同年12月留日学生组织的译书汇编社刊行的《译书汇编》。这两种都是在东京印装的，很明显都直接受到了日本的影响。实藤氏认为，中国采用洋式装订之所以较晚，并不是因为不了解洋装技术，而是中国阅读旧装书的传统习惯力量太强。他特别提到梁启超，说被称为中国近代报人始祖、最喜欢新潮的梁氏主持的《清议报》竟也用旧式装订，直到1902年创办《新民丛报》和《新小说》受到留学生出版物的启发和刺激，才改用洋式装订，由此可见，装订样式“虽是很小的改革，却也来之不易”。

但在《新小说》问世之前，梁启超已注意到或者实际采用了洋式装订。《清议报》第一百期所刊的一则广告说，该报馆拟将《佳人奇遇》和《经国美谈》合为一册，“用洋装精式订装成帙，尽本年内出售”。该期杂志出版于1901年12月。如果广告所说的内容确实落实了的话，中国近代小说最早的洋装本，就应该是这两部政治小说译本的合集。

尽管梁启超在日本的小说出版活动时间不长，又因为距离国内读者市场较远，出版的数量也不太大，却促成了小说与定期刊物、与铅印洋装技术的结合，确立了近代小说出版的基本规范，并带动了中国小说出版形态从传统向近代的转变，其作用应该得到重视。

出版形态的变化无疑要影响小说创作与阅读方式的变化。就创作来说，杂志出版的时间要求，使近代作者不可能像古代作家那样“披阅十载”、从容推敲，却会从其他方面触发作家的创作生产的热情。比如梁启超的《新中国未来记》，据说酝酿了五年也未能动笔，最后梁氏决心办《新小说》，“限以报章，用自鞭策”，才强迫自己把作品写了出来。从读者方面看，杂志的定时可期待性，同一杂志上多部作品的可参照性，都会带来以往不曾领略过的乐趣。洋装书（不管是杂志还是单行本）翻阅检索的便利，则为读者反复品味提供了更多的可能。而新的阅读方式养成的新的阅读趣味，又势必反过来对小说创作提出新要求。本文无法详细探讨合作—出版—阅读之间的互动关系，及其在小说文本上的体现，但这肯定是一个诱人的课题。

此文在调查与写作过程中，曾得到日本岩手大学深泽秀男先生、菲莉斯女学院大学江上幸子先生的指教与帮助，记以致谢。

[原载《清华大学学报（哲学社会科学版）》1996 年第 4 期]

叙述者的变貌

——试析日本政治小说《经国美谈》的中译本

一

阿英（1900—1977）在《晚清小说史》“翻译小说”一章中，对时人一味推重古文笔法的林纾（1852—1924）表示不满，指出：其实“当时也有用白话演述原书的一派，如梁启超、李伯元、吴趼人都是。他们就原书的内容，用章回小说的形式演述，颇能深入小市民层。遗憾的是，由于史家正宗偏狭的观念，抹煞不论”。(《晚清小说史》，人民文学出版社1980年版）时至今日，阿英所批评的现象早已改观，林纾以外的小说译家，已渐为研究者重视，此处无须多说。笔者感兴趣的是这段文字里谈到的梁李诸人的小说翻译方法。阿英将其概括为“演述”，但关于这种“演述”方式，阿英仅指出其“用白话”“用章回小说的形式”，此外则未予详论。本文拟沿着这一思路，通过对一部翻译文本的具体分析，探讨这种“演述”式翻译的特征。

小说《经国美谈》由日人矢野龙溪（1850—1931）

作，分前后两编。前编最初刊行于1883年（明治十六年），中文翻译最初载于梁启超主编的《清议报》，自第三十六册（1901年1月）起，至第五十一册（1901年6月）载完。后编自《清议报》第五十四册（1901年7月）刊起，连载至第六十九册（1901年11月）仍署“未完”，但此后再未接续。第七十册（1902年1月）刊出“经国美谈全书印行告白”，称将前后编合编，插图精印。可能因单行本将出，连载中止。故本文只讨论前编。

其实，早在《清议报》的译本刊出以前，中国一些维新派知识分子已经对《经国美谈》及其作者有所了解，比如康有为（1858—1927）的《日本书目志》（1897）即载有是书。而1897年至1898年，中国维新运动高潮前后，《经国美谈》作者矢野龙溪恰巧作为日本驻中国特命全权大使住在北京，与维新派人士梁启超等多有往来。戊戌变法失败以后，梁氏亡命日本，创办《清议报》不久，即刊出这部小说的译稿，肯定与上述因缘有关。

《清议报》刊出《经国美谈》时，未署译者。同刊一则关于此书单行本的广告，也仅笼统说是“中国某君所译”，并没有明言其姓名。后来有的翻译史类著作径直指认梁启超为译者，例如马祖毅的《中国翻译简史》。但多数研究者则持审慎态度，例如夏晓虹在《觉世与传世》中所述。到目前为止，仍然找不到可以证明译者为何人的直接证据，但从梁氏介绍评论这部小说的一些文字，可以看到他曾相当程度地介入了这部作品的推介工作，即或他没有直接参与翻译，译者也肯定是与他文学观、翻译观相通的同道。从较为宽泛的意义上来说，把《经国美谈》归入梁氏演述式翻译系列，应该是可以的。

二

梁启超一派用章回体演述外国作品，与林译小说用古文笔法转换，就翻译的基本策略来说，并没有什么区别。他们都利用本国文学既有的文体做译文的文体。不同的是，林纾的“眼睛朝上”，把译小说视为“名山事业”，一心希冀获得“马、班”之成就；而梁启超等则“目光向下”，意在觉世新民，因而不避通俗，甘居稗官行列。这决定了他们对译文文体的不同选择。但是，不管选择哪种文体，中国的既有文体都难于和外国小说的文体完全对应，译者都必须在翻译转换中不断调适原作文体与译文文体之间的矛盾。林纾的办法是，尽量寻找外国小说叙述方式、描写技巧与译文文体的类似对应点，即所谓外国小说暗合“古文义法”之处，倘二者有所不洽，则或增删原作，曲外就中；或偏离古文家规，引进其他文体的手段，扩大译文的表现能力，变中而应外。关于这一点，郑振铎在《林琴南先生》、钱锺书在《林纾的翻译》中已作过精彩的描述和分析。那么，梁氏演述派是怎样调适译文与原作文体的矛盾的呢？我们且看

《经国美谈》。

《经国美谈》是一部取材于希腊古代历史的作品，前篇主要讲述齐武国（今通译底比斯）的爱国志士巴比陀（今通译派洛皮德）等人因专制党勾结外国施行独裁统治，而亡命阿善（即雅典）。他们在国外积蓄力量后终于胜利返国，恢复了国家民主政体。著者在历史故事中，寄托了自己的政治理论，其实是借古喻今。因此，就文类（Genre）来说，这部作品常被归为“政治小说”，且被认为是一部“继承了传统的‘读本体’历史小说之血缘的政治小说”。（加藤周一、前田爱编《日本近代思想大系·文体》，岩波书店 1989 年版）而从文体方面看，则确如著者自己所说，《经国美谈》是汉文体、欧化翻译体与传统小说语调的混合。而所谓汉文体，指的是日本人以训读方式翻译中国古文形成的一种文章体式，与以假名书写为主的和文体相对应。所谓日本传统小说，在这里则主要指 18 世纪中叶至 19 世纪中叶，受中国白话小说影响而兴起的“读本”小说。由此可见，《经国美谈》在文体方面受到中国文学影响的痕迹相当明显。比如章节安排，基本采取的是中国章回小说的方式，不称“章”而称“回”，每回都拟有回目。《清议报》中译本采用章回体，可以说是忠实原作的。

不过，中译本的忠实是很有限度的。细细比照一下，译文在章回安排方面，其实进行了很多改动。首先是回目。原作回目，多数仿中国章回小说，用对仗句，但也有的仅用一个单句概括，到了译文，回目都变成了整饬的对仗句。比如第二回，原作回目为“希腊列国之形势”，译文改为“二强国日就衰颓/两英雄密商国事”；第十三回原作回目为“英雄狱中修理学”，译文则为之补足了下联“安重牢内救志士”；第十六回原作为“名士决死归国都”，译文又补了句“懦夫发书阻危计”；第十八回原文意为“十二妇人入宴席”，叙写了巴比陀等乔装入席，铲除奸党头目，但译文将回目改译为“志士扮乔装入席”，并添了句“英雄传假使呼门”。

其次是每回的结尾。原作有的回末采用了类似“欲知后事如何，且听下回分解”的收束方式，但多数并不严格遵守这一程式。到了译文，每回结尾都统统加上了一首四言四句的韵语。概括全篇内容，然后加上“欲知后事如何，且听下回详述”的字样，收住前文，开启下章。

中国传统章回小说回目与回尾的程式，其实与叙事结构密切相关。尤其是回尾，虽然是千篇一律的套语，却对小说的章节结构有相当的约束力，要求每回的故事在情节发展的紧要处戛然止住，设置悬疑，逗引读者继续阅读的兴趣。《经国美谈》原著在这一方面并不特别用力，每回结尾，并不着意制造悬念，自然无须恪守章回体收尾的常套旧规。在情节并无起伏波澜的章回之间，如果译文仅仅按中国章回小说程式添上“且听下回”一类的套语而本没有“关子”好卖，那无疑会显得滑稽可笑。中译的对应策略，是在添加这些程式化套语的同时，重新安排小说的章节。译文与原作虽然回数相同（共计二十回），其实章节之间做了很多调整。其调整方法，主要有二。

其一，基本不变动原作的情节结构，仅变动章回裁截的长度。此类例证很多，仅举最为明显的几例。

第一，原作第二回“希腊列国之形势”，仅叙希腊列国情形，以及齐武国内政的危机，纯为背景介绍，并未进入具体情节，译文则把原作第三回开头部分巴比陀与友人威波能议论国政、与老管家闲话家务的段落划归第二回，并选取主仆闲话后的一个事变作为第二回的结尾。原作此处本来是这样的：“巴比陀安慰过老管家，已是夏日的傍晚七时，忽听得外边脚步声响，有两三名壮士向主人居室奔来。巴比陀看时，却是玛留、勇具贞、须杜伦，都是正党中的有志之士。最先气喘吁吁跑进来的玛留，愤怒之中似乎又透露着喜色，早在屋外就大声叫：‘巴君，巴君，济民立功的时机来了！’然后就焦躁地乱转，什么也说不出来。勇具贞、须杜伦随后进来，向居室主人说明事由……”。

译文选择这里做第二回结尾，为了适应章回体程式，文字上做了相当多的增改：巴比陀“听得外边脚步响动，似有两三个人进来。只听得外面气喘喘地喊道：‘巴君，巴君，立功业的机会到来了！’正是：变出不测/祸生意外/天忌英雄/百端窘害。欲知这些人是谁，所言又是何事，且听下回分解。”把巴比伦的视觉所见，改为听觉所闻，完全改变了原作的叙述视点。

第二，上例采用的办法是截取后章之长，以补前章之短，而第七、八回，译文则是截前而补后。原作第七回，写亡命阿善的齐武国志士遭刺客袭击，阿善国行政官李志担心志士们的安危，请巴比陀与玛留到自己府里住。李志待两志士如同家人，破例邀他们同家人共进晚餐，由此引出他的女儿令南。原作以餐桌风景描写作为本回结尾：“和巴比陀比肩的是髯须壮士玛留，与令南并列的是五十老翁主人李志；这一席四人，恰似老杉怪柏，与夭桃娇李，共树一处。”就视觉形象来说，这当然是富有色彩和情趣的造型，但从故事情节的发展看，此处恰恰是波澜落后的一个平缓的插曲，一个静态的场面，这自然不符合中国章回小说的叙事要求。于是，译文便在巴比陀的同志安度俱遇刺身亡、李志发出邀请处停住，而把餐桌插曲移给第八回。

其二，除上述截长补短之外，《经国美谈》译文调整原作章节的另一方法，是更动原作结构，重新安排故事情节的顺序。最显著的例子见于第十一、十二回。原作第十一回写巴比陀久居阿善，求援兵不得，内心焦躁，给同志玛留留下一封短信，便只身冒险归国。归国途中，偶感风寒，卧病山村，巧遇一隐士及当年走失的仆人，经他们劝阻，取消冒险念头，返回阿善，从长计议。第十二回，则补写玛留见到巴比陀信后，立即随后赶来，途中遇险的一段情节。原著本意，在于通过这一插曲，表现巴比陀英雄性格的过失，主要从人物性格着眼。而译者显然更注意情节，似乎他觉得原作太不善于编织故事，好端端糟蹋了材料，于是，干脆动手调整原作结构，在巴氏留书出走后，便把他的故事暂时停住，留个疑案，把第十二回的玛留故事提前，使读者在跟着玛留历险的同时还牵念着巴比陀的命运。就情节安排而论，译文显然比原作要精彩得多。

译者似乎也不无这样的自信和自负。不难想象，一位中国译者，面对一部颇类中国小说体式的日本小说，自然会产生一种优越感，会觉得自己比原著者更懂小说，自己的译改会使作品增色生辉，更符合小说规范。当然，这种规范是以传统的“中国说部体制”为标准的。把外国小说移入“中国说部体制”，是演述派译家的一贯方法，如梁启超通过日译本翻译法国作家凡尔纳的《十五小豪杰》，也是遵循此原则演述成章回体。由于译文在《新民丛报》上分期连载，日译本的十五章不得不被割成更多回数。但梁氏变被动为主动，在章回分割上颇用了功夫。因此，译后他曾很得意地说：“然按之中国说部体制，觉割裂停逗处，似更优于原文也。”（《〈十五小豪杰〉译后语》）这话同样适用于《经国美谈》。如果以“中国说部体制”衡量，译文回目整饬，章节井然，严守传统章回的程式，其叙述格局的布置完全可以说“优于原文”。但我们也应该看到，原作中不同于“中国说部体制”的叙述特色，也就这样在翻译转换中被过滤掉了。

三

小说的叙述格局，与叙述者的功能密切相关。《清议报》中译本对原作进行裁截、修整乃至重组叙述结构，自然不能不改变小说叙述者的功能。最明显的改变，是译文把原作处于隐身地位的叙述者不断拉到前台，使其现身亮相。

作为一部从传统向近代转化的过渡型文本，《经国美谈》原作虽然带有浓重的汉文与读本小说的痕迹，但其学习欧洲近代小说的努力也是明显可见的。尤其是叙述者，虽然偶尔也显露一下面貌，流露出读本或章回小说中“拟说书人”的语调，但绝大多数场合都隐蔽在背后。译文似乎很不满意叙述者的隐形，极力把叙述者从幕后拉出。特别是每回末尾增添的四言诗，或概括前文，或评点人物，暗示下文的发展，充分强化了叙述者公开干预和控制叙述进程的功能。

中译让故事叙述者显形的努力，不只表现在每回结尾的处理，而且一直深入到具体的场面与细节描写。这在全书开篇的第一回第一段即有明显表现。原作如果直译是这样的：

> 夕阳渐倾西岭，今日课业已完，众学童纷纷离去，学堂里仅余下七八人，年龄大都在十四至十六岁之间。学童对面立着的教师，须眉皓白，是一位六十多岁的老翁，他指着学堂前的一座雕像，说道……

到了译文，则改为：

> 却说昔日希腊国齐武都有个学堂，那学堂的教习，须眉皓白，年约六十余岁；学生七八人，都不过十余龄。一日，夕阳西倾，学课已完，那些学生一齐向先生道：……请先生给我们讲一二故事听听。时学堂塑有几个偶像，先生因指着内中一个道：……

两相对照，可以看得出译文对原作做了不少增删修改，并且能够看得出这不是因为译者对原作的无知，而是一种有意识的误译。原作明显取用了西洋近代小说的笔法，开篇不叙原委，劈头截取一个断面，从临场人物此时此地的视点展开情节，叙述者隐在背后，并不直接出面多嘴干预，读者必须随着人物活动与情节的渐次发展，渐渐弄清故事的来龙去脉。对于恪守“中国说部体制”的译者来说，这样的叙述方式当然是不能允许，必须扭转的。于是便遵循“说部”的叙述程式，开篇便添加上“却说”这一套语，把叙述者呈现出来，获得全知的视点，随后也便顺理成章地把原作“此时此地”的描写，改造成“昔日故事”的讲述，把略带近代意味的叙述者，改造成传统章回小说的“拟说书人”，从而成功地阻挡了一种新型叙述方式的进入。梁启超等演述派译家翻译的小说虽然采用浅近的白话、俗语，却未对后来的“五四”新文学的小说创作产生重大影响，其叙述方式的保守，大约是主要原因。

当然有必要指出，梁派翻译虽然未能给近代中国文学输入新型文体与叙述方式，却引进了一个新型的文类——政治小说。关于梁启超在这方面的特色与贡献，研究者们多有论述，笔者此处不赘。结合本文论题，笔者想略加说明的是，《经国美谈》中译本对原作的类型特征也做了改造加工，有意强化了“政治小说”的特征。

一般说来，《经国美谈》常被归于“政治小说”一类，但它同时又带有浓重的历史小说色彩。这一类型特征，一看即明，中译者当然是清楚的，但他着重的显然是前者，而对后者，则有意在译文中淡化处理。比如，原作正文之前，曾列有“凡例”，声明书是据希腊的历史著作编纂的。而在正文的叙述中，则特别注意标示事件发生的年月日，一如史书体例，且常于一段故事之后，注明其出典所据。到了译文，这一切历史出典的记载统统都被删除。

为了突出政治小说的特征，中译既删削，也增补，让叙述者出面阐发一些原作本没有写到的道理。如第三回，写到巴比陀逃难途中遇难，便插了一段评语，说这是上天对英雄的考验。再如第五回，写巴比陀被一渔翁救护，渔翁令儿子随巴氏远行，为国效力，于译文中添加了这样一番议论："看官听说，这齐武的乡民，也知爱国，也晓得自己有为国的职分。所以兴盛的缘故，即在这上面。"口吻仍然是传统章回小说的程式，但关于"国"与"民"的议论，却不是以往"拟说书人"所能说出的，而很接近梁启超式的维新派知识分子了。

中译不仅把自己的观点加给叙述者，也加给作品的人物，有时甚至公然改换原作里人物的语言。原作第十一回写到巴比陀的一首歌词《春花曲》，其大意是这样的：

> 野之末/山之端/放眼望/到处花开艳/今朝芬芳满枝头/昔日曾经多苦难/霜降之晨叶遭伤/雪降之夜枝折断/忍耐重重苦/得逢春阳灿/既知花蕾苦/复又有何憾/春之花/最堪怜。

以花喻人，婉转而悱恻。但译者似乎觉得这很不符合"中国说部体制"英雄志士的表现程式，于是在译文中便彻底地改写为另外一首诗：

> 我有短剑兮/以斩佞臣/丈夫生世兮/以救兆民/功耀日星兮/气凌云/震天地兮/惊鬼神/是男儿之本

分兮/是豪杰之伟勋/义何畏乎患难/又何苦乎艰辛/君不见世界之扰扰兮/豪杰之风云。

一首隐喻体的《春花曲》，就这样被改为直接抒怀的《短剑行》。按现代的著作权观念，中译的“演述”，实在是对原著者的大不敬。但如前所述，《清议报》主编梁启超与《经国美谈》著者颇有交谊，而《清议报》刊载《经国美谈》时，特意在著者名字前面加上“前出使清国大臣”字样，以示重视。这些都表明，中国的编者和译者对原著者肯定都满怀敬谨之心。中译者对原作的增删改动，与其说是无视原作者权利，毋宁说是一种不分彼此的亲近表示。《经国美谈》的译者有时确实与原作者太不分彼此了。比如，译到原文叙述希腊诸国形势的段落，他便插上一句“与我春秋时晋楚两国相类”（第二回）；译到巴比陀初到阿善，处处觉得新鲜，马上就添上这样的解释：“齐武的人来到这里，恰似滇黔等处的人到了扬子江一带地方一般”（第七回）。这样的插话，并不用括号等特别标记，就那样混合在正文叙述里，让人读了不禁感到诧异：这位叙述者怎么突然改换了中国国籍？当然，这也可能是我们这些习惯了当今文章体制的人少见多怪，当年的读者辨别译文的正文和译注，可能是不需要借助另外的符号标记的。

本文所据的《经国美谈》日文版来自“日本近代文

学大系”第2卷《明治政治小说集》，角川书店1974年版；中译本所据版本为“中国近代期刊丛刊”复印本所收《清议报》，中华书局1991年版。

［原载《清华大学学报（哲学社会科学版）》1995年第4期］

定型诗式与自由句法之间

——试说周作人的日本小诗翻译

一

翻译作为触媒，有效地作用于中国新诗的发展，周作人（1885—1967）译日本小诗，可谓显著的一例。朱自清（1898—1948）在《中国新文学大系·诗集·导言》里曾写道："周启明氏民十翻译了日本的短歌和俳句，说这种体裁适于写一地的景色，一时的情调，是真实简练的诗。到处作者甚众。"

短歌和俳句，均属于日本的定型诗。短歌按五七五七七格式，由三十一音节构成；俳句按五七五格式，由十七音节构成。因为其诗形短小，周作人多次称之为"小诗"，而在 20 世纪 20 年代的中国，因短歌、俳句和印度诗人泰戈尔（1861—1941）诗作的刺激而兴起的短诗，也被当时的人们和后来的文学史家称为"小诗"。如果按照朱自清指示的线索，探讨日中小诗的关系，至少可以分两个层次来处理。第一层，以日本短歌、俳句原文为周作人译作的指涉之文，分析译者的转换策略与技巧，批评译作的质量，进而追究译者采用某种策略的深层动机和历史原因。第二层，考察受周氏译诗影响而产生的中国小诗，指明其接受影响的脉络与转益更新的成分。第一层分析是处理第二层问题的必要前提，自身也有自足的意义。本文拟着重讨论第一层的问题。

与其他文类（Genre）比较，诗歌翻译首先需要解决的是译文体式的问题。是否要以诗体译诗？以怎样的诗体来译？不同的诗者会有不同的选择。詹姆斯·霍姆斯在《诗歌翻译的形式及诗歌形式的翻译》中曾把诗歌形式的翻译归纳为四种：（一）模拟式，即模仿原诗的格式、节奏和韵律，尽可能忠实地再现原诗的诗形；（二）类比式，即充分利用译入语已有的诗体，选择与原诗类似的诗体做译诗的诗体；（三）有机式，此种方式基本不顾忌原诗的诗形，而主要从原诗内容出发，有机地生发出新的诗形；（四）新异式，按这种方式，原诗只是凭借，译者可以借此随意发挥创造。

就近代以来的汉译短歌、俳句看，似乎可以说，“类比”与“模拟”是最为多用的两法。当然，即使采用同一方式的译者，在具体处理时也不无歧见。比如同样采用“类比”式，有人用古诗做译诗体，有人则认为律、绝或词、令更为合适。采用“模拟”式的译者也遇到类似问题，短歌应该译成三五三五五式还是三四三四四式？俳句应该译成三五三式还是三四三式？至今仍因译者而见仁见智，莫衷一是。不过，不管采用类比式或模拟式的译者之间如何分歧，都共同恪守着一个基本原则，即他们都企望在译诗里传达出原作的“古典、定型”的诗形特征。

周作人翻译短歌、俳句的活动，主要集中于1921年至1923年，先后计翻译短歌、俳句百余首。按照霍姆斯的分类，周作人的汉语译诗应该属于“有机式”。他基本不顾忌原诗的音数和节奏格式，而从内容生发出新的诗形。比如，他把松尾芭蕉（1644—1694）的俳句名篇“古池や蛙飛び込む水の音”译成“古池——青蛙跳入水里的声音”；把女歌人与谢野晶子（1878—1942）的短歌“のろひ歌かきかさねたる反古とりて黒き胡蝶をおさへぬるかな”译成“拿了咒诅的歌稿，按住了黑色的胡蝶”。从这些译例可以看出，周作人的译作，以现代口语词汇为基干，按语义关系和呼吸的自然节奏断句，用现代标点符号以标示，采用的“白话散文”体，或者也可以说是当时的散文化新诗体。周作人其实考虑过“类比式”译法，考虑过把日本小诗“译成两句五言或一句七言”，但最终他还是选择了句法自由的新诗体，认为“此外别无适当的方法”。(《日本的诗歌》，《小说月报》第12卷第5号)

从某种意义上看来，周作人所采用的翻译策略，可能是出于一种消极的动机。在最初着手这项工作时，周氏便不相信原诗的诗意和诗形可以在译入语里得到重现或类似的重现。他说：“凡是诗歌，皆不易译，日本的尤甚”（《日本的诗歌》）；“日本的俳句，原是不可译的诗”（《日本诗人一茶的诗》，《小说月报》第12卷第11号）。翻译的障碍在哪里呢？周氏认为，这障碍主要在于中日两种文化体系和两种语言体系的差异。他引用小泉八云和芳贺矢一的观点，说明短歌、俳句与日本国民天赋的艺术感受力，对自然物之美的领悟力亦即日本“风土人情的关系”（《日本的诗歌》），并进而指出，日本小诗“短小的诗形与含蓄的表现法，全然由于言语的特性，自然成就”。而其“从言语与诗形上来的特色”，恰恰是转换成汉语时最难体现的，“单音而缺乏文法变化的中国语正与他相反，所以译述或拟作这种诗句，事实上最为困难”。（《日本的小诗》，《晨报副刊》1923年4月3—5日）

鉴于上述认识，周作人并不奢望自己的译作能够意形兼具地转换原作，而主张把意与形、义与音分开来处理。他颇为欣赏小泉八云英译俳句的作法：“先录罗马字的原文音读，次用散文直译其意，音义并列法最为完美，现在虽然不能照行，我总觉得这是译诗的正当办法”。（《日本诗人一茶的诗》）

事实上，周作人相当程度地借鉴了小泉氏的方法。他在“五四”时期翻译的短歌和俳句，很少独立成篇，大都夹杂在谈论小诗的文字里，如《日本的诗歌》《论小诗》《日本的小诗》等文。文内的译诗，也曾有几首列上了罗马字音读，以“表示本来的形式”（《日本的诗歌》)，多数则直接用现代口语体文字译述诗意。在评介性文字里，又扼要地介绍了小诗产生的文化、语言背景及历史演化过程。如果从这样的角度看，应该说周氏的译介文字是一个音义并列的综合体，体现了译者力图兼顾原诗音节、格式、诗意乃至与诗相关的文化风土的用心。

但这并不妨碍我们对周氏的汉语译诗进行独立批评。尽管罗马字音译法可以忠实地描写原诗的音节，却不能向不谙日语的读者传达诗意，汉语读者主要还是通过汉语认识短歌、俳句的形、意特征。而从译者的角度说，虽然周氏屡屡谦虚地说自己的翻译仅仅是“用散文说明大意”(《日本的诗歌》)，但实际上他还是在短歌、俳句的诗形翻译上下了工夫。如前所引，周作人在翻译中甚感苦恼的问题之一，是中国语的“单音而缺乏文法变化”。单音节词多，与日语相同的音节，对应的概念会大不相同，“三十一音大抵只能当得十个汉字，如俳句的十七音，不过六七个汉字罢了”，但倘若用十个或七个汉字去译，又势必音节迫促，节奏过于紧凑，失去原作的韵味。而缺乏文法变化，则无力表现原作曲折的句法和“特有的助词”(《日本的诗歌》)。在着手翻译小诗之前，即 1920 年的周作人尝试翻译日本现代新体诗时，就曾遭遇过类似的困难，发过类似的感慨，认为关心文学革命的人，如果不能努力创造，使中国语内容丰富，组织精密，不必说不能传达外来文艺的情调，自身也难具有精致优美的表现。(《译诗的困难》)

由此不难窥知周作人以白话散文诗体翻译短歌、俳句，其实出自非常积极的动机。周氏批评的中国语的一些问题，其实主要存在于文言文体里；他之所以把原本属于旧体定型诗的短歌、俳句，译成现代口语的自由句法，大胆地进行了文类（Genre）转换，表明他在现代口语中看到了潜在的表现力，看到了从现代口语中锻炼出内容丰富、组织精密、有力传达日本小诗神韵的新型诗语的可能。至少，周氏是带着这样的问题意识，从事自己的译业的。请看下面的译例：

（一）柳叶落了，泉水干了，石头处处。
柳ちり清水かれ石ところどころ。

（与谢芜村）

（二）易水上流着，叶的寒冷呀。
易水にねぶか流るる寒さかな。

（与谢芜村）

（三）多愁的我，尽让他寂寞吧，闲古鸟。
うき我をさびしがらせよ閑古鳥。

（松尾芭蕉）

（四）不要打哪，那苍蝇搓他的手，搓他的脚呢。
やれ打つな蠅が手を摺り足をする。

（小林一茶）

在译诗里，周作人充分调动现代口语的表现功能。

尽量使用双音节词，使音节数增加，节奏相对舒缓；运用语气助词，如用“呀”“罢”对应“かな”“よ”，灵活传达原作的语气和情绪；注意用助词“着”“了”标明动词的时态，用近似翻译腔的定语句式指明词语间的结构关系，有时甚至不惜添加上原文所无的词语，如例（四）里“他的”；例（三）尤其精彩，周氏巧妙运用人称代词，添加了一个“他”字，使“我”外化成第三者，变成与闲古鸟谈话的对象，曲折地弹拨出自我品鉴寂寞的韵味。在绝少使用人称代词的中国古典诗体里，这样的效果是很难出现的。可以说，周作人的译作，不仅有力地传达了原作的意境，作为新体诗的创作，也不失为诗意充盈的杰作。朱自清曾称赞周作人的小诗翻译“其实是创造”（《中国新文学大系·诗集·导言》），应该说不是过誉之词。

有必要指出，准确传达原诗的意韵，虽然是周作人努力追求的境界，却不能说是他的最终目标。周氏并不满足仅仅译介一种异域的新鲜文学样式，他更希望把自己的翻译汇入中国刚刚兴起的新体诗运动，为中国新诗引进类乎俳句体的新的一型。“现在我们没有再做绝句的兴致，这样俳句式的小诗恰好补这个缺。俳句在日本虽是旧诗，有他特别的限制，中国原来不能依样的拟作，但是这多含蓄的一两行的诗形也足备新诗之一体。”（《日本的小诗》）这似乎是决定周作人以现代口语的自由句法译短歌、俳句的最根本原因。而他的译作，也确实带动了中国小诗创作的兴起，达到了预期目的。

二

如果说前面我们着重分析了周作人翻译策略的有效性，那么，这里也有必要指出其有效的限度。有必要指出，以新体诗的散文化自由句法译定型诗，固然可以使译者免去推敲音律节奏的辛劳，而专注于语义的转达，同时也会使译者由此忽略定型诗的规定格式、节奏与诗意的关系。特别是周氏在把定型诗转换为新体诗的时候，走的基本是“以文为诗”的路子，追求文法的“组织精密”，却极少考虑诗是否应该有自身独特的节奏。因此，他的译作里便出现了这样的诗句：

> 比远方的人声，更是渺茫的那绿草里的牵牛花。
>
> 遠方のものの声よりおぼつかなみどりのひるがほの花。
>
> （与谢野晶子）

就语义结构来看，原诗确实是一个长长的定语修饰句，但按定型诗式，又有明显的节奏。而译诗不要说传达原作语义、节奏间的乖离，自身的节奏也没有得到译者的认真推敲，词序安排拙笨，断句勉强，即使作为一个句子，也是相当拗口的。

更为重要的是，周氏忽略了诗的音节节奏和语义之间因和谐、紧张、错位而产生的效果，自然便从一个方面失去了对短歌、俳句特殊诗法的敏锐感觉和深刻发现。比如，日本俳句最为欧美意象诗派激赏的“意象并置”法，就没有被周作人注意到。

所谓“意象并置”，用意象派诗人庞德（Ezra Pound，1885—1972）的解释，便是“一个观感复叠于另一个之上”。在《旋涡主义》里，庞德举出这样一个例子：“猫的足印在雪上（仿似）梅花”。庞德说：“仿似”二字原作里本来没有，只有为了提醒人们注意其特殊技巧，他才特意加上的。据郑树森在《文学因缘》中的研究，“‘意象并置’排拒任何的连系，不管是语意的或语法的（比喻和代名词）。这种手法强调含蓄和暗示，而让意象自行演出，而读者必须主动运用想象力来探讨意象间的关系”。

周作人极其欣赏日本小诗的含蓄与暗示的方法，但他认为这是由于其诗形短小而造成的。“诗形既短，内容不能不简略，但思想也就不得不求含蓄。……用十个以内的字，要抒情叙景，倘是直说，开口便完，所以不能不讲文学上的经济。”（《日本的诗歌》）按这样的基准，他看重俳句更甚于短歌，认为俳句几乎可以说是世上绝无仅有的超短诗，并且，“别国的短诗只是短小而非简省，俳句则往往利用特有的助词，寥寥数语，在文法上不成全句而自有言外之意，这更是他的特色”。（《日本的小诗》）由此看来，周作人基本是把一首诗看作一个由文法统摄的完整统一体，其含蓄的诗境，主要来自它与它所要表达的情思之间的暗示或隐喻关系，而没有像意象派诗人那样，注意到诗的内部结构和意象的相悖、相激与相生。因此，他关心的自然便不是“切断联想之锁”，而是意象或诗句之间的细密连接，选择作品自然也不回避直接指明比喻关系的诗作。如田村黄昏的短歌：“晚间秋风吹着，正如老父敲我的肩一样”；三岛葭子（Mikajima Yoshiko）的短歌：“宛然是避去的人一般，燕子在门前的河上，不触着水面，轻轻地掠过。”都属于此类。

周氏也使用括号标示原诗没有明言的文字，如下面的译例：

菜花（在中），东边是日，西边是月。
菜の花や月は東に日は西に。

（与谢芜村）

很明显，周作人在括号里补充的文字，是他认为因诗形短小而未能完全写出的内容，他做的是把“意思不足”的句子补全的工作。（《日本的诗歌》）这与庞德的目的是大异其趣的。

当然，完全用意象派的观点批评周作人的翻译，也有欠公平。就具体译案而论，周译自有其特色，但就通过翻译日本俳句而引发出的理论探索来看，周作人只论及日本小诗的暗示、简省、言外之意，大体未出象征论范畴，而庞德则是在反拨象征诗学中建构自己的理论，他所要求的暗示性，“并不是象征主义式的气氛朦胧的那种，而是意象鲜明”。他认为：“意象本身即是诗的语言”，自身具有自足性，“并不成为任何形上意义的代表”。（郑树森：《爱眉·洛乌尔与日本古典诗》）庞德的意象论，既是日本俳句启发的产物，又是对俳句诗法和内容结构的重大发现，置诸21世纪初期世界文学发展潮流考察，也超出了同时代的通说，显示出了鲜明的前卫性和原创性。

三

不同文化之间的文学影响与接受关系，是相当微妙而有趣的，接受者对影响源的了解程度，与其接受影响所产生的创造效应，未必成正比。据有关研究者介绍，庞德的日本诗歌知识其实相当有限，完全不能和周作人相提并论。他不谙日语，只能通过翻译阅读俳句，这当然大大限制了他的眼界。他所推崇的作品，很少有俳句史上的名作，如佐藤和夫指出的那样：“庞德撇开芭蕉和芜村，对日本的俳句作了极为片面而武断的解释。但是他看到了俳句结构的一个秘密。”

为什么会出现这样的现象？佐藤和夫解释说，这可能恰恰和庞德读的是译作有关。早期把俳句介绍给欧美的译者，如阿斯顿（W. G. Aston）、小泉八云等，为了表示原作的休止、停顿，除了使用标点符号，还把本来一行书写的俳句按西洋诗法分了行。庞德认为日本的俳句是意象重叠，大概可以说得益于这样的翻译。因为“经翻译成西洋文字，俳句的一个特性反而明显地表露出来了”。但这些译者却没有意识到这一点，他们写的评述性文字，“只论述了暗示、省略和象征的美，没有人像庞德那样一针见血地点到俳句的结构”。（佐藤和夫：《菜花能否移植——比较文学的俳句论》，译林出版社 1992 年版）

周作人不仅精通日文，可以从原文吟味短歌、俳句之美，还相当了解阿斯顿和小泉八云等人的著作，并相当赞赏他们关于日本诗歌的见解，这种认同使他终于没有超越他们的理论。在译法上，如标点断句，周作人可能也受到小泉八云等的启发，但他却始终坚持了原诗一行书写的格式。如果沿着佐藤氏的说法推衍，或许可以认为，恰恰是对原作的忠实，影响了周氏对俳句结构秘密的发现吧。

事情当然不会这样简单，深层的原因，主要应在周作人当时所置身其中的中国诗歌的历史语境（Context）里寻找。意象诗派提出的诗法，在中国古典诗里并不罕见。事实上意象诗派从中国古典诗获取的启示，并不亚于日本俳句。然而，与意象派诗人同时代的中国新诗倡导者们当时所热衷的课题，却是如何从旧体诗解放出来，学习西洋文艺复兴以来的近代诗法，运用现代活的语言，创造出新的诗型。王力在《汉语史稿》中指出，汉语的发展路线是“复音词的增加和句子的严密化”；“五四”以后，汉语的句子结构越发严密，“要求主语尽可能不要省略，联接词（以及类似联接词的动词和副词）不要省略”“古代汉语不是没有逻辑性，只是有些地方的逻辑关系可以意会而不可以言传”。但“五四”时期的文学革命倡导者往往把古汉语不用言传的地方看作是没有逻辑或文法欠缺，从前面的一些举例来看，周作人也是如此。这样的看法自然影响到他的语言策略和译诗策略。因此，中国新诗倡导者们视旧诗为负担、束缚，视旧体诗的意象并置、语法或语义连接词简省为文法粗疏、混乱，认为需要用严密的文法整理改造，自然不会像背负西方近代诗歌传统的庞德等人那样，痛切感受到“文法严密”之弊，他们的思路几乎和庞德等人背道而驰，是不足为怪的。

此外，还应考虑到周作人个人性情和天赋的因素。尽管“五四”初期周氏诗名甚著，但无论他的个人爱好还是感物赋形的思维方式，无疑都更倾向于散文，而非诗的。周作人在《过去的生命·序》里称自己的新诗作品“文句都是散文的”，在《永日集》的《〈桃园〉跋》里说“我的头脑是散文的”。他擅长用词接意连的散文句法，表现意味深长的境界，因此，在 20 世纪 20 年代后期，他的新诗创作基本停止，而专注于散文。如果说到日本诗歌对周氏个人创作的影响，似乎也主要在散文方面，特别是俳句的精神丰韵，深深融进了周氏的散文作品里。其实，周作人评介日本小诗的文字，也都是非常优美的文艺随笔，如果离开他那娓娓的叙述脉络，他所译的短歌和俳句，恐怕不会那样令人耳目一新，闪烁异彩的。当然，这并不是说周氏这些文章的评述文字和译诗仅仅是相互映衬、补充的关系，评述文字的设计，译者已明言是来自对译诗的不自信，而既然译者一再申说短歌、俳句诗境的精髓在于言外之意，为什么还附加这些评述性解释，把诗外的余韵说尽？可能周作人本人并没有清晰意识到，但在他的这些文章里，确实可以听到自我质疑、辩难的声音，感受到永远纠缠着翻译家的两难心境。

（原载《中国文化研究》1995 年冬之卷）

日本中介与“纯粹诗歌”论的跨国旅行

——穆木天早期文论新考

小　引

T. S. 艾略特（Thomas Stearns Eliot，1888—1965）曾经表达过这样的看法，由现存艺术经典构成的秩序，会因为新作品的出现而发生变化，过去因现在而改变。（《传统与个人才能》）类似的现象在中国现代文学研究领域屡见不鲜，当代文学的风潮迭起，其实也在有形无形地影响着现代文学研究的思路和趋向。就本文讨论的对象而言，穆木天（1900—1971）和他早期的象征主义诗作与诗学观，在20世纪50年代的新文学史叙述中，是被作为“逆流”处理的，但到了20世纪80年代，情况则发生了变化，穆木天作为象征主义的代表人物被屡屡提起，他的诗作和诗论也得到了正面肯定。尽管文学史家们认为这样的改变是在“恢复历史的本来面目”，但包括穆木天在内的象征主义文学之所以在“新时期”获得重新评价，肯定与当代文坛急切希望品尝现代主义文学禁果的冲动有关。这一潜在背景导致这一时期对穆木天的研究多集中在对其诗作和诗论的价值和意义的重估，而对相关史实的细致考辨则相对欠缺，即如被谈论很多的穆木天早期文学观，研究者多在转引穆氏自述文字的基础上做意义分析，很少对其形成原因、形成过程做实证性的历史考察。这当然也因为穆氏早期文学观主要形成于留学日本期间，相关资料查找不易。这同样也是本文写作过程中遇到的难题。本文无力全面考察穆木天早期文学观的形成过程，只能根据查询资料的有限所得，提供一些线索。希望能对以往研究所忽略的若干环节做一点补充。

进入大学与转向象征主义

论及穆木天早期文学观，特别是他的象征主义诗学观，研究者们经常引述穆氏以下的自述：

> 我最初是读希腊神话，北欧神话，安徒生、王尔德、葛林的童话，爱尔兰、英国等的童话，读唐珊尼的神秘小说，阿兰·坡的诗，再以后专门读法朗士的作品，到了大学，完全入象征主义的世界了。在象征主义的空气中住着，越发与现实相隔绝了，我确是相当地读了些法国象征诗人的作品。贵族的浪漫诗人，世纪末的象征诗人，是我的先生。

(《我与文学》，收入郑振铎、傅东华编《我与文学》，上海生活书店1934年版)

东京，在我进大学的那年夏天，发生了大地震。在十月间，由故乡吉林回到了东京，东京只剩下一片灰烬了。残垣破瓦，触目凄凄。可是，在当时我的眼睛中，反觉得那是千载不遇的美景。就是从那种颓废破烂的遗骸中出去，到了伊东。而从伊东归来后，也是在那种零乱的废墟中，攻读着我的诗歌。我记得那时候，我耽读古尔孟（Remy de Gourmont），沙曼（Samain），鲁丹巴哈（Rodenbach），万·列尔贝尔克（Charles Van Lerberghe），魏尔林（Paul Verlaine），莫里亚斯（Moreas），梅特林（M. Maeterlinch），魏尔哈林（Verhaeren），路易（Pierre Louys），波多莱尔（Baudelaire）诸家的诗作。我热烈地爱好着那些象征派，颓废派的诗人。当时最不喜欢布尔乔亚的革命诗人雨果（Hugo）的诗歌的。特别地令我喜欢的则是沙曼和鲁丹巴哈了。从这里也可以看出来我那种颓废的情绪吧。

(《我的诗歌创作之回忆》，《现代》第4卷第4期)

以上文字告诉了我们这样一个消息，即穆木天转向象征主义，是从他进入大学以后开始的，但似乎很少有研究者注意这条对于了解穆氏早期诗学观的来源至关重要的线索，所以，也就没有人追问，他进的是什么样的大学，为什么“到了大学，完全入象征主义的世界了”？

穆木天自1918年7月从天津南开中学毕业后，即考取了吉林省官费留学生，赴日本留学。据他自己回忆：“十个月的准备，容容易易地考入了东京第一高等。”（《我的诗歌创作之回忆》，《现代》第4卷第4期）这里所说的“准备”，主要指日语学习，而“东京第一高等”，则是“东京第一高等学校”的略称。但更准确一点说，穆木天考入的应该是东京第一高等学校专门为中国留学生设置的“特别预科”。按照日本当时的学制，初中称“中学校”，学习期限五年，高中称“高等学校”，学习期限三年，大学学习期限一般为四年。中学校毕业后想尽早就职者多进入各类专门学校，进入高等学校的学生则基本以升入大学（当时称“帝国大学”）为目标，所以，高等学校颇近似于帝国大学的预备教育机构。由于日本文部省对中国留学生入高等学校就读限制颇多，相当一段时间内，中国留学生在日本的升学选择多为各类专门学校，直到1907年清政府驻日公使李家驹与日本文部省交涉，签署了文部省直属五校接受中国留学生的协议后，情况才有所改变。东京第一高等学校，即为文部省指定接受中国留学生的学校之一。1908年，该校为中国留学生设置“特别预科”，“通过考试录取，在校期为一年（最初为一年半），对学生施行预备教育，毕业后分配到本校或其他高等学校，以开拓升入帝国大学之途径”（《一高六十年史》）。比穆木天早五年留学日本的郭沫若（1892—1978）最初也是先进的一高特别预科，毕业后被派往位于冈山的第六高等学校。

1919 年穆木天考入东京第一高等学校特别预科后，开初的志向并不在文科。他说：“我的志望，是不学化学，即学数学。但是，不幸的，我的眼睛使我不能制机械图。……于是，只得改行转业了”。（《我的诗歌创作之回忆》）而那时，恰逢中国国内“五四”新文学运动兴起，鼓舞了穆氏从文的热情，他决心以文学为志业。1920 年从一高特别预科毕业后，他转往京都第三高等学校，在该校高等科文科丙类学习。有关穆木天在这里的学习情况，如他选修的课程、来往的师友等，尚未有直接的详细调查，但可以通过一些间接材料窥知大略面貌。据郭沫若在《创造十年》中的回忆：1921 年 6 月，他为筹组创造社到京都访友，曾在郑伯奇陪同下访问了穆木天，穆氏“那时是三高的二年生，他是在专门研究童话的，一屋子里都堆的是童话书籍。我觉得他自己就好像是童话中人……那时听说他参加了周作人的‘新村’运动，我也觉得像他这种童话式的人恰好和‘新村’相配”。就在这一年，《新潮》杂志刊载了穆氏翻译的王尔德童话《自私的巨人》（《新潮》第 3 卷第 1 号），翌年，上海泰东图书局出版了他翻译的《王尔德童话》（1922 年 2 月出版）。1923 年穆氏考入东京帝国大学后，又有法朗士的童话《蜜蜂》译本在上海泰东图书局出版（1924

年 6 月）。这些都表明，这一时期，他的热情确实主要都投注到了童话上。

那么，为什么穆木天进入大学后，文学兴趣会从童话转向了法国象征主义诗歌？在《我的诗歌创作之回忆》一文中，穆氏曾对此作过一些说明："在日本，即被捉入浪漫主义的空气了。但自己究竟不甘，并且也不能，在浪漫主义里讨生活。我于是盲目地，不顾社会地，步着法国文学的潮流往前走，结果，到了象征圈里了。"但说这段话的时候，穆木天的主要目的是为了反省自己走入象征圈的盲目性，对于促使自己转向象征主义的原因自然没有细说，但如果考虑到京都第三高等学校文科丙类以法语是第一外语这一特点，穆木天进入大学选择东京帝国大学法国文学，应该是他有意识的选择。当然，进入了东京帝国大学法国文学科，就陷"到了象征圈里"，则可能确实是他不曾预料的。

也许有人知道穆木天在 1923 年 4 月考入东京帝国大学，专攻法国文学，但对于他在大学所属的学部、学科情况，似乎了解不多，笔者有必要在此略做一点介绍。据穆木天在东京帝国大学的"在学证书"，他考进的是文学部法国文学科。据《东京大学百年史》，1877 年东京大学创建时，即设有文学部，但该学部当时没有设置法国文学专业，仅要求史学、哲学和政治学专业的学生把法语作为第二外语选修。到了 1886 年，东京大学改称帝国大学（1897 年改称东京帝国大学），内设五个分科大学。其中，文科大学里设有哲学、和文学、汉文学、博言学科等专业。法语成为博言学科里的必修课程，但每周仅两三个学时，仍属于第二外语课性质。直到 1889 年，文学部内始设置法国文学科，但从该学科设置的课程看，仅仅增加了法语的课程时间（第一、二学年周学时“7”、第三学年周学时“9”），并没有讲授法国文学的课程，这种状况直到 1903 年才有所改变。从这一年起，法国文学科的必修与选修科目里，开始出现法国文学史、法国作家研究等课程。1919 年，东京帝国大学内的文科大学又改称文学部，法国文学科自然隶属其中。

需要说明的是，自法国文学科设立到 20 世纪 20 年代初，该学科的教师主要由来自法国的天主教神父担任。特别是法国文学课程，长期由埃米耶尔·埃克（Emile Heck）神父主讲。其授课时间大约为三个学年，讲授的内容为“中世至现代的法国文学”以及“十七世纪古典主义时代至十九世纪后半叶的作家研究和作品选读”，有时也选择当代作家的作品作教材，但整体说来，讲授重点在中世至 19 世纪之间。埃克神父于 1922 年离开东京帝国大学，而穆木天于翌年入学，所以他肯定没有听过这位神父的课。

早在埃克神父退休前，后来成为日本法国文学学科奠基人的辰野隆（1888—1964）已经被聘任为讲师（1920），但他在 1921 年 4 月升任副教授后即被派往法国学习，直到 1923 年 3 月留学归国，才正式登上讲台。辰野归国后被任命为“法语法国文学讲座”的主讲人，使这个设置于1893年（明治二十六年）的职位结束了长期空缺的状态——埃克神父虽然曾主讲法国文学史，但他的职位不是“法语法国文学讲座”教授。从1923年4月起，辰野开讲“十九世纪法兰西文学思潮”，讲义的详细内容不得而知，但他写于1924年的论文《何谓法兰西文学》，曾用不少文字谈论19世纪法国文学，其中特别提到浪漫诗人维尼的诗作中所表现的“世纪病”，在文章结尾，则举巴尔扎克和波德莱尔等为19世纪的代表。而在后来专门谈论现代法国文学的文章里，辰野甚至这样说，瓦莱里、克洛岱尔、纪德、普鲁斯特四人，“与其说是二十世纪的开拓者，毋宁说是十九世纪文学的杰出代表”。（《法兰西文学·上册》，白水社1942年版）

根据这些资料大致可以窥知，在辰野的19世纪法国文学论中，对包括象征主义在内的现代主义文学思潮是颇被重视的。1924年另外一位法国文学教师铃木信太郎（1895—1970）到任，主讲课程为“象征诗派研究”，并在同年出版了研究著作《波德莱尔与让·莫雷亚斯》（1924）。和铃木信太郎一起来到东京帝国大学法国文学科的还有山田珠树（1893—1943），主讲“现代小说与心理解剖”。总之，从1923年起，东京帝国大学文学部法国文学科的文学专业开始由辰野、铃木、山田三位教授主导，他们都对19世纪末兴起的现代主义文学具有浓厚兴趣和深入的理解，尤其是辰野和铃木，无论是课堂讲义还是发表著述，都以象征主义诗歌为主要内容。所以，穆木天从京都来到这里之后，会感到完全进入了“象征主义的世界”。

“法国文学的特质”与“纯粹诗歌”

日本的中国现代文学研究家丸山升曾注意到，在“东京大学法文科的毕业生名册中，可以很显眼地看到一个人的名字，大正十五年（1926）的穆敬熙也就是穆木天”。丸山为什么会觉得穆敬熙的名字特别显眼呢，因为在穆氏前后入学的日本学生，有很多后来成了日本文坛的知名人物。丸山说：“如果看看在他前后毕业的东大法文科的日本同学，着实可称绚烂多彩。1925 年毕业的有伊吹武彦、渡边一夫，和穆木天同为 1926 年毕业的有市原丰太、川口笃、小松清、杉捷夫。特别是到了 1928 年，三好达治、中岛健藏、小林秀雄、今日出海、田边贞之助等代表日本一个时期的法国文学翻译、研究的杰出人物大批涌现出来。”（《战后五十年——中国现代文学研究的回顾》，收入《鲁迅·革命·历史——丸山升现代中国文学论集》北京大学出版社 2005 年版）穆木天恰好在“东大法文科的第一个，或者也许可以说是至今为止最辉煌的黄金时代”（丸山升语）留学于此，并且是其中成绩较为优秀者。他的文学观念、艺术趣味受到这里的氛围的影响，是很自然的事情了。

但比较奇怪的是，在穆木天自传类的文章里，虽然也涉及他在东京帝国大学法国文学科读书的事情，却罕见具体的描述，如当时的课堂风景，与老师、同学的来往等情形，都不曾出现在他的回忆文字里。这应该与他的此类文章多写于20世纪30年代及其后有关，那时他正在有意识地摒弃早期以象征主义为中心的文学观，自然不会再把往昔的成绩视为荣耀。而随着日本侵略中国的战争步步升级，穆木天一再经历丧失故乡之痛，恐怕也很难有回忆留学时代师友的心情了。1933年8月他为自己译编的《法国文学史》（世界书局1935年版）写的“卷头语”，可能是他唯一一次写到东京帝国大学老师名字的文字，值得特别注意：

> 在学校读书时，辰野隆先生以法文学之本质为拉丁精神（L'esprit Latin）与高尔精神（L'esprit gaulois）之不调和见教。当时认为是无上的新的启发。然而，十年以来，世界大变，文学理论亦进步了。苐里采的《欧洲文学史》，玛查的关于现代文学的著述也被介绍到东洋来了。这样，文学研究的方法起了革命，而势所必然地要影响到我这个学徒身上来了。

在迄今所见有关穆木天的研究中，似乎还没人注意这段话所提供的线索，但这条线索对追溯穆氏早期文学观的影响来源至关重要。如前所述，辰野隆自1923年起在东京帝国大学法国文学科开讲“十九世纪法兰西文学思潮”，翌年写作论文《何谓法兰西文学》，有关法国文学本质“为拉丁精神（L'esprit Latin）与高尔精神（L'esprit gaulois）之不调和”所致的观点，就发布在这篇文章里。辰野首先举出法国文学史家费迪南·布吕内蒂埃（Ferdinand Brunetiére，1849—1907）的观点作为批评对象，他认为，布吕内蒂埃把法国文学的变迁史归纳为“社会连带”与“个人至上”两个原则对峙与相克的历史，强调17世纪古典主义文学和19世纪写实主义、自然主义文学在“社会连带原则”脉络上的连续性，而把浪漫主义视为“个人至上原则的发现者”，并断言其为法兰西文学的支流或例外，这些都是不合适的。辰野说，尽管布吕内蒂埃的见解深刻有力，“但只强调了法兰西文学的一个方面，是刻意提取的主观结论，而法兰西文学还有另外一面，是可以得出和布吕内蒂埃的主张相对且同样有力的结论”。（《法兰西文学·上册》）

穆木天说“当时”他把辰野隆的观点视为“无上的新的启发”，这“当时”应该是指东大留学期间，而事实上，即使在他归国以后，辰野影响的痕迹也仍然存在。在《法国文学的特质》（《创造月刊》第1卷第6期）一文里，穆木天主张从“法国人的根本的气质”观察“法文学的特质”，认为“高尔气质和拉丁气质的不调和是法文学的本质，是法文学的特征”，明显是祖述辰野的观点。这篇文章的开头，从反驳费迪南·布吕内蒂埃的文学史观入手，行文语气，都与辰野的《何谓法兰西文学》接近。而他的另一篇论文《维尼及其诗歌》（1926 年至 1927 年连载于《创造月刊》），论述法国 19 世纪浪漫诗人维尼（Vighy，1797—1863）“世纪病”般的孤独，也与辰野《何谓法兰西文学》中对维尼的看法一致。穆木天是读过辰野的论文还是在课堂上听到辰野的讲授，不得而知，但在他归国以后发表的一系列有关法国文学研究的论文中，留有辰野以及东京帝国大学法国文学科相关教授的影响，应该是没有疑问的。

并且，这影响也不仅限于穆木天的法国文学研究论文。在穆氏早期的一些诗论，如那篇被视为中国象征派诗歌理论奠基之作的《谭诗》中，也可以看到某些踪迹。近些年来，一些研究者对《谭诗》中提出的“纯粹诗歌”论给予了特殊注意，并对其影响来源进行了认真考索。例如，孙玉石认为：“《谭诗》以论题的新颖和见解的精辟成为中国现代史论史上的重要文献。由于这一论文以及作者当时的其他文字，穆木天也当之无愧地成了中国象征派诗歌理论的奠基者。”（《中国象征派诗歌理论的奠基者——重读穆木天的早期诗论》，收入《穆木天研究论文集》，时代文艺出版社 1990 年版）而由于《谭诗》出现的众多法国诗人的名字，比较具体地指示了考索的途径，所以，研究者们很自然地把“纯诗”的源头追溯到了法国，追溯到从马拉美到瓦莱里的“纯诗”主张。而在迄今所见有关穆氏“纯诗”论的溯源考察中，金丝燕的工作做得最为细致，尤其是她对法国文学批评家伯雷蒙和“纯诗”理论的关系的介绍，弥补了以往研究的一个盲区。金丝燕说：“在法国，‘纯诗’（La Poésie pure）这一观念术语的提出与文学批评家伯雷蒙有关。1926 年，伯雷蒙（Henri Brémond）发表《纯诗》（*La Poésie pure*）一书，当时即引起相当的关注。同年又发表《祈祷与诗歌》（*Prière et Poésie*）论著，进一步阐述关于纯诗的思考。这两本书奠定了伯雷蒙在‘纯诗’理论方面的位置，尽管诗人瓦莱里认为提出‘纯诗’的第一人应是瓦莱里自己。”金丝燕在比较分析了穆木天和伯雷蒙的“纯诗”论述之后，认为二者“有相当一致的地方”。但她不敢肯定“穆木天是否直接读过伯雷蒙的《纯诗》”。（金丝燕：《文学接受与文化过滤——中国对法国象征主义诗歌的接受，中国人民大学出版社 1994 年版）

如果就伯雷蒙的专著《纯诗》而言，可以肯定说穆木天在写作《谭诗》时尚未寓目。一个很简单的原因，就是该书和《谭诗》虽然同在 1926 年问世，但穆木天写这封“寄沫若的一封信”的时间在“1926 年 1 月 4 日”，那时《纯诗》还没有出版。不过，在作为专著的《纯诗》出版之前，伯雷蒙已经把有关“纯诗”的理论发表在杂志上，穆木天写作《谭诗》之前对此有所了解，是完全可能的。

可以间接证明穆木天曾接触过伯雷蒙“纯诗”理论的资料，是他当时的老师辰野隆的文章。1926 年秋，辰野写了一篇《关于“纯粹诗歌”的论争》，比较系统地介绍了法国的“纯诗”问题讨论，文章开头便说：

> 从去年秋天至今年年初，法兰西文坛上最有意思的问题，大概就是关于“纯粹诗歌”的论争。
>
> 所谓“纯粹诗歌”（La Poésie pure），简言之，其主张是：“诗是为诗而存在的，理性非诗”，这并不是自今日才开始的问题，在法兰西文学史上，其实是戈蒂埃以来的一派主张，从接受了爱伦·坡影响的波特莱尔到马拉美，再至当代的瓦莱里，可以说是达到了顶点。这是以纯艺术为基础的诗论。这一诗论，由神父伯雷蒙（Henri Brémond）去年十月在法国翰林院——固守以理性为基础的传统文学的殿堂——大力阐扬，意外地引发了激烈的论争。上述那些诗坛英杰，本来就属于和翰林院学院主义不能相容的诗人一群，但是，翰林院院士伯雷蒙却公然为“纯粹诗歌”鼓吹，且因他知识渊博，造诣深厚，持论公允，所以，翰林院里的传统派也未有挺身而出的反驳者。

辰野不仅熟知“纯诗”理论的历史谱系，能够确切指出伯雷蒙的“纯诗”论之所以引人注目的原因，主要不在理论的创新，而在其以法国翰林院（通译法兰西学院，此处依照辰野隆日文原文的用语）院士身份鼓吹以往被学院派视为异端的诗论；同时，还相当了解伯雷蒙引发的这场论争的前后经纬。在同一篇文章里，辰野介绍说，伯雷蒙的论文是在《文学新闻》（*Les Nouvelles littéraires*）上发表的，从1925年10月31日到1926年1月16日，共连载了12期，其间曾有一个名叫保尔·斯蒂埃的批评家，主张"惟有理性才是知识的光明，……所谓美，即理性的开发"，公开发表文章批驳伯雷蒙，最后却落了个惨败的结局。从这些文字可以窥知，当时法国文坛发生的事件以及相关信息，几乎可以同时传递到日本，成为东京帝国大学法国文学科教授们关心的对象。其时穆木天恰值毕业前夕，正在写作以象征主义诗人萨曼为题的毕业论文，导师应该是辰野或铃木两位中的一位。法国文坛的最新消息，肯定也会成为他们师生间的话题。了解了这些情况，也就不难理解，为什么穆木天在写《谭诗》的时候，会把注有法文"La Poésie Pure"的"纯粹诗歌"概念，那么自然地拿来作为评判诗歌的标准和讨论新诗发展的前提。

陈惇、刘象愚在《穆木天文学评论选集》"编后记"中曾发表过这样的感想："穆先生在中国现代文学史上，一般是以诗人的身份占有重要地位。其实，他是从学习外国文学、翻译外国童话开始自己的文学道路的。他在日本帝国大学学习的时候，学的是法国文学。也就是说，他的真正专业是法国文学。在这方面，他是科班出身的。另外，外国文学的翻译和研究，贯彻了他一生的文学活动，与他的创作道路密切相关。所以，要了解和研究穆先生的文学思想文学见解，决不能忽视这一方面。”应该说，这是很值得重视的意见。因为以往有关穆木天文学思想的研究，确实较多偏重他的诗论和诗作，忽略了他的外国文学翻译和研究工作。如果说，笔者对陈、刘二氏的建议还可以做些补充的话，那就是我们在从外国文学研究家的角度考察穆木天文学思想的时候，还应该注意，他是在日本学习的法国文学。作为中介的日本，特别是穆氏就读的东京帝国大学法国文学专业里的文学氛围，会影响到他的文学思想，特别是他早期的文学观。前面讲到的穆氏沿袭辰野隆的思路讨论法国文学本质的文章，就是其中一例。

当然，我们还应该注意到，在穆木天与日本中介之间，并非简单的影响与接受关系，事实上，即使是对自己导师的观点，穆木天也不是无条件地照收照搬，而是有所取舍和选择，甚至在那篇浓重带有辰野隆影响印迹的《法国文学的特质》里，穆木天的观点和辰野的也不无歧异——在《何谓法兰西文学》一文中，辰野隆曾对费迪南·布吕内蒂埃把17世纪古典主义与19世纪写实主义、自然主义笼统称为“非浪漫主义文学”的做法提出批评，特别强调，由于有了法国大革命的背景，法国19

世纪“非浪漫主义文学”与17世纪古典主义呈现出了根本区别，而与浪漫主义产生了深刻的精神联系。穆木天在《法国文学的特质》中也认为费迪南·布吕内蒂埃“把17世纪的古典文学与19世纪的写实文学混同，这是他根本的错误”，并对二者的差异做了分析，但对导致二者差异的法国大革命只字未提。而在有关“纯粹诗歌”的看法上，他们师生间的分歧就更明显了。辰野明确表示，他的“纯诗”观与伯雷蒙有很大差别，他不能容忍把浪漫主义贵族诗人拉马丁（Alphonse de Lamartine，1790—1869）纳入“纯诗”队伍，也反对把魏尔伦（Paul Verlaine，1844—1896）的“那部分拙劣作品”称作“纯粹诗歌”。辰野说，“纯粹”不是“自然”，他心中的“纯诗”，“指的是波德莱尔、马拉美、兰波、瓦莱里的诗”，退一步讲，或许也可以包括魏尔伦的一部分诗作，但绝不是指拉马丁——在《关于“纯粹诗歌”的论争》里，辰野隆明确表示不赞成伯雷蒙把所谓“自然流露”“浑然天成”作为“纯诗”的特征，他所说的魏尔伦的拙劣诗篇，应该是指魏尔伦早期以纯朴风格描绘田园风景的作品。魏尔伦后来从浪漫主义转向了象征主义，所以辰野说他的一部分诗作可以列入“纯粹诗歌”。比较起来，穆木天要比他的老师宽容，在大学毕业论文《论阿尔贝·萨曼的诗歌》里，他不仅以夸赞的口吻谈论萨曼诗作中“仁慈的大自然有着阿尔丰斯·德·拉马丁的某些痕迹”，还以欣赏的态度描述了萨曼和魏尔伦“在趣味和本性上”的对应；甚至在高呼“我们的要求是‘纯粹诗歌’”的《谭诗》里，他也盛赞浪漫主义诗人维尼的作品是体现“诗的统一性”的“适例”，并把拉马丁的诗作看作体现“诗的持续性”的典范。这些都表明，穆木天心目中的“纯诗”，并没有像辰野隆那样纯粹到仅仅局限在“纯正”的象征主义谱系之内。比起排他性的提纯，他显然更喜欢广泛的吸收和包容。在大学毕业论文的结尾，穆木天曾饱含感情地写道：“如果说颓废诗人意味着吸收一切又融合一切的话，阿尔贝·萨曼是与这个动人的名字非常相称的。”这是在评价萨曼，其实不妨说，这同时也是穆氏本人诗学理想的抒写。

（原题为《日本中介与穆木天的早期文学观杂考》，载《励耘学刊》2006 年第 1 期，收入本书略有改动）

《改造》杂志与鲁迅的跨语际写作

引 言

首先，我想从鲁迅（1881—1936）的一首旧体诗提起本文拟讨论的问题。

扶桑正是秋光好，枫叶如丹照嫩寒。
却折垂杨送归客，心随东棹忆华年。

这首诗是鲁迅 1931 年 12 月赠给增田涉（1903—1977）的惜别之作。作为中国现代文学研究者在战后广为人知的增田涉，当时还只是一名刚刚从东京帝国大学中国文学专业毕业的本科生。1931 年 3 月，他来到上海，凭佐藤春夫（1892—1964）的介绍信拜访了内山完造（1885—1959），又通过内山认识了鲁迅，得到了鲁迅的赏识，随后便往返鲁迅的家，跟随鲁迅学习中国文学，直至 1931 年年底。上引诗作体现了鲁迅对弟子增田涉的爱是不容置疑的，但鲁迅无疑也借此表达了对自己留学日本时代的青春年华的感怀之情。根据增田涉的解释，“华年”一词，表露了“青春时代留学日本的记忆对他来说始终是难以忘怀的”。增田涉还提到，“鲁迅当时有再次赴日的意思”。(《鲁迅的印象》，角川书店 1970 年增补版）

在此之后，虽然鲁迅在给内山完造等友人的信里也曾提到“再次赴日”的想法。但是，正如我们后来所知道的那样，因为种种原因，鲁迅再次赴日的愿望并没有实现。

1933 年 2 月，为迎接英国作家、诺贝尔文学奖获得者萧伯纳（1856—1950）赴日访问，日本著名的综合杂志《改造》曾向鲁迅约稿。自此之后，直到 1936 年 10 月去世，鲁迅在《改造》上发表了多篇日语文章。而在此前后，《中央公论》《东京朝日新闻》《文艺》等报刊也曾刊载过鲁迅的文章或作品的翻译。改造社，这家因出版了廉价版《现代日本文学全集》而掀起日本出版界革命的出版社，还出版了《鲁迅全集》（由井上红梅译，1932 年 11 月出版，其实是鲁迅的小说集）。岩波书店也在其具有巨大影响力的“岩波文库”丛书中收入了一本《鲁迅选集》。可以说，这一时期，鲁迅宛如再度访问了日本。当然，这一次他既不是作为留学生，也不是作为观光客，而是作为和日本第一流作家相比毫不逊色的作家，以作品重访了日本。那么，此次越境日本的鲁迅，通过日本的媒体，尤其是《改造》这样具有广泛社会影响力的杂志，传达了怎样的信息呢？他所传达的信息在日本是怎样被接受的？还有，这样的跨语际写作为鲁迅的文学带来了什么？

与鲁迅相关的日本媒体状况

要考察以上问题，首先应该对当时与鲁迅相关的日本媒体的状况进行考察。因为从一定意义上说，在鲁迅通过媒体传达信息的同时，媒体也通过鲁迅传达了信息。

鲁迅在日语媒体上发表的作品，最早可以追溯到1923年1月《北京周报》（藤原镰兄主笔，极东新信社在北京发行）上刊载的《兔和猫》。该小说最初用中文创作，发表于1922年10月10日《晨报》“特别号”上。《鲁迅日记》1922年12月6日记云：“夜以日文译自作小说一篇”。说的就是为《北京周报》翻译《兔与猫》。而《北京周报》之后还刊载过三篇对鲁迅的采访，皆是新闻记者的笔调，不能说是鲁迅自己的创作。

《北京周报》是由当时居住在北京的日本人发行的。据丸山升教授的研究，在20世纪20年代，诸如《上海日日新闻》《满蒙》等日语刊行物上都译载过鲁迅的作品，日本的左翼文学阵营也发表了关于鲁迅的评论。尽管这些介绍和评论对鲁迅的理解尚算不上深入，但其中也出现了山上正义（1896—1938）那样精辟的鲁迅论。丸山升还指出：“虽然比左翼文学对鲁迅的介绍晚了一两年，但是在影响的深度和广度上有着更重大意义的，无疑是佐藤春夫、增田涉对鲁迅的翻译和介绍。”（《鲁迅·文学·历史》，汲古书院2004年版）1932年1月佐藤春夫在《中央公论》上发表鲁迅《故乡》的翻译，并撰写《关于原作者的小记》；同年4月增田涉在《改造》上发表了《鲁迅传》，7月佐藤春夫又在《中央公论》上刊出他翻译的《孤独者》。当时佐藤春夫是活跃于日本文坛的知名作家，他翻译的鲁迅作品又发表在当时著名的综合杂志《中央公论》上，所以影响广泛。鲁迅的名字由此开始为日本文化界所熟知。

沿着丸山升先生指出的线索，查检《中央公论》杂志，在1932年1月的“新年特辑号”“创作栏”里，确实可以看到佐藤春夫翻译的鲁迅小说《故乡》。但有意思的是，无论目录还是正文，原作者鲁迅的名字都以很小的字号放在括号里，而译者佐藤春夫的名字却堂皇地与其他作家并列在一起。这应该是《中央公论》编者的编排处理，和佐藤春夫撰写的饱含敬意的《关于原作者的小记》（以下简称《小记》）相比，其对鲁迅的认识显然是很淡漠的。这也反映了当时日本对鲁迅了解的普遍状况，据增田涉说，1932年4月他的《鲁迅传》在《改造》杂志刊出时，“我的年轻时候曾在中国住过的伯父看到杂志的广告，曾对我的堂弟解释说：‘鲁是姓，迅传是名’”。（《鲁迅的印象》）

佐藤春夫的《小记》虽然只有两页，却是一篇信息量很大的文章。在这篇《小记》中，佐藤发现了鲁迅“作品中深藏着的传统味道”，认为鲁迅是“令人有杜甫起于现代之慨”的作家，并说鲁迅不仅是“中国最大的小说家、中国左翼作家联盟的盟主”，而且其作品被广泛翻译成法、德、俄、英以及世界语，是“世界的鲁迅”。基于这样的评价，佐藤表述了以下的愿望：

> （鲁迅氏）于吾国语言亦甚为练达，若我国读者喜读其作，且编辑者亦有欢迎之意，此位因中华民国现政府之野蛮愚蠢政策而不得不保持沉默的作者，则有可能将其新旧诸作，直接以日文面世。倘若我的此一空想有幸成为现实，应给予这位大作家以待我辈作家同样之礼遇，相信他亦会为我国文明贡献而不吝所能。

丸山升注意到佐藤春夫《小记》提起的“鲁迅文学中的传统问题”，对其中所体现的“对于鲁迅的理解”给予了很高评价，同时也指出佐藤“忽视了鲁迅所持的强烈的政治性和社会性”。（《鲁迅·文学·历史》）不过，如果仔细阅读《小记》，还可以看到，佐藤努力想把鲁迅放入“我国文明”亦即“日本文明”的脉络里，倒是流露出了一定的政治意图。如果联系到《小记》的执笔时间“1931 年 12 月 10 日”，恰值“九一八”事变之后，“一·二八”事变即将发生之际，正是中日关系空前紧张的时期，佐藤春夫要把“世界的鲁迅”纳入“我国文明”，无论有意还是无意，都不能不说是呼应了当时日本侵华的时局氛围。不过，在《小记》里，佐藤呼吁：“除了将中华民国作为战争的对手来看待，还应该看到这个国家其他方面，亦即她的优秀文明。”显然也是真诚的。

事实上，1932 年 1 月，鲁迅在上海已经读到了《中央公论》刊载的佐藤春夫译《故乡》及其所撰《小记》，他在给增田涉的信说：

> 一月号《改造》未刊载《某君传》，岂文章之过耶？实因某君并非锋头人物。证据是：Gandhi 虽赤身裸体，也出现在影片上。佐藤先生在《〈故乡〉译后记》中虽竭力介绍，但又怎么样呢？
>
> （《鲁迅全集》第 13 卷，人民文学出版社 1981 年版）

信中所说的“《某君传》”，指的是增田涉的《鲁迅传》，这是增田在向鲁迅求教期间，深感有向日本读者介绍这位杰出作家的必要而撰写的，他把原稿寄给佐藤春夫，“希望帮助在日本的杂志发表”，而“佐藤氏读了原稿，回信说：‘《鲁迅传》即刻拜读，深感有趣，或许应该说，不是有趣，而是感到了鲁迅先生之伟大，更为合适’”。佐藤随即把增田的原稿转给了《改造》杂志，却被退回，接着又转给《中央公论》，也未被采用。据增田后来的解释：“或许因为鲁迅这个名字在日本还不为人所熟悉，加上作为作者的我是一个无名之辈，日本的综合杂志都不予以理睬。”最后，还是佐藤春夫鼎力斡旋，《鲁迅传》才得以在《改造》上刊出。(《鲁迅的印象》)这其中的经过，鲁迅或许不尽知其详，但通过增田涉肯定也有所了解，在这样的情境中，他对佐藤春夫心怀感激，善意地理解他的《〈故乡〉译后记》，当然在情理之中。

据增田涉回忆，有关鲁迅去日本的话题，即是他在这一时期提起的，征询鲁迅的意见后，他曾写信给大学时代的老师盐谷温商量办法，但未见回音。1931 年年底归国之后，增田涉仍在为此而努力，似乎也曾和佐藤春夫进行商谈。但身在上海的鲁迅，则在“一·二八”事变的战火中被迫逃难，直至 3 月 19 日才搬回家中，他和增田的通信，在此期间当然也中断了。

在避难生活中，鲁迅和茅盾（1896—1981）等四十三人联合签署了《上海文化界告世界书》，抗议日本军队在上海的侵略和屠杀。同年 4 月 13 日，在给内山完造的信里，鲁迅明确表达了放弃赴日的想法，他说：

> 早先我虽很想去日本小住，但现在感到不妥，决定还是作罢为好。第一，现在离开中国，什么情况都无从了解，结果也就不能写作了。第二，既是为了生活而写作，就必定会变成“新闻记者”那样，无论从哪一方面看都没有好处。何况佐藤先生和增

> 田兄大概也要为我的稿子多方奔走。这样一个累赘到东京去，确实不好。依我看，日本还不是可以讲真话的地方，一不小心，说不定还会连累你们。
>
> （《鲁迅全集》第13卷）

由此可见，鲁迅放弃“去日本小住”，首先出自他坚持要在中国继续写作的决心，同时也出自他对日本情势的判断。佐藤春夫后来回忆说，鲁迅似乎是因为“五一五事件”发生，感到日本社会也动荡不安，于是取消了去日本的念头。这与实际情况颇有出入。如上面的书简所示，早在1932年5月15日日本右翼军人杀害首相犬养毅（1855—1932）的事件发生之前，鲁迅已经做出了决断。他认为“日本还不是可以讲真话的地方”，应该是对日本长期观察和综合分析的结果。不过，鲁迅谢绝了日本友人的赴日邀请，却没有拒绝来自日本媒体的约稿请求，而是采取了积极回应的态度，尽管他知道各种媒体的约稿意图并不尽相同。

《改造》杂志中的鲁迅形象

《改造》杂志是比较集中地发表鲁迅日语作品的媒体，饭仓照平曾注意于此并做过分析：

> 这些日语文章都是于1933年到1936年间集中写就的。改造社与执笔者所建立的联系，自然是重要契机，但更应该看到的时代大背景是自1931年“九一八”事变和1932年“一·二八”事变开始的日本对中国的侵略、日本新闻出版界对中国的关心日益高涨。（日文版《鲁迅全集》第19卷，学习研究社1986年版）

饭仓在此触及了鲁迅的日文写作与时代情势之间的微妙关系。恰恰是日本对中国的侵略升级，刺激了日本新闻出版界对中国的关心。改造社积极向鲁迅约稿，即此一潮流和氛围中的产物。但作为有影响的综合性杂志，其实是《中央公论》率先刊载鲁迅的作品，后来却被《改造》取而代之，这表明，即使在同一时代氛围中，各媒体的着眼点和关心程度也不相同。那么，《改造》杂志是在何种意义上关注鲁迅的呢？

《改造》杂志的最后停刊和改造社的解体（1955），至今已经超过半个多世纪，已经很少有人记得其存在。但在日本的大正及昭和前期，《改造》杂志曾和《中央公论》（1899年创刊）及《文艺春秋》（1923年创刊）共同占据着言论的中心，和该刊的母体改造社一起，在现代日本媒体史上留下了浓重的印迹。山本文雄的《日本的大众传播史》这样说：

……民主主义运动不仅仅停留在该运动本身，它还促进了社会主义思想的急速传播。在此形势下，《改造》、《解放》和《社会问题研究》都在1919年创刊。山本实彦创办的《改造》由急进思想家构成主要阵容，带有超越民主主义的社会主义倾向。这种具有左翼倾向的宣传吸引了青年读者层，一时压倒了《中央公论》。

……说到综合杂志，不得不提昭和初年处于鼎盛期的《中央公论》和《改造》。

但也有研究者认为《改造》杂志和改造社的经营方针实际上是商业主义的，左翼倾向不过是其顺应潮流的表现。时代潮流变了，杂志和出版社的方针也随之改变。这样的看法当然也不无依据。考察《改造》杂志近四十年历史（1919—1944；1946—1955），可以说，在空前激烈的时代暴风雨中，顺应时局潮流或抗击时局潮流的情况都有发生。其中，社会风潮和形势、国家权力机关的言论统制、出版经营者追求利益的用心，都会影响到杂志的走向，而编辑者的坚持，执笔者的意图等，也错综交织于其间，且在不同阶段有不同表现。松原一枝曾描述说：《改造》从创刊的大正八年（1919）到昭和初期，是具有社会主义及左翼倾向的，但自1937年“七七”事变爆发前后开始，则逐渐通过迎合“时局”的出版物，来和此种倾向做一种平衡。（《改造社和山本实彦》，南方新社2000年版）虽然是一种大致的勾勒，亦为理解《改造》上的鲁迅提供了有意义的线索。

鲁迅的名字最初引人注目地出现在《改造》杂志，是该刊1932年4月号刊载的增田涉的《鲁迅传》。但在该刊每期例行的“编后手记”上，未见任何评论，说明该刊编者对鲁迅其人还了解不多。但随后情况便发生了变化。同年11月，改造社出版了井上红梅（1881—1950）翻译的《鲁迅全集》，并在这个月的《改造》杂志上以一页篇幅刊出了广告，其词云：

中华现代左翼作家第一人的全部力作出版

鲁迅，周树人！往昔游历日本，少壮提倡白话文，以一篇《狂人日记》为中国新文学树立典型，因《阿Q正传》而确保世界不朽文名之鲁迅！作为左翼作家联盟盟主，决然立于反抗国民政府之立场，他的艺术，把吾等抱持极大关心之邻邦中国的传说、风俗、习惯、思想、生活，以特异的观察与形式，展现于吾等面前。如不翻读此书，欲言新的“支那”，实不可能！

《改造》1932 年 11 月号广告

当时鲁迅读到了这则广告词，并注意到广告词的表述实际上是取自增田涉的《鲁迅传》。他在给增田涉的信中写道：

> 今日拜读《改造》刊登的广告，作者被吹得很了不起，也可慨叹。就是说你写的《某君传》为广告尽了义务，世事是怎样的微妙啊。
>
> (《鲁迅全集》第 13 卷)

即便如此，这则广告也表明改造社和《改造》杂志开始意识到了中国作家鲁迅的价值。而该刊把鲁迅作为中国左翼作家的代表人物宣传，亦非偶然之举。在此之前，改造社已经出版了廉价版《资本论》（1927 年的全译本，定价一日元）、《马克思恩格斯全集》、《高尔基全集》，都因呼应了当时日本日益高涨的社会主义思想、左翼文学思潮而引起了强烈反响，同时也收获了良好的经济效益。在增田涉的《鲁迅传》刊出之前，《改造》1932 年 2 月号所载岩藤雪夫（1902—1989）的文艺时评，也谈到作为中国左翼作家鲁迅的杰作《故乡》。（佐藤春夫译，刊《中央公论》）非常有意思的是，和岩藤的文艺时评并列排在《改造》上的一则广告，是收在《高尔基全集》第二十一卷至第二十五卷里的《四十年——克里·萨木金的生涯》，广告词称赞说：这是“世界上篇幅最长的普罗创作”，表明“普罗”在当时已是吸引读者瞩目的关键词。而日本普罗文学的新锐作家小林多喜二（1903—1933）的小说《工厂细胞》（又译《工厂党支部》，连载于《改造》1930 年 4—6 月号）、中野重治（1902—1979）的诗歌《雨中品川车站》（《改造》1929 年 2 月号）等作品，在这一时期，也和新感觉派作家横光利一（1898—1947）、川端康成（1899—1972）的作品一起，占据了《改造》杂志文艺创作栏的主要位置。鲁迅作为中国左翼作家的代表而被特别强调，应该与此种氛围有关。

总之，从这一时期开始，《改造》杂志开始注意到了鲁迅的存在，并和鲁迅建立了直接的联系。1933 年 4 月，

《改造》杂志为迎接英国作家萧伯纳来日访问，专门筹划《欢迎文豪萧伯纳》特集，该期的“编辑手记”称：“萧伯纳巡游世界，将途经日本，本社已早早派出特派员亲赴上海，以表欢迎之情，并斡旋和鲁迅氏的交流”。但据改造社特派员木村毅（1894—1979）说，他持社长山本实彦的密令奔赴上海，本想直接面见萧伯纳，因为萧拒绝和记者见面，最后“不得不把一切都交由鲁迅操办”。而正是经由鲁迅的斡旋，木村毅才得以见到萧伯纳。

此期《改造》杂志“欢迎文豪萧伯纳”特集的编排方式也值得注意。鲁迅的文章排在特集的首篇位置，接下来是时任陆军大臣荒木贞夫（1877—1966）的文章（实为《改造》编辑整理的荒木谈话），而在杂志的扉页上，则并列着萧伯纳和鲁迅的照片。更有意思的是，同期《改造》上继续刊登有关井上红梅译《鲁迅全集》的广告，但文辞表述却发生了变化。最为明显的改动首先表现在广告词的标题，在突显鲁迅作为“支那现代世界性作家”地位的同时，悄然抹去了其“左翼作家”的称谓。

与此呼应，广告词正文里则特别提到鲁迅“被称为中华民国的（夏目）漱石”，且被罗曼·罗兰誉为“东洋第一流的艺术家”。此后，在《改造》杂志上，去除了左翼色彩的鲁迅作为“世界名人”的形象越发鲜明。

《改造》1933 年 4 月号广告

该刊 1934 年 3 月号刊载了鲁迅的日文文章《火・王道・监狱》，此期的“编辑手记”便这样写道：

本志至下月正当创刊十五周年。以此为契机，杂志总体面貌将焕然一新，而下一期将会将之具体化。

本期有幸获得多篇特稿。作为中国的大作家而为世界所知的鲁迅氏的随笔，在东洋文人的从容余裕中，隐藏着犀利的讽刺。

1934年4月号为《改造》创刊十五周年纪念号，上面所刊特约专稿有爱因斯坦（1879—1955）的《为了和平》和罗曼·罗兰（1866—1944）的《列宁的艺术与行动》。不必说作者都是世界知名的文化人。翌年，《改造》杂志6月号又刊载鲁迅的《在现代中国的孔夫子》，同期“编辑手记”则称：“鲁迅氏珠玉般的杂文久已不得，文章虽短却包含了无限的讽刺”。该“手记”还谈到同期刊出的爱因斯坦的文章，认为“博士的感想文虽简洁却对世界现状有着独特的敏锐批判”，并希望读者将之和鲁迅“珠玉般的随笔”一起“品鉴欣赏”。

从1933年到1935年，《改造》杂志上的鲁迅形象经历了从“中国左翼作家第一人”到“世界性作家”及“中华民国的漱石”这样的转变。这既表明该刊对鲁迅评价的提高，也是该刊被迫“去左翼化”的结果。如所周知，1931年“九一八”事变之后，随着“帝国日本”对华侵略逐步扩大，其国内的政治情势也日益严峻。1932年5月15日时任内阁首相的犬养毅被暗杀，意味着日本的政党政治结束，军队“暴走”加速。1933年2月著名左翼作家小林多喜二被特高警察虐杀；4月，京都帝国大学教授泷川辰幸（1891—1962）因法学观点被政府免职，则标志思想控制和言论统治的加剧。据山本文雄的研究，左翼出版物在1934年之后锐减，到1935年则完全从书店消失了。在这样的背景下，改造社对鲁迅采取“去左翼化”叙述，显然带有某种“自我保护”的用意，但不把鲁迅及其作品局限在左翼作家的范围内，从一定意义上亦可视为对鲁迅认识的新发展。

《改造》如此重视鲁迅，从某种意义说，是该社社长山本实彦（1885—1952）意向的表现。据增田涉回忆，他撰写的《鲁迅传》被《改造》杂志编辑退稿后，佐藤春夫曾向山本说：“编辑没眼力，请你直接读一读”。（增田涉：《鲁迅的印象》）这应该是山本接触鲁迅的开端，同时也决定了此后《改造》与鲁迅的关系，一直由社长山本直接参与。山本其人，经历和思想都颇为复杂。他出生于日本鹿儿岛，因家境贫寒，中学未毕业即到冲绳做小学代课教师，后到东京勤工俭学；读完大学后进入《大和新闻》工作，同时亦对政治怀有浓厚兴趣，于1913年（大正二年）当选为东京市议会议员。1919年山本创办改造社和《改造》杂志，一跃成为新闻出版界的风云人物，1930年在家乡获选众议院议员，活动范围也伸展到政界。如同《改造》杂志所表现出来的思想面貌一样，在20世纪30年代，山本实彦基本属于新闻出版界里具有独立性格且同情左翼的领袖式人物。1931年“九一八”事变后，山本不仅凭媒体经营者的敏感，积极筹划出版有关中国话题的书籍，自身也像一个第一线的记者那样，亲赴中国考察采访，撰写纪实报告，和各界人士接触交流。水岛治男回顾说：“面对动荡的日中关系，（山本实彦）从《改造》主持者的立场，筹划某种方式的交流、和解，是事实。这也许不能说意义多么重大，也没越出个人随意活动的范围，但说是在好的意义上作为‘国士’进行的活动，是没有疑义的。”［《改造社的时代》（战前编），图书出版社 1976 年版］可谓中肯的分析。而在此过程中，山本有意识地听取鲁迅等有代表性的中国文化人的意见，并通过《改造》杂志传达给日本读者，这样的努力也是值得肯定的。

横跨中日双重语境的言说方式

以上所谈，主要是日本的媒体方面，特别是《改造》杂志所构建的鲁迅形象。那么，鲁迅又是怎样通过日本的媒体来表达自己的意见的呢？下面仍以《改造》杂志所刊鲁迅的日文作品为中心，谈谈作为信息传达者的鲁迅。

表 2　《改造》上刊载的鲁迅文章

发表时间	发表的文章	相关事项
1933 年（昭和八年）	《SHAW と SHAW を見に来た人々を見る記》（刊《改造》4 月号，该刊“编辑手记”有所论及）	中文译文题目为《看萧和“看萧的人们”记》，许霞译，鲁迅校订，发表于《现代》（上海）第 3 卷第 1 期（5 月），后收入《南腔北调集》（1934）

续表

发表时间	发表的文章	相关事项
1934 年（昭和九年）	《火・王道・監獄》（刊《改造》3 月号，“编辑手记”有所论及）	中文译文改题为《关于中国的两三件事》，鲁迅译，后收入《且介亭杂文》(1937)
1935 年（昭和十年）	《現代支那に於ける孔子様》（刊《改造》6 月号，“编辑手记”有所论及）	中文题目先译为《孔夫子在现代中国》，亦光译，刊于《杂文》月刊（东京）第二号（7 月）。后由鲁迅修改，题目改为《在现代中国的孔夫子》，后收入《且介亭杂文二集》(1937)
1936 年（昭和十一年）	《私は人をだましたい》（刊《改造》4 月号，“编辑手记”有所论及）	中文译文题目为《我要骗人》，鲁迅译，发表于《文学丛报》月刊（上海）6 月号，后收入《且介亭杂文末编》(1937)
	《中国傑作小說・小引》（初刊时没有题目）	
	《蕭軍簡介》（初刊时没有题目，刊《改造》6 月号）	

1933 年 4 月到 1936 年 6 月，鲁迅在《改造》上发表了包括《萧军简介》在内的六篇文章。这些文章之后都翻译成中文在期刊上发表。鲁迅亲自翻译了其中的两篇，校订和修改了两篇。这个时期日本对华侵略步步升级，中日之间的冲突日益激化，鲁迅并不拒绝而是积极回应日本媒体的约稿，并在以日文写作的同时也把中文读者放在了考量的范围，有意识地横跨中日双重语境进行写

作，实际上显示出了挑战纠结着复杂社会现实的言说语境的勇气和决心。

而在当时的中国，不怀善意地看待鲁迅的日文写作，并非无人。如刊于《改造》1934 年 3 月号的《火·王道·监狱》，就曾被邵洵美（1906—1968）编辑的《人言》杂志抢先翻译了最后一节，以《谈监狱》为题刊载于该刊第 1 卷第 3 期（1934 年 3 月 3 日出版）；译者仅署了“井上”两字，且有“附白”说明翻译虽未告知原作者，但“仍用翁的署名发表，以示尊重原作之意”。译文之后，该刊“编者”还专门加注云：“鲁迅先生的文章，最近是在查禁之列。此文译自日文，当可逃避军事裁判。但我们刊登此稿目的，与其说为了文章本身精美或其议论透彻；不如说举一个被本国迫逐而托庇于外人威权之下的论调的例子。”

《人言》杂志为何采取如此不光明的行为？在此且不去推测，但读其“编者注”文字，分明可以感到其对鲁迅在国内被“查禁”的幸灾乐祸，至于说鲁迅的日文写作是“托庇于外人威权之下”，则更明显带有信口诬人的味道。遭遇了“被翻译”的鲁迅当然表示了很大愤怒，在杂文集《准风月谈》的“后记”里，把《人言》的译文、“译者附白”和“编者注”一并录存，并直接点出了《人言》编者邵洵美和他的“帮闲专家章克标”，亦即“冒充了日本人”的译者。其时邵洵美已经和鲁迅发生过笔争，此后他也有多篇文章讽及鲁迅，但关于这篇

《谈监狱》的译载事件，似乎未见谈及。直至 20 世纪 80 年代初期，章克标（1900—2007）接受研究者访问，后来又写作《关于鲁迅》一文，才明言《谈监狱》确为他所译，译者“附白”也是他所写，但章说他“原不过想借重鲁迅的大名来为刊物招揽几个读者”，并特别强调：触怒了鲁迅的主要并非译者“附白”而是《人言》的“编者注”，而这个注是“郭明”亦即邵洵美所加，云云。

上述插曲表明，鲁迅在《改造》杂志发表的日文作品，返至中文语境后也颇有风波，值得认真分析。但本文限于篇幅，仍把考察重点放在日文脉络里的鲁迅写作，首先来看鲁迅最初发表在《改造》上的《看萧和“看萧的人们”记》（SHAWとSHAWを見に来た人々を見る記）。在该篇文章的开头，鲁迅说道：

> 私はSが好きだ。それは其の作品、或いは伝記を読んで好きになったではないので、只だ何処でか少許の警句を読んで、誰かから彼はよく紳士社会の仮面を剥ぎ取るといふ事を聴いたか好きになったのだ。もう一つは支那にも随分西洋の紳士の真似をする連中が居る、彼等は大抵Sをこのまないから。私は往往自分の嫌ふ人に嫌はれる人を善い人だと思ふときがある。
>
> (《改造》1933 年 4 月号)

> 我是喜欢萧的。这并不是因为看了他的作品或传记，佩服得喜欢起来，仅仅是在什么地方见过一点警句，从什么人听说他往往撕掉绅士们的假面，这就喜欢了他了。还有一层，是因为中国也常有模仿西洋绅士的人物的，而他们却大抵不喜欢萧。被我自己所讨厌的人们所讨厌的，我有时会觉得他就是好人物。
>
> （《鲁迅全集》第4卷）

总结起来，在这段文字里，鲁迅主要表述了两层意思。第一，他是因为萧“往往撕掉绅士们的假面”，亦即批评上流社会而喜欢萧。第二，声明自己并非萧伯纳研究的专家，甚至对其作品或传记也没有读过。但是，鲁迅此段文字后面接着说：

> 现在，这萧就要到中国来，但特地搜寻着去看一看的意思倒也并没有。
>
> 十六日的午后，内山完造君将改造社的电报给我看，说是去见一见萧怎么样。我就决定说，有这样地要我去见一见，那就见一见罢。

这无疑是鲁迅式的曲笔。事实上，在接受改造社请托之前，也就是说在2月15日之前，鲁迅已经寄给《申报》副刊“自由谈”一篇题为《萧伯纳颂》的文章（发表于《申报·自由谈》1933年2月17日，后收入杂文集《伪自由书》改题为《颂萧》)。此文主要针对上海《大晚报》有关萧伯纳的报道，特别是针对该报攻击萧伯纳在香港的演讲为“共产主义宣传”，给予犀利讽刺和反驳。由此可见，面对萧伯纳来访这一事件，鲁迅从一开始就颇为关注，但他的关注点主要并不在“世界文豪”萧伯纳的动向，而是各种媒体围绕萧伯纳的动向所做的反应。因此，尽管改造社请托鲁迅“写一篇萧的印象记”，但结果却如鲁迅的文章标题所显示的那样，他还是将“萧”和“看萧的人们”一起当成了考察对象。

不用说，当时能够参与迎接萧伯纳的，主要是文化人和新闻记者，其中有很多即属于鲁迅所说的“绅士”阶层。鲁迅将敏锐的视线投向了他们，尤其是各媒体的报道方式。鲁迅在文中写道：“第二天的新闻，却比萧的话还要出色得远远。在同一的时候，同一的地方，听着同一的话，写了出来的记事，却是各不相同的”。并对上海的英文、日文和中文的新闻报道进行了比较分析。鲁迅说：“例如，关于中国的政府罢，英字新闻的萧，说的是中国人应该挑选自己们所佩服的人，作为统治者；日本字新闻的萧，说的是中国政府有好几个；汉字新闻的萧，说的是凡是好政府，总不会得人民的欢心的。”

初看起来，这些例子仿佛是漫不经心随意拈来的，其实都是鲁迅深思熟虑的选择。在萧伯纳过访上海后，鲁迅曾和瞿秋白（1899—1935）一起收集上海各大报纸刊载的相关报道，汇编一册，题为《萧伯纳在上海》刊行。据此书中所收的《政治的凹凸镜》一文，鲁迅文中说到的“日字新闻”，也即《上海每日新闻》，其论调很像《日本政府的外交文书》，而“汉字新闻”亦即中文各大报纸的报道，则基本上都来自中国当局的英文半官报《大陆报》所捏造的新闻。将《政治的凹凸镜》和《看萧和“看萧的人们”记》两相对照，可以看到，鲁迅的批判指向，并非一般的新闻界，而是以当时加紧对华侵略的日本政府及独裁的国民政府等权力为背景或靠山的新闻媒体。

不必说，鲁迅积极回应《改造》的约稿，是他通过媒体与权力进行斗争的一环。而他把改造社请托的“萧的印象记”，最终写成“看萧的人们”的印象记，应该是有意为之。作为作者，鲁迅把文稿交出去后，自然无法知道会被相关媒体安排到怎样的格局里，而事实上，《改造》杂志之所以花费心思编辑“欢迎文豪萧伯纳”特集，既是该刊一贯以世界文化名人为招牌的作风之延续，更有借助萧伯纳这位名人对当时日本的内外时局发表意见的用意，其间缠绕着多种力量的博弈，这需要另有文章专门梳理和分析。在此能够指出的是，鲁迅《看萧和“看萧的人们”记》对上海媒体的反讽，无疑也同样适用于包括《改造》在内的日本媒体上的“萧伯纳言说”，即使杂志有自己的编辑预设，鲁迅的独特表述，也会逸出被设定的框架，动摇那些框架，甚至导致其解体。

鲁迅的跨语际写作其实也是在进行跨语际作战，这在他发表于《改造》1936 年 4 月号上的《我要骗人》(《私は人をだましたい》) 一文表现得尤为明显。关于此文已经有很多分析和解说，也曾注意到文中提及的“山本社长”，亦即改造社社长山本实彦，他的约稿是促成鲁迅写作此文的直接契机。查《鲁迅日记》，1936 年 2 月 11 日记有“午内内山君邀往新月亭食鹌鹑，同席为山本实彦君”。而据山本所写的通信，他是 2 月 9 日到达上海的，来后即见鲁迅，可见二人交谊已深，但山本请鲁迅写稿，是否仅是一般编者的例行工作？对此一线索，其实还可以继续考察。

据山本所写的游记和报道，可知他随后由上海去了杭州、苏州，但主要的目的地是国民政府的首都南京。在那里他访问了蒋介石、张群、孙科等政要，也和新闻界、文化界人士举行了“日华问题讨论会”。《中央日报》《新民报》等媒体都就他的行踪和言论发表了报道，希望他“以进步文化人的资格，推进有意义的‘国民外交’”。其关注之切，期待之殷，甚至让山本本人感到意外。他说：“我的这次南京之行，南京的报纸有这样那样的报道，但我并没有另负官方使命，只是一介旅人。不过，因为会见了很多要人、报社领导、大学教授，引起种种臆测，也无可奈何”。而山本之所以如此受到关注，其实并非没有缘由，这既因《改造》杂志在日本言论界的位置，也和中日之间日益紧张的情势密切相关。在当时，日本军队大规模屯聚华北，对中国守军步步紧逼，在上海、南京也通过各种方式制造事端，如迫使南京政府查封《新生》周刊等，都刺激中国各界要求抗日情绪的不断增长。山本在这样的时刻来中国，当然也不单是为了观赏江南山水。在南京，他特意避开日式宾馆而去找中式宾馆投宿，据他自己说，就是想要直接目睹中国人“排日的面貌”，“在被憎恶的目光中，和他们在同一房间里呼吸”。而在南京新闻界、文化界的座谈会上，山本则表述了这样的愿望：“通过中日知识分子的努力，促进中日关系的好转，实现远东的和平”。在归国后发表的长篇报道里，山本说他和南京的新闻界、文化界人士“敞开襟扉（腹蔵なき）交换了意见”，又说，他感到在南京所接触的各界人士的谈话，“都像是事前商量了一样，像盖公章似的公式化”。（《支那》，改造社 1936 年 9 月版）这应该也是实情，但由此言之，他当时的发言，应该也不无应酬之词。

鲁迅是否注意到山本在南京的活动，我们不得而知，但他肯定知道山本和《改造》此时的关心所在。所以，他在那篇看似“漫无条理”的杂文里，以随意议论的方式开头破题后，立刻提起此前的日本水兵在上海闸北被暗杀事件所引起的恐慌，以及“五年前的正月的上海战争”，即“一·二八”事变，自然把话题聚焦在了所谓的中日关系问题。不过，鲁迅几年前已经做过判断：“现在日本也不是可以说真话的地方”。现在，既要以日文在日本的杂志上回应这个问题，又不能“说真话”，显然是一个难题。鲁迅应对的办法是公开宣称：“我要骗人”（“私は人をだましたい”），也就是公开宣布自己在“说假话”——这当然是以他特有的悖论式修辞，说出了不得不“骗人”的“真话”。下面这段文字一直被认为晦涩难解，同时也最能体现鲁迅的修辞特征：

> こんなものを書くにも大変良い気持でもない。言ひたいことは随分有るけれども、「日支親善」のもつと進んだ日を待たなければ成らない。遠からず支那では排日即ち国賊、といふのは共産党が排日のスロガンを利用して支那を滅亡させるのだと云って、あらゆる処の断頭台上にも×××を仄めかして見せる程の親善になるだらうが、併しかうなってもまだ本当の心の見える時ではない。
> （《改造》杂志 1936 年 4 月号）

> 写着这样的文章，也不是怎么舒服的心地。要说的话多得很，但得等候“中日亲善”更加增进的时光。不久之后，恐怕那“亲善”的程度，竟会到在我们中国，认为排日即国贼——因为说是共产党利用了排日的口号，来使中国灭亡的缘故——而到处的断头台上，都闪烁着太阳的圆圈的罢，但即使到了这样子，也还不是披沥真实的心的时光。
> （《鲁迅全集》第 6 卷）

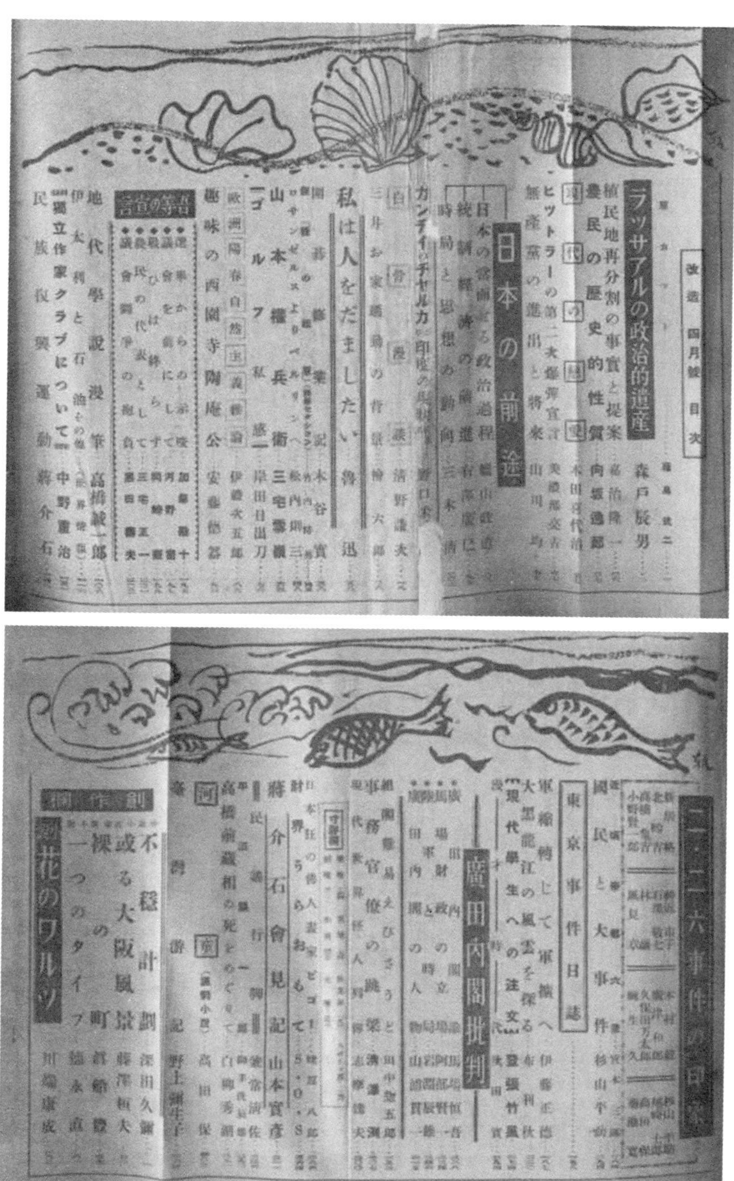

改造　四月號　目次

ラッサアルの政治的遺産　森戸辰男
農民の歴史的性質　向坂逸郎
植民地再分割の事實と提案
ヒットラーの第二大爆彈宣言
無産黨の進出と將來　山川均
日本の前途
日本の當面する政治過程
統制經濟の前進　有澤廣巳
時局と思想の動向　三木清
ガンディのチャルカ
私は人をだましたい　魯迅
山本權兵衞　三宅雪嶺
ゴルフ　岸田日出刀
趣味の西園寺陶庵公　安藤德器
地代學說漫筆
伊太利と石油
獨立作家クラブについて　中野重治
民族復興運動　蔣介石

二・二六事件の印象
國民と大事件　杉山平助
東京事件日誌
大黑龍江の風雲を探る
現代學生への注文
廣田內閣批判
蔣介石會見記　山本實彥
創作欄
不穩計劃　深田久彌
或る大阪風景　藤澤桓夫
裸の町
一つのタイプ　德永直
花のワルツ　川端康成

《改造》杂志 1936 年 4 月号目录

当代日本文学评论家川村湊在《读鲁迅：〈我要骗人〉》中认为，这段文字“之所以难于理解，不是因为鲁迅的日语笨拙，而是因为把心里所想原样道出——直抒胸臆，在这种场合是太莽撞了”。“‘文之人’鲁迅不能曲笔折腰，他用奇妙的曲折的‘日语’文章表达自己想要说的话”，可谓恰切。而这段文字里的关键词“中日亲善”其实具有多重解读的可能。从字面意思看，作者似乎是说，在“‘中日亲善’更加增进的时光”，双方可以披襟畅谈，但因为这是一个未来句式（“等候的……时光”/進んだ日を待たなければ成らない)，也就否定了其作为现实的存在。而用引号将其特别标出，显然也是在提示：这可能是一种虚假的说辞。在日文稿里，“中日亲善”写作“日支親善”，这层意思表现得更为明显。而接下来的一句则更曲折，包孕的意思更多。作者指出，如果这种“亲善”在中国推行，达到“排日即国贼”的程度，那结果就是“到处的断头台上，都闪烁着太阳的圆圈的罢”。“太阳的圆圈”，是鲁迅把此文翻译成中文时补充上去的，日文原稿应该是“日の丸”，也就是日本国旗，而以日本国旗在“到处的断头台上”闪烁这一意象，为所谓“日支親善”做注解，无疑戳穿了这一口号的欺瞒性，当然为日本的书报检察官所不能容忍，所以用“×××”代替。这表明鲁迅的行文虽然曲折，但棱角和棘刺也立在其中。而此长句里面包含的分句：“因为说是共产党利用了排日的口号，来使中国灭亡的缘故”，则不仅意在揭露日本把“共产党排日”作为侵略中国的借口，同时显然也是对当时国民党政府坚持反共政策的讽刺。由此可见，即使是回应中日关系问题，鲁迅也没有将二者简单切割，他所抨击的对象，同样包括欺压“愚民”或“灾民”的当时中国的权力者。

在《我要骗人》写作前两个月，鲁迅为萧红的《生死场》作序，曾提到“四年前”的“一·二八”，和当时上海闸北“愚民”的逃难潮，显然与此文具有互文性关联。由此可知，鲁迅写《我要骗人》，固然是为应山本实彦之约，但面对日本日益升级的侵略行为，他已经久久郁结在心。《鲁迅日记》1936 年 2 月 23 日记云：“为改造社作文一篇，三千字。不睡至曙”，说的就是此文。可以想象，当时身体已经衰弱的鲁迅彻夜不眠地写作，当他写到“也还不是披沥真实的心的时光”，内心里充满了怎样的悲哀和痛楚！鲁迅没有轻言“敞开襟扉”（腹蔵なき），他更想把自己的“过虑”之思说出来，即使这会让热心的读者失望：

> 要彼此看见和了解真实的心，倘能用了笔，舌，或者如宗教家之所谓眼泪洗明了眼睛那样的便当的方法，那固然是非常之好的，然而这样便宜事，恐怕世界上也很少有。这是可以悲哀的。

而在鲁迅“悲哀”的感叹中，分明蕴含着他对彼此能够“披沥真实的心”的渴望和期待。竹内好（1910—1977）曾说：“鲁迅晚年曾用日语写作。那些文章全都具有向日本民众发出呼唤的形式和内容。”其中，《我要骗人》里“用血写添”的“个人的豫感”，无疑是最为令人震撼的呼唤。

（原载《鲁迅研究月刊》2015 年第 10 期）

跨越时空的交错与新女性主义的探索

——人间版《探索丁玲》解说

一

本书的四位作者：秋山洋子、江上幸子、前山加奈子、田畑佐和子（此处依照《探索丁玲》一书封面所署著者的顺序排列，以下提及这四位先生，有时会直呼其名或简称姓氏，敬请谅解），是丁玲研究界知名的“四人帮”。她们从何时得有这一称号？还有，这究竟是自称还是他称？我都一无所知，也从没有向她们求问过。但我确实多次看到她们“搭帮结伙”地参加学术会议，还曾受邀参加过她们的读书会：在东京田畑家充满艺术氛围的小客厅里，会读《萧军日记》在延安的部分，一人准备了译稿，另外三人围绕译文和原文切磋讨论，从人物关系、事件原委到词语的理解，都逐一考索。那种寻根问底的态度，让一贯粗枝大叶、读书如翻书的我深感汗颜，因此也留下了很深印象。

四人之中最早有所了解的是田畑，1983 年至 1984 年我和北京语言学院（现北京语言大学）孙瑞珍老师邀集一些朋友编译《丁玲研究在国外》（湖南人民出版社1985年版），其中收录了她的两篇文章：《丁玲会见记（节译）》和《以纯真的感情写下的狱中记——〈“牛棚”小品〉解说》。前篇可能是丁玲初获平反之后最早会见的外国人所写的访谈录，当然特别引人注意。但我们当时对田畑的了解也仅限于此，所以在书的“导言”里把她和美国的聂华苓、法国的苏珊娜·贝尔纳一起称为“作家”。1988年田畑和江上来中国参加研讨丁玲的学术会议，那时丁玲已经去世，她们到位于北京木樨地的丁玲旧寓看望陈明先生，我们得以直接见面。后来我去日本留学，有了更多的交流机会。1990年在东京，田畑带我和翻译杂志《中国现代小说》（苍苍社出版）的同人们聚会，我终于知道她的志趣更在文学翻译。还有一次见面是在大阪，好像是她的一篇随笔获奖，她为参加颁奖仪式而来，却想到在此地留学的我，特地写信约在一家很高档的咖啡店茶叙，让我特别感动。交谈中也更感觉到她的“作家”气质。比起学院派的研究论文，田畑似乎更热衷文学写作——在我看来，文学翻译同样是文学写作之一种。

和江上最初见面当然也是1988年，那次我还陪她和田畑一起访问了牛汉先生。江上不仅汉语说得流畅，且性格坦率，行动飒爽果断，直言快语，不像一般日本人那样客气委婉，我们的交流很快没有了距离。应该就是在那次，我知道她以前曾作为日本青年访问团的成员来过中国，受到过周恩来总理的接见。1989 年 4 月我到大阪留学，给江上写信报告情况，翌年她邀请我到东京参加“1930 年代中国文学研究会”“日本中国当代中国文学研究会”的活动，让我深入了解日本的中国现当代文学研究状况。对于日本学者在研究会上的严谨和在会后餐聚时的放达，我都是在那时领略到的。一次晚餐会上，松井博光先生和高畠穣先生开怀畅饮，话也越说越多，但我那时的日语程度只听得片片断断，现在完全想不起他们所谈的内容，却清楚记得他们最后的相对落泪，推想是谈得深入心扉。“四人帮”的另外两位先生：秋山和前山，都是经过江上介绍认识的，留学期间她们都对我呵护有加。我回国后一直保持联系，来往更多，在此不能细数。近些年，我每次因事路过东京，四位先生只要知道，都会相约餐叙。记得有一次我在北京还没出发，江上就写邮件来说餐叙地点预定在了位于新宿的中村屋，而那正是我准备在东京参会期间抽空去寻访的地方，那时我正在读爱罗先珂的作品，知道这位浪迹天涯的俄国盲诗人曾寄身这家充满艺术氛围的西式糕饼店。关于中村屋店主保护印度流亡者和爱罗先珂的事迹，作家张承志在《敬重与惜别——致日本》第八章“亚细亚的‘主义’”里叙述甚详，在此无须多说，而我接到江上的邮件，首先感慨的是我和四位先生竟然如此心有灵犀。

所以，当吕正惠先生主持的人间出版社决定编印四位先生研究丁玲的论文集，担任责任编辑的钰凌博士要我为这本论文集写一点解说性文字时，我没有犹豫就答应了。但当我准备动笔之时，回顾和四位先生的交往，却又变得有些茫然：收在本集里的各篇论文，我确实早就读过，也曾受到教益，但仔细想想，我对她们究竟了解多少呢？她们为什么选择丁玲作为研究对象，为什么那样执着地关注作为“女性”的丁玲？她们在学术研究上所做的选择，和她们的人生经历有何关系？我都不甚了然。我不禁责备自己：在并不算短的交往过程中，为什么不曾想到就这些事情向她们求教？此时的懊恼，真有些像丁玲在《风雨中忆萧红》所描述的那种情形：1938 年春丁玲和萧红邂逅于山西，然后一道去西安，她写道：“……我们在西安住完了一个春天。我们也痛饮过，我们也同度过风雨之夕，我们也互相倾诉。然而现在想来，我们谈得是如何的少呵！”此书的作者之一秋山洋子读到这段文字时说：“无论怎样反复地阅读也十分难懂。到底是谈了很多还是不多？”现在轮到我以同样的话来问自己：我对四位先生到底是了解的很多还是不多？

但我还是决意要写这篇文字，因为这可以促使我系统阅读四位先生研究丁玲的论著。而清楚自己所知有限，也就不必强作解人。我相信关心这本论文集的朋友都有自己的判断，没有谁会在意这篇所谓“解说”文字的解释，我知道多少说多少，甚至说出自己的一些不解和困惑，或许更能引起朋友们阅读此书的兴趣。

二

“四人帮”是一个亲密融洽的自由学术组合，她们的年龄却颇有参差。田畑出生于1938年，在四人中最为年长，1960年毕业于东京外国语大学中国语学科，随后进入东京都立大学大学院研究中国现代文学。而恰在此年5月，著名学者竹内好为抗议日本众议院强行通过新的日美安保法案辞去了东京都立大学文学部教授，田畑因此无缘在竹内好先生的门下受教。秋山和前山分别比田畑小四岁和五岁，都是在20世纪60年代初期开始读大学，并且都选择了中国语言文学专业。秋山后来回忆说：“那时中日尚未恢复邦交，学习中文及中国文学的学生尚属少数，但与当时对中国不仅缺乏理解也不甚关心的普通日本民众不同，多数选修中文的学生都极为关注中国革命及中国的社会主义建设。而与他们同时代，因《太阳照在桑干河上》而获得斯大林文学奖的丁玲，在20世纪50年代学中国文学的学生眼里，是能够代表中国文学令人炫目的存在。”

在秋山看似淡淡的叙述里，其实牵连着重要的历史事件。首先应该注意的是“中日尚未恢复邦交”，而铸成这一事实的则是“二战”结束后形成的世界冷战格局。1951年9月签署的“日美安全保障条约”标志着日本作为一个国家明确站在了以美国为首的西方阵营，和社会主义中国处于对峙状态。其次，同样值得注意的是，即使在此种状况下，日本国内也仍有“关注中国革命及中国的社会主义建设”的人们，田畑、秋山、前山等选择中国文学为专业的学生即在其中。从一定意义上，可以说她们的选择意味着对国家权力主导的冷战意识形态的有意悖逆，这是促使她们关注丁玲这位作家的深层动因。

但自 1957 年在中国发生的“丁玲批判”使她们陷入困境，田畑由此受到的冲击最为激烈，因为她在大学时代恰好经历了丁玲作为“革命中国”的代表作家从耀眼位置上被打落下来的变动。田畑说，尽管她以丁玲为题写完了硕士论文，但此后她便长时期“断念了丁玲和中国文学的研究”，可见幻灭与创痛之深。秋山和前山读大学时“丁玲批判”已经成为既定事实，也许她们没有像田畑那样感受到精神挫伤，但也没有像前辈学人竹内实、高畠穣、丸山升等人那样，直面“丁玲批判”这一事件，冷静分析批判言论的暴力性，或以扎实的考证，追问由这些暴力性言论构造出来的“事实”（如所谓的“丁玲转向”问题）之真相，并进而思考中国革命的复杂与曲折。从田畑和秋山的后来追述隐约可以感受到，当时作为年轻的学生，她们不仅仅是因为思考力尚不足以应对如此沉重而宏大的问题而选择了对“丁玲批判”事件保持缄默，或者感情用事地由此疏远了中国文学，实际上她们是以更为迂回的方式，探索着接近“中国文学”和理解“中国”的新途径。正因为如此，过了十多年之后，丁玲和她的文学才因为另外的契机重新进入她们的关注视野。

三

据列在《探索丁玲》第一篇的秋山洋子的文章《20 世纪 70 年代的日美女性运动与丁玲》所言，这契机首先来自在美国等经济发达国家和地区兴起的“第二次妇女解放运动”，关于此次运动的特点，秋山文章亦作了简要的说明。概言之，该运动之早期发端可追溯到 19 世纪女性要求参政权、争取和男性平等社会地位的运动，“二战”以后则逐渐发展为全面批判男权主导的社会所造成的性别等级差异的思想潮流。但秋山等人之所以对来自美国的女性主义（Feminism）运动产生共鸣，则并非因为新鲜好奇，而是源自自身的生活处境。如秋山所描述的那样，作为知识女性不能学有所用，只能在家里做主妇，这使她深感苦恼，而在 20 世纪 60 年代所谓“经济高度增长”的日本，这其实是很多女性普遍遭遇的困境。秋山等人的“女性主义”意识是从自身的人生境况里生发出来的，所以她们的观察和论述也就总是带着浓厚的个人经验印记，并以此区别于那些漂浮在理论层面进行概念操作的女性主义论者。在这样的脉络里，丁玲及其作品重新进入她们的视野，亦可以说是她们青年时代“中国文学经验”的再度复苏。

秋山洋子说：1974 年在同人杂志上和译文《“三八”节有感》同时发表的短文《关于丁玲》，“是我在女性主义文学批评上的最初尝试”。田畑则认为，此文“具有重要的先驱意义”，显示了秋山的“先见之明”。如果说日本的丁玲研究乃至中国现代文学研究存在一个“女性主义”的转向，那么，秋山的《关于丁玲》则是一个令人瞩目的标志。收在本书的各篇论文，无疑也都属于同一谱系。和前辈学人相比，本书的作者们似乎无意继续围绕着前辈学者所提起的政治与文学、革命与知识分子等传统命题进行讨论，而更希望以女性主义的视点探索解释丁玲及其作品的另外途径。

前山加奈子在论文《新生活的新“荆棘”》中明言，“政治与文学挂钩”“把文艺只是作为一个为政治组织的宣传工具来加以评价的时代已经成为过去时”，强调“今后需要的是超越（这一）框架来寻求作者真髓的工作”。在该文，前山全面梳理了《在医院中时》发表以来直至 20 世纪 80 年代不同时期的各种评论，认为即使是对小说持肯定意见的评价，也过多聚焦于如何描写抗日根据地这一环境，而忽略了主人公陆萍作为丁玲作品中“一个崭新出世的女性”之特点。在前山看来，如果改换一个视点，“更单纯地从女性的社会地位来把握问题的时候，就会给读者予以一个新型而又积极的课题，就是陆萍的‘解放度’”。也就是说，在前山看来，应该从女性解放的意义上考察陆萍的“解放度”，才会认识到陆萍在丁玲小说的女性形象谱系中的创新性。而值得注意的是，前山文章的结尾处还言及丁玲借助小说提出来的“组织者的现实和变革者所应有的素质”问题，认为丁玲所设定的理想状态是“革命组织集体内的人同时应有组织者以及变革者的素质”，但在“现实中几乎只有前者”，甚至忘记了后者，这是比物质和经济匮乏更严重的劣化环境的因素，而《在医院中时》恰是在这一意义上描写了根据地的“恶劣环境”的。应该注意，这段分析表明，前山的论文并未完全贯彻她自己预设的“更单纯地从女性的社会地位来把握问题”。

那么，前山是否同时也在寻求并不“单纯”限定在“女性”的复线视点？她没有就此予以清晰说明。而在《美琳和玛丽的女性主义》一文，她的女性主义意识似乎反而变得更为鲜明强烈。她把关注点特别投注到丁玲小说《1930年春上海》两个女性人物美琳和玛丽身上，尤其是对后者。前山注意到丁玲对这个青年女性“自由享乐”的行为和心理所做的“细腻又热情”的描写，既“不冷淡，也不带攻击性”。她读出了作者对这个人物的欣赏和理解，并由此提问：难道丁玲“只是为了让站在‘革命’立场的望微（小说中的男主角——引用者注）选择‘革命还是恋爱’，才让她登场吗？”前山给出的回答是否定的。她认为玛丽在小说中是个性丰满、具有独立存在意义的形象，表现了接近“革命”周边的“摩登女郎”对自我生活道路的探索。参证丁玲小说文本，可以说前山的分析相当有说服力，她不仅从“摩登女郎”谱系对玛丽形象提出了新解读，也矫正了长期被援引的“革命+恋爱”分析模式的盲见。

四

女性主义的问题意识，使本书作者的观察视点集中于丁玲的女性身份和她作品中的女性人物，由此而关注到很多被先行研究所忽略的问题。田畑佐和子关注的重心多在于丁玲本人的人生际遇，她曾奋力完成丁玲晚年的两部回忆录《魍魉世界》《风雪人间》（日译本将两书合并为《丁玲自伝　中国革命を生きた女性作家の回想》）的日文翻译，并将之称为“当代中国最重要的女性主义作品之一”。田畑还把目光投注到丁玲的母亲余曼贞，不畏繁难地解读《丁母回忆录》，在梳理丁母前半生的求学、从教活动基础上，分析了这位“实践的女性主义者”的思想和行为特征。《丁母回忆录》，无论从认识丁玲的生长环境角度，还是了解近代知识女性寻求自立和解放道路的侧面看，都是值得重视的文本，但在田畑以前，似乎还没有被人如此认真地探究过。

秋山洋子善于在多重线索中解读丁玲的文本，从中读出一般人们所不易注意到的内涵。收入本书的《〈风雨中忆萧红〉我感》一文，通过考察两位女作家在现实生活中的一段交集，敏锐注意到萧红对她们相识之事的“只字未提”和丁玲在回忆文章里的言而未尽。按照近年的学界风习，这本来是揣度人心幽微的绝好材料，“八卦”两位女作家隐私和纠葛的绝好话题，但秋山没有作如此世俗的推测。她说：“随着反复阅读《风雨中忆萧红》后开始感到，如果萧红忍受不了与丁玲相处是事实，那原因并不在性格差异上，而是因为各自的苦恼都很深刻。”在此脉络上，秋山分析了丁玲所怀抱的“苦恼”，并从丁玲的“苦恼”文字里读出了对萧红以及对“那些在风雨封锁的时代，壮志未酬身先亡的伙伴们”的“爱和同伴意识”。秋山对欧美的女性主义理论一向是很关注的，但她对丁玲的文本的分析却不以某种理论为前提，而是以同为女性的感受，予以体贴的理解，设身处地，饱含同情。秋山把《风雨中忆萧红》和鲁迅的名篇《纪念刘和珍君》相提并论，认为是“丁玲作品中最为优秀的一篇”。而在我看来，她的《〈风雨中忆萧红〉我感》也完全可称为研究丁玲的论文中“最为优秀的一篇”。

在本书的作者中，江上幸子的年纪最轻，却被其他几位同人称为“江姐”，由此可见她在这个四人学术组合里的作用。从收入本书的论文可以看出，江上的丁玲研究更带有学院派色彩，更注意把丁玲及其作品放到原初的历史语境里考察。而因为这个“原初的历史语境”并非现成的存在而需要重新构建，所以，她以一个历史学家的态度，广泛查寻史料，从老旧报刊到原始档案，认真梳理，细心辨析，在此基础上努力复原丁玲所处的时代。这甚至使得她有些论文在“背景”与“文本”之间不能保持平衡，有时让人感觉是因过于偏重前者而忽略了后者。

但这在江上或许本就是有意为之，仅在收入此书的论文里，就有两篇在题目上标明是“背景探讨”和“背景研究”。而她有关丁玲的“背景”研究上，确实有很多重要的突破。如《对现代的希求与抗拒》一文从丁玲小说《梦珂》里的“人体模特事件”着眼，由此虚构事件作为切入点，通过对现代中国“人体画”出现历史的爬梳，分析了从事西洋画的女性画家寻求自立的艰辛和“参与了现代男性精英们构筑这种新性别结构的过程”而陷入的尴尬。在此背景下，江上认为小说《梦珂》所设置的女主人公“单枪匹马带领人体模特出走”的行为，“可以说也带有丁玲本人对中国初出的‘现代美术’及其性别结构怀抱抗拒的象征意义”，实为具有洞见的观察。《从〈中国妇女〉看抗战时期中国共产党的妇女运动及其方针转变》同样是一篇力作。江上以在延安出版的《中国妇女》（中共中央妇女委员会主办，1939—1941）为线索，经过仔细研读，认为以往的中共妇女运动史叙述过度贬低抗战初期至延安整风之前的妇女运动，过高评价

1943 年中共中央委员会《关于各抗日根据地目前妇女工作方针的决定》亦即一般所称“四三决定”，需要进行重新地审视和评估，并以《中国妇女》上的文章为依据，指出：“整风前的妇女运动当然存有许多问题，但在着重抗战与边区建设的同时，亦进行多元化的活动以解放妇女，在此获得了相当的成果”。江上的这一研究可谓是对“整风史观”所遮蔽的历史面相的积极恢复，其意义远远超出文学研究，同时也为理解丁玲的写作提供了新的观察视点。另外，此文副标题为“丁玲《三八节有感》背景探讨”。江上以丰富史料呈现的历史场景，不仅让我们了解到《三八节有感》在当年引起争议并非一个偶发事件，实与其发表时间正当中国共产党领导的妇女运动之“方针转变”时期有关。她所举出的“刘少奇讲话”还表明，《三八节有感》的风波其实余音很长，并不像通常所理解的在丁玲写出《田保霖》（1944）等文章得到毛泽东赞扬后就画了句号，其实到了 1945 年 4 月还被刘少奇严厉指责，甚至到了 1949 年，全国民主妇女联合会筹备委员会编选《中国解放区妇女运动文献》时，仍随着刘文而被收录在案。江上提起的这一史料，对于理解“延安整风”乃至抗战胜利以后丁玲的处境提供了值得注意的线索，而据我的有限见闻，迄今为止似乎还没有被其他的丁玲研究者充分注意。

江上的丁玲研究因为对“背景”的特别关注而体现出了宏阔的历史视野，从一定意义上不妨说，江上是想借助丁玲这一窗口，或通过丁玲这一个案，去观察现代中国的历史，特别是她所关心的“现代中国性别秩序”的形成史。这一观察视点使江上的丁玲研究呈现出明显的个性特色。收入本书的各篇论文在中国的学术研讨会或学术刊物上发表时，大都成为引起热议的话题，刺激了丁玲研究富有学术生产性的发展，我也从这些论文获得很多教益。在江上所描述的“现代中国性别秩序”的形成史上，丁玲处于“反抗”和“受压”的位置，江上从丁玲写作的文本及其个人的跌宕起伏经历，读出了对以男性为中心的“现代中国性别秩序”的质疑、疑惧和反抗；而由于江上谈论的范围主要集中于丁玲的早期作品和延安时期作品，而对后者，又着重通过文学文本分析作者亦即丁玲本人的思想和心路历程，所以，这也使其有关“性别秩序”的分析主要限定在了知识女性。作为一个研究者，把自己的研究限定在一定的视点和范围之内，这本是很自然的，但当我阅读江上这些新见迭出的论文时，有时仍不免会想：仅仅从性别的视点讨论丁玲，是否会把丁玲丰富的人生经历和文学写作简略化？过于偏重作为作家的丁玲和她笔下的知识女性，是否会忽略丁玲对底层劳动女性解放事业的长久关切和苦苦探索？

由此我想到田畑佐和子的《丁玲会见记》（以下简称《会见记》）。在丁玲研究“四人帮”里，唯有田畑和丁玲见过面，并且如前所述，是在她们受到欧美女性主义思潮的启发，决意参与一场新的女性解放运动，在丁玲生死未明之时，从丁玲的作品中获得了共鸣和激励，然后和历尽劫难之后突然复出的丁玲相遇的。田畑在《会见记》里毫不掩饰地描述了自己见丁玲之前的激动、兴奋和期待，也坦率地写到会见后的深深失望，她说："其实这次见面，我也想跟丁玲谈谈现在世界盛行的新的'女性解放运动'，要告诉她这运动的思想和活动内容，以及我们怎样'再发现'或'再评价'她过去文章中表现的'女性主义'。可惜，这个愿望落空了。"

田畑缘何感到失望呢？从《会见记》的描述看，首先是她感到丁玲对她兴致勃勃谈论的"美国女人的勇敢的解放运动"不感兴趣，并且意识到这不仅仅是语言沟通不畅所致。在另外的一篇文章里，田畑则把这明确归因为丁玲的"封闭"，她说："后来我意识到，她对70年代的女性解放运动及其思想完全没有认识，因为她的70年代几乎都在北京监狱和山西农村的封闭状态中度过的，那一时鼓舞世界女性们的'解放女性'热潮，丝毫没有达到她的世界。"其次，田畑也颇困惑于丁玲对女性话题的有意排拒，不能理解她为何那样决然地说："我没有作过妇女工作，也没有搞过妇女运动。"最后，田畑的失望似乎还源自她不能理解丁玲和北大荒劳动女性的关系以及丁玲热心投入的"家属工作"的意义。尽管她在听丁玲讲述"家属工作"时插话说"这不就是妇女解放的具体活动吗"，但无论如何，这插话都让人感觉像是一种善意的敷衍。在同篇《会见记》里田畑写道，她曾设想过以“丁玲的最新小说《杜晚香》”作为话题来和丁玲讨论“女性问题”，尽管她“不以为我们‘核家族（小家庭）’中的妇女问题和北大荒农场的妇女问题能画等号”，但她仍然“相信全世界妇女问题有很大且根本的共同点”。不过，通读《会见记》，却未见她们提起《杜晚香》这一话题，这是否因为作为现代都市里的知识女性田畑，终于未能从《杜晚香》中找到感同身受的“共同点”？仅从《会见记》的文本无法得知其详，但在另外的文章里，田畑确曾表示：“《杜晚香》因循原有的‘人民文学’样式，显得陈旧。”

以田畑的温婉和谦虚，她当然不会以“新派”或“前卫”自居而去傲视前辈。在我看来，上述引文里她对丁玲及其作品所作的“封闭”和“陈旧”的判断，应该不是她内心里认定的最妥帖评价，我更愿意将之理解为一种“解释的焦虑”。自认为“新女性主义者”的田畑，和她所认定的“女性主义先驱者”丁玲，在跨越了漫长的历史时空之后相逢于一室，两人亲切地交谈。田畑努力想把丁玲纳入自己所设定的“女性主义”脉络，但被其视为“先驱者”的丁玲却固执地不肯“就范”，两人的话题和视线如交叉的小径，时而交汇，时而错过。这情景实在令人感慨万端，在一定意义上可以说，其实是丁玲丰富的人生实践和文学写作实践，让田畑和她的同人们的“新女性主义”论述遭遇到了挑战和考验。田畑的《丁玲会见记》发表之初，因其最早报道了丁玲复出的消息而引人注意。现在看来，也许是其中所描绘的两人的谈话情景更耐人寻味，尤其是其中那些交错而过的话题，如果继续探究，肯定还可引发出很多值得讨论的内容。

五

此书的四位作者，作为中国文学的研究家和翻译家，经常出现于有关现代中国文学和现代中国女性的研讨会上，和中国学者交流亲密无间，大家相互都不在意各自所属的民族国家的身份。但收入此书的论文，并不能仅仅从现代中国文学研究的单一脉络上理解。由于作者置身于当下日本，她们的学术写作，同时也是对日本社会、历史、思想和文化状况或隐或现的回应，这在此书所收有关战争与性暴力的论文中，表现得最为直接和明显。

如同秋山洋子介绍的那样，她们之所以关注战争与性暴力的主题，实为有感于在日本侵略战争的历史被有意无意遗忘的现实状况，而秋山提到的“女性国际战犯法庭”主要组织者松井耶依（1934—2002），是值得特别记住的人物。松井耶依曾任职于《朝日新闻》，作为一个有良知的新闻记者和女性社会活动家，她在20世纪70年代曾发起组织“亚洲女性之会”，在20世纪80年代曾调查报道侵华战争及“二战”时期的日本军队强征“慰安妇”的暴行。2000年12月，松井耶依和多国女性NGO（非政府组织）一起，在东京设立“女性国际战犯法庭”，以“模拟审判”的方式，追究战争时期性暴力犯罪的责任。如果联想到“二战”结束之后日本始终存在的拒绝承认侵略战争罪行的势力和潮流，联想到自20世纪90年代以来以“新历史教科书编纂会”为代表的所谓“自由史观”派推动的美化侵略战争的教科书改写运动，联想到进入21世纪以来日本政府首脑更为顽固地屡屡参拜供奉甲级战犯的靖国神社，筹划修改战后日本宪法，尤其是修改其中宣示放弃战争的第九条，可以说，在东京“女性国际战犯法庭”开设之时，日本粉饰和篡改侵略战争历史的势力已经相当庞大。而了解了这样的背景状况，则不难理解，为什么秋山会认为松井耶依等人的举动“具有划时代的意义”，同样也就不难理解，为什么秋山、江上等会那样关注丁玲文学中以女性在战争中遭受暴力侵害为主题的作品。沿着这一脉络，读秋山下面这段文字，自然会感受到沉重的分量：

> “女性国际战犯法庭”组织的领导人松井耶依记者于2002年因肝癌突然撒手人寰，2005年NGO用她捐献的遗产设立了WAM。
>
> 在7月召开的丁玲文学研讨会上，江上幸子做了题为《新的信念：围绕误译和删除》、秋山洋子做

了题为《丁玲的道路及评价的变迁》的研究报告。

此书的作者都是松井耶依所推动的女性抗议运动的参与者和支持者，秋山所说 2009 年 7 月在“WAM”（Women's Active Museum）举办丁玲文学研讨会，明显具有纪念和继承松井耶依事业的意义。不过，对此书作者们和松井耶依的联系并不能狭隘理解，从秋山和江上对石田米子等人所作黄土高原上日军性暴力问题调查的推介和引用，可以看到“新女性主义者”之间更为广泛的连带和呼应。

此书的作者们努力通过重读丁玲的作品，唤醒有关战争与女性受害的记忆，抗拒权势者们刻意制造的历史遗忘，从而也激活了长久潜存于丁玲文本之中未被察知的含义。秋山的《再读〈我在霞村的时候〉》《日本文学中的“贞贞”》、江上的《“讲述”战争中性受害的“耻辱”》《日军妇女暴行和战时中国妇女杂志》，可谓其中的代表之作。这几篇论文，既以缜密的史料考察和精辟的文本解读见长，又毫不掩饰鲜明的现实政治针对性。这几种因素相互交织缠绕所形成的论述特色，在此毋庸多说，我觉得还应该指出的是，学者的严谨求真精神和“新女性主义”的政治关怀，也是她们研究和写作的根本动力，促使她们全身心地投入。在此应该特别谈谈秋山洋子。记得 2014 年 10 月中国丁玲研究会在湖南常德举办第十二次国际学术讨论会，此书的四位作者都预定出席，我也很期待能在丁玲的故乡和她们重逢。最终秋山先生因身体原因未能到会，但她奋力完成了一篇论文提交给研讨会，就是收在此书的《在丁玲故居居住过的日本人：洲之内彻与中国》。翌年 7 月 11 日傍晚，我和四位先生在位于东京新宿的中村屋餐叙。那时秋山先生已经确诊身患癌症，却达观而淡定，谈笑如常，话题仍集中于她正在进行的中国女性研究。2016 年 9 月，江上幸子先生发来邮件，告知秋山先生于 8 月 26 日晚病逝的悲伤消息，信中说："直到那天的中午，她还在医院校对文稿，实在让人敬佩。秋山和我共同编辑的中国女性史研究会的论文集，已于 9 月 10 日出版，秋山说过，'一定要送给王中忱先生'，所以，我访问中国时会带一本给你。"读到这里我无法忍住泪水。我想到一年前在新宿车站告别时，她那羸弱的身影里透露出的坚毅；想到我有限听闻的她的人生道路：无论是早年的辗转生活，还是晚年的疾病，都能从容以对，几十年如一日地把心力投注到女性解放的历史和对未来的思索和探求上，如"飞蛾扑火，至死不止"。在这样的意义上，可以说，秋山和她的研究对象——寻求女性解放道路的先行者丁玲的精神是相通的。

2017 年 5 月 31 日写于北京清华园

（原题为《女性视线——跨越时空的交错》，收入《探索丁玲：日本女性研究者论集》人间出版社 2017 年版）

Ⅳ

介入的谱系

“九条会”与日本知识界“护宪”

把自己变成媒体

首先有必要说明何谓“九条”。在当下日本，这个词已经成了广为人知的政治概念，指的是《日本国宪法》（1946 年 11 月 3 日公布，1947 年 5 月 3 日施行）第二章第九条。此条分两款，其内容是：“（一）日本国民衷心谋求基于正义与秩序的国际和平，永远放弃以国权发动的战争、武力威胁或武力行使作为解决国际争端的手段。（二）为达到前项目的，不保持陆海空军及其他战争力量，不承认国家的交战权。”

上文里“谋求”一词值得特别注意，在日语原文里此词写作“希求”，但现在似乎不常用，所以现在常见的《日本国宪法》中译本多译作“谋求”。不过，无论“希求”还是“谋求”，都不是对已然的事实描述，而是表示对未然目标的追求，尤其是前者，隐含的“愿望、祈望”的意味更为浓重。作为法律条文，使用这样颇具感情色彩的修辞确实比较少见，但也反映了“二战”以后日本的现实。其实，早在“二战”结束不久，乘朝鲜战争爆发之机，当时的日本政府便以加强“自卫”之名再度武装。到了今天，日本不仅拥有相当强大的“陆海空军”，其以武力手段解决国际争端的冲动也不断膨胀。在一个时期内，把“第九条”作为删除目标的“修宪”，甚至已经成为日本国会的主流声音和日本政府积极推进的方案，而日本的主流媒体：全国性的电视台和日刊报纸则都对此配合默契。尽管根据舆论调查，反对修改宪法“第九条”的国民超过半数，但在主流媒体上却几乎发不出声音。正是在这种情势下，几位文化人挺身而出，呼吁保卫宪法“第九条”。2004 年 6 月 10 日，他们召开记者招待会，宣布“九条会”正式成立，并表明要掀起一个反对宪法“改恶”的广泛的市民运动。

“九条会”的发起人恰好是九位，不知是巧合还是有意的设计。他们分别是作家井上厦（1934—2010）、大江健三郎（1935—　）、小田实（1932—2007）、泽地久枝（1930—　）、加藤周一（1919—2008），哲学家梅原猛（1925—2019）、鹤见俊辅（1922—2015），宪法研究专家奥平康弘（1929—2015），国际妇女运动活动家三木睦子（1917—2012）。他们在日本社会无疑都是知名人士，但也确实都进入耄耋之年，当时年近七十的大江健三郎竟成了其中最年轻的一位。“九条会”成立的时候，曾遭到很多讥讽的声音，说是一批过时老人的集合，闹腾不起什么事来，而日本主流媒体则对之采取无视的态度。尽管他们的作品和著述仍一如往常地在发表、出版，但和“九条会”有关的活动和言论，却在日本主流媒体上得不到反映。也就是说，当他们试图就日本宪法问题进行政治发言时，以往已经习惯的通过文字沟通读者的渠道却被封闭了。

这也迫使他们开拓另外的渠道，直接到听众面前讲演。“九条会”发起的2004年，从6月到12月，他们举行了六次大型演讲会。从东京、大阪到冲绳、仙台、北海道，各地巡回，由几个主要发起人轮流担任主讲人。尽管他们都已高龄，也为名人，但生活与一般市民没有区别。特别是几位作家，是地道的职业作家，完全以稿费和版税为生，即使是诺贝尔文学奖得主大江健三郎，也没有特殊待遇，不仅没有秘书、助手，更无专车和专职司机，外出演讲，要自己搭乘电车、地铁和巴士，还要占去写作时间，但他们仍然顽强地甚至可以说是固执地坚持着。本来，在书斋里写作，交给报刊和出版社发表，是他们工作和表达的基本方式，但对日本国民以及人类根本命运的忧虑，使他们不得不以现在这样的特殊方式介入社会：既然媒体出现了阻碍，他们就把自己变成媒体。

坚守理想

“九条会”发起人中以作家身份为人所知者占了一半

多，这是一个很有意思的现象。曾有一个时期，在中国读者的印象中，风花雪月和幽玄神秘成为日本文学的显著标志，非政治性被视为日本作家的优良品性。大江健三郎被大规模翻译介绍到中国以后，这种认识开始发生变化。在诺贝尔文学奖获奖演讲词里，大江有意揭开前辈诺奖作家川端康成所制造的日本的神秘面纱，直接放言批判日本政治，让习惯了“美丽日本”的读者感到震惊。在大江的作品里，特别是散文随笔里，曾屡屡提及一些他视为人生榜样的人物：渡边一夫、丸山真男、中野重治，以及萨特、托马斯·曼、君特·格拉斯。在谈论这些名字时，大江经常使用的界定词不仅仅是学者、作家或诗人，还特别强调他们的“知识分子”身份。而大江所说的知识分子，显然不只是一般所谓有知识的人，而是那种既具备某种专业知识，同时又对社会、人类命运持深切关怀的人。大江激赏这些“有勇气在一切公共事务上运用理性”（康德语）的前辈，自身也始终保持关怀社会公共事务的热情。从参与反对“日美安全保障条约”运动，到呼吁停止核试验、批判日本新编历史教科书、参与发起“九条会”，坚持对政治发言，是大江始终如一的立场。这样的社会实践和他的文学写作之间的关系应该另有专文讨论，但大江坚持把作为小说家的自己编入知识分子的谱系，是一个显而易见的事实。

作家井上厦在中国似乎很少为人所知，但在日本，他的名字和大江健三郎一样响亮。井上厦的身世很有传奇色彩。他幼年丧父，遭受继父虐待，后被寄养到天主教修道会的孤儿院，受到修道士献身精神的感化，接受了洗礼，成为天主教徒。在孤儿院神父的关照下，井上厦进入教会系统的上智大学，先入德语专业，后转到法语学科，大学毕业之前开始为东京浅草的剧场写作喜剧脚本，为后来的创作积累了经验。成为知名作家以后，井上厦涉足的艺术门类很多，其长篇小说《吉里吉里人》被公认是战后日本文学史上的杰作，但他最倾心投入的还是戏剧，1983 年创立了专门演出自己作品的剧团。在文坛上，井上厦以不能按时交稿而“恶名昭著”，甚至不止一次发生因他的剧本未能及时写出而停演的“事故”。井上厦曾自号“迟笔堂”以自嘲，也曾自掏腰包赔偿剧团的经济损失。但因他的文体独特，作品能深刻触及社会广泛关心的问题，每有新作，皆为佳品，且常常成为热议的话题，所以，仍然是当代日本最受欢迎的剧作家。

井上厦的政治立场鲜明，对日本现有体制持激烈批判态度，他曾和大江健三郎一起组织并积极参与市民运动。1999 年，井上厦和时任日本共产党中央委员会委员长的不破哲三对谈，分析后冷战时代日本社会的特征，讨论日本共产党的新战略和新政策。此对谈后来汇集成书，题为《新日本共产党宣言》（以下简称《宣言》，光文社 1999 年版），出版后引起轰动。尽管井上厦主要是以采访者的身份参与对谈，但还是因此招致“亲共派”之嫌，而这对于一个日本公共知识分子来说并不是一个正面的标签。不过，有人注意到，井上在《宣言》里写自己看到不破哲三家里珍藏的人形里有明治天皇时，曾发出这样的感慨：到底还是日本人啊！以此说明作家井上对天皇制的态度与日本共产党的政治主张有所不同，而来自右翼的攻击则说这是井上的伪装，并称要特别警惕日本共产党系统的文化人伪装的中立立场。2009 年，井上厦当选日本艺术院成员，接受了以平成天皇名义颁发的艺术院恩赐奖，再次招致右翼的嘲讽和质疑。不过“九条会”成员对此给予了宽容的理解，包括拒绝接受天皇颁发的文化勋章的大江健三郎，也没有因此而减少对井上的尊重和推崇。这体现了“九条会”和而不同的特色，而井上厦既有自己的政治坚持又不为某一党派主张所囿的姿态，则使他的文学写作和社会、文化活动产生了更为广泛的影响。

在“九条会”发起人中，梅原猛是一个特殊的存在。对此，梅原本人有清醒认识。他说：“‘九条会’发起人中，同情马克思主义者居多，我想，有一个像我这样的人加入其中，似乎也不坏。”（《为了坚守人类能够幸存下去的理想》）梅原毕业于京都大学哲学专业，受到海德格尔、尼采以及西田几多郎思想的深厚影响。他给自己的定位是哲学家，但其学术业绩，主要体现在通过对《古事记》《万叶集》等日本古代文献和文学作品的重读，以及对日本神道、佛教的研究，重新构筑日本的古代世界。他的研究，因独创一家之说而被称为“梅原日本学”。20

世纪 80 年代，在以经济高度发展为背景的日本文化论热潮兴起的时候，他受政府之命在京都创办并主持国际日本文化研究中心，建立国际日本学研究专业。一般说来，梅原猛属于体制内的人物，也与皇室比较亲近，但他在《隐藏的十字架——法隆寺论》等著作中重构日本古代历史，并未回避而是真实地描述天皇家族内部血腥的权力斗争。在梅原的理论中，“怨灵史观”最为著名。他认为，祭祀日本古代杰出政治家圣德太子的法隆寺，恰恰是由杀戮了圣德太子一族的政治对手建造的，为曾经的敌人的“怨灵”镇魂，构成了日本文化的原型。

梅原虽非体制外的左翼学者，但对社会政治问题的发言同样采取“草根运动”方式，经常为各种类型的市民集会讲演，从者甚多。当然他也从体制内向日本政府建言，当年中曾根康弘首相参拜靖国神社遭到周边国家批判时，曾向梅原咨询，梅原以“怨灵说”立论，说明靖国神社只祭奠己方亡灵的做法有悖日本文化传统，这对中曾根停止参拜有所影响。2001 年小泉纯一郎出任日本内阁首相后，连续数年以总理大臣身份参拜靖国神社，梅原曾公开撰文予以批评，并未因体制内的身份而改变自己的立场。在一篇文章里，梅原曾谈到自己和加藤周一作为经历过战争的一代的共有认识，即都深知战争给人类造成了怎样的不幸。所以，尽管各自的思想不同，但有一点是一致的：必须坚守日本宪法第九条的理想。

最小和最大的公约点

这也正是“九条会”的根本精神。“在保护日本国宪法这一点上携起手来”，是“九条会”发起时的关键。正因为“九条会”以“护宪”特别是保护宪法第九条为最小也是最大的公约点，所以能够超越传统的政党政治的运动方式，真正激发了公民的参与热情。2004 年“九条会”发起当年召集的讲演会每场都有两千至四千人参加，翌年夏天在东京举行的讲演会聚集了上万人，而各地自动结成的各种类型的“九条会”人数，则达到三千人以上，现在更成了声势浩大的运动。日本媒体已经无法继续无视公民们的呼声，以“改宪”“修宪”为名剔除“第九条”的政治图谋受到遏制。当然，情势仍然是严峻的。2009 年成为执政党的民主党的干事长小泽一郎，就是当年推动通过重新解释宪法实现自卫队海外派兵的主干。后来的鸠山内阁也多次表示过改宪的意愿。2007 年 3 月作家小田实到静冈县的“九条会”宪法研讨班作了《以九条之心解决国际纠纷》的讲演，后于同年 7 月病逝，留下一部遗作长篇小说《河》（已经写出三卷，尚未最后完篇）。2008 年加藤周一已近九十高龄，身患多种疾病，仍然参与“九条会”的活动。这年 3 月 8 日，他出席了“继承小田实遗志”的讲演会，后于 12 月走完了人生旅程。卧病期间，他还在思考近代日本知识分子的命运和道路，选择了三个由医学转向文学、与自己的人生道路相近的人物：森鸥外、斋藤茂吉、木下杢太郎作为研究对象，开始构思一部新的书稿，并写下了一篇短序：《为什么要选择这三个人?》。怀着对国际和平的“希求”，他们以自己的生命，做了最后的一掷。

（原题为《介入的谱系：“九条会”与日本知识界“护宪”》，载《中国改革》2010年第4期，据作者所存原稿收入本书）

加藤周一：在语言和装甲车之间的思考

抵抗：伦理性的义务

日本“九条会”的九位发起人各有自己的专长领域，但都不是固守一隅的所谓“专家”，都有跨越专业的多方面成就和洞见，他们是属于“通人”类型的。其中，加藤周一（1919—2008）就是颇为典型的一位。他青年时代志趣在理科，但也对文艺怀有浓厚兴趣，1940 年进入东京帝国大学医学部读书，却常常去听法国文学专业的课，并和同学组织文学社，写诗作文。“二战”结束以后，加藤成了职业医生，但写作的热情更为旺盛，既创作小说、诗歌、随笔，又从事文化批评和社会批评。1951 年，他为了研究血液学赴法国留学，1955 年回国后却成了职业著作家，不仅继续文学创作，还陆续出版有关文学史、艺术史、思想史等方面的著作。他的《日本文学史序说》《日本美术的心与形》《日本文化中的时间与空间》等，都正在成为现代学术的经典。而经常出现在杂志和书籍里的半身照上的加藤，魁梧健壮，头颅硕大，确实很符合媒体设置的“知识巨人”“百科全书式学者”的形象。

因此，2005 年 3 月 29 日，当我们在清华园迎接加藤周一先生，看到从车上下来的是一位身材矮小、腰背佝偻、走路几乎是在慢慢挪移的老人时，真有一种意外的错愕。恰好又是黄昏时分，夕阳暮色，更让人产生“风烛残年”的联想。那年加藤先生已经八十六岁，身患疾病，本来不宜出国远行，但他慨然接受了我们的邀请，且固执地不要人陪同，一个人乘车乘机来到北京。在北京两天时间，他发表了两次学术演讲，又在两场座谈会上作主题发言，还接受了媒体的采访，活动强度远远超过一般老人所能承担的。而一坐到讲台，加藤先生仍然稳重如山，目光如炬，说话中气十足，思维反应的敏捷性更丝毫不让青年。

那时，日本右翼通过所谓“新编历史教科书”美化日本侵略历史的鼓噪声音正盛，当时的首相小泉纯一郎公然以内阁总理身份连续参拜靖国神社的行为，也激起了包括中国在内的遭受过日本侵略的国家和地区人们的强烈反感。加藤先生在学术讲演时没有回避而是正面回应了这样的严峻现实。他分析日本文化的结构特征，纵横古今，东西比照，脱口而出的中国名言、欧洲典故，常常让翻译者不知所措。但加藤先生绝非为了炫耀博学，而是想努力从更深的层面揭示导致日本当年发动侵略战争、当下美化侵略历史风潮兴起的文化病理。在讲演中，他对“日本的社会政治”“向右转的倾向”表示了深深的忧虑，同时也以沉缓的语调坚定地说：“只要我有一份抵抗的力量，我就会抵抗下去。对此我有一份伦理性的义务”。(《我的人生，我的文学》，2005 年 3 月 30 日在清华大学的演讲)

战争体验与知识分子的责任

加藤不懈追究侵略战争历史责任的动力，无疑来自他的切身体验。1931 年春，加藤考入东京府立第一中学，同年秋，日本发动了侵略中国的“九一八”事变，此后，日本对外扩张的战争气氛笼罩了他整个青年时代。但加藤对战争的感受和记忆是非常独特的，这非常浓缩地表现在他的小说《在一个晴朗的日子》(1949) 的最后一句：

> 在一个晴朗的日子战争来临，在一个晴朗的日子战争远去。

比加藤年龄小十一岁的泽地久枝说：昭和十六年(1941) 12 月 8 日是否天气晴朗，我记不清楚，但我记得，日本战败的 8 月 15 日，是一个非常晴朗的日子。(泽地久枝：《从人到人——心心相连》，收入井上厦、梅原猛、大江健三郎等：《为了继承加藤周一的心灵》岩波书店 2009 年版）当然，加藤在事后的回忆中凸显战争事件和“晴朗”日子的关联，主要是为了隐喻自己的心境。在日本举国狂热的参战情绪中，尽管加藤不是挺身反战的斗士，却有洞彻战争结局的清醒，他把自己放在旁观者的立场。所以，在日本把侵华战争扩大到对美国宣战的太平洋战争时，很多知识分子如后来成为鲁迅研究名家的竹内好（1910—1977）都兴奋地宣称“历史被创造出来了！世界在一夜之间改变了面貌”（《大东亚战争与吾等的决意》）的时候，他仍然能够置若罔闻。那时东京已经实行了灯火管制，据说当时加藤去了前桥演舞场，在昏黄的烛光中观看日本传统的木偶净琉璃。

不过，日本举国动员的“总力战”体制不会让任何一个“国民”置身事外。就在 1941 年，日本医学界被全面编组到战争协力体系，加藤所在的医学部学生虽然不在“学生出阵”之列，但学习年限缩短，毕业生作为军医被征召入伍。加藤周一恰巧在应该接受入伍体检之前患了肋膜炎，避开了一劫，但他的很多同学和文学社的同人则被先后送往战场，有的一去未归。加藤感到良心受到了严厉拷问，他后来写道：“那么多同学和朋友死了，我自己却侥幸活着，这并非因为什么特殊的理由，只是偶然。没有任何理由，我的朋友因战争而死去。”他追问，如果这些朋友能够发表意见，他们会怎样说？他们一定不会肯定战争，所以，“如果我发表肯定战争的意见，那就是对死去的朋友的背叛”。(《我的20世纪》，岩波书店2009年版）后来，加藤多次强调反战的伦理性意义，根源即在于此。

而把加藤真正从居高临下的旁观者拉到实际的战争现场，则是日本将近战败前东京遭受的大空袭。“1945年3月10日，美军的B29飞机对东京进行了大约两个半小时的轰炸。用燃烧弹进行了一波又一波的地毯式轰炸。几乎没有抵抗，半个东京被烧成废墟。死亡的市民达八万人以上，负伤者超过四万人，可以和五个月后的广岛受害规模相比。”（加藤周一：《六十年前的东京之夜》，《朝日新闻》2005年3月24日晚刊）六十年后，加藤描述的当时的情景，仍然令人触目心惊。大学的附属医院意外地未被殃及，加藤周一再次侥幸生存，却无法继续“众人皆醉我独醒”的超然姿态了。不断有受伤市民逃到医院，作为内科医生，加藤和同事们不分昼夜地投入救治。后来他回顾说，在此之前，因为自己一直和“战争”这一历史事件保持着某种距离，“和同胞市民的距离也不断加大”，“这种距离基本消除，我完全融为市民的一员，就是在3月10日及以后的数周之间”。这期间，加藤和东京市民一样，只有一个目的，就是无论如何也要生存下去，他们为此而共同行动。

但加藤的独特之处在于，他没有因为曾经直接进入历史事件便一直停留在当事人的立场。他注意到，在当事现场，除了行动，其实是没有思考甚至感伤余暇的；

并且，任何一位当事人与历史大事件的接点都是有限的，他以自己为例说，“我所直接了解的只是遭受轰炸后的医院内的事情。在那狭小的空间中，我没有想到去理解事件的整体，甚至没有想到去观察整个事件”。思想家的特质，使加藤没有仅仅停留在自己有限的经验层面上，而是不断对自己的经验进行回味、反思和开掘。东京大空袭事件在他头脑里萦回了数十年，他不断地透过这一事件思考作为历史当事人的行动和作为事件观察者的认识之间的辩证关系。他说，对事件的全面把握和整体认识，产生于参与行动停止、把事件作为观察对象之后，但是否作为当事者参与了实际行动，对观察者认识的意义是巨大的，“如果 3 月 10 日我不在燃烧弹降临的东京市中心医院，可能就不会和被害者产生如此强烈的连带感”，“而如果没有这样的连带感，我大概也不会执拗地从人性与社会、历史的意义上对产生如此悲惨的受害者的大轰炸、对必然导致大轰炸的战争进行追问和关心”。加藤的结论是：“知识的动机不是知识本身，而是从当事人的行动中生出的一种感觉”。(《六十年前的东京之夜》)

按照这样的思考逻辑，加藤没有因为目睹同胞的受害而放弃对曾经置身于侵略战争历史中的日本国民的责任追究，他尖锐地追问：“1941 年 12 月 8 日，是谁讴歌了军国主义？看了袭击珍珠港的电影，是谁称赞叫好?”他借用希腊神话比喻说：“难道不正是特洛伊的市民?”

（山本唯人：《东京大空袭中的加藤周一》，《现代思想》2009年7月增刊）当然，在加藤看来，在战争期间，一般民众确有受当局宣称蒙蔽的一面，但对知识分子，就不能用受蒙蔽来搪塞了事。知识分子的战争责任，是加藤战后写作反复讨论的问题。在《知识人的任务》（1947）、《战争与知识人》（1959）等文章里，他明确反对“二战”以后有人提出的所谓一亿国民“总忏悔”的主张。他认为，知识分子实际负有更主要的责任。作为批判知识分子，加藤特别警惕的是日本知识分子以各种说辞转嫁责任，包括用东京大空袭的受害遮蔽日本侵略的加害历史。就此而言，加藤通过自己的书写，凸显日本战败投降日是“一个晴朗的日子”，确实表现出了特殊的勇气。

语言和装甲车

在战后日本作家中，加藤周一以“国际派”著称。他曾留学欧洲，长期执教北美，且积极参与亚非作家会议运动，关心第三世界的发展，也热切注视社会主义阵营的探索。1967年春，捷克斯洛伐克发生的变革，曾引起加藤的关注。那时他正在加拿大英属哥伦比亚大学任教，积极通过多种信息源了解“布拉格之春”的进展，到了1968年初夏，终于决心亲自前往考察。他从东京出发，游历了莫斯科、华沙、维也纳等地，并到布拉格停留了数日。布拉格给加藤留下的最深印象，是包括青年学生在内的知识人活泼的精神和自由讨论的气氛。无论是批判本国政府的政策，议论社会主义阵营的问题，还是批判美帝国主义，都可以大胆放言。在加藤看来，当时的布拉格媒体，比东京的 NHK（日本广播协会）还要自由。

但就在加藤周一离开布拉格不久，苏联出兵捷克斯洛伐克，据说调动了五十万大军，一千五百辆装甲车开进布拉格市区。那天加藤正在奥地利，在莫扎特的故乡萨尔茨堡聆听莫扎特创作的乐曲，走出音乐厅时知道了这个消息。那时他对苏联式社会主义已经失望，而中国正在“文革”中。若干年后，加藤回忆说，当时他认为，将来能够创建比现在的资本主义和苏式社会主义更优越体制的，或许就是彼时捷克斯洛伐克这样的小国。但他的“自由社会主义”愿望一夜间被毁灭了，内心非常阴郁沉痛。(《加藤周一谈 1968》，收入《我的 20 世纪》岩波书店 2009 年版)

由于捷克斯洛伐克政府指示军队放弃抵抗，市民和学生只进行了有克制的抗争，没有发生大规模的流血冲突。但加藤注意到，在言论方面，捷克斯洛伐克的反抗是非常激烈的。报社被占领军管制了，就转到地下秘密印刷；广播电台被占领了，秘密放送的电波随即充满中部欧洲的天空。而在布拉格街头，男女老少的抗议和怒骂，则回响在占领军装甲车的四周。在维也纳，加藤曾收听到捷克斯洛伐克的秘密广播，听到播音员悲愤地说，现在政府已经没有报道机构，如果有占领军闯进我们的藏身之所，我们的报道就会中断，但我们是“合法的秘密广播”。加藤关注着事态进展，同时动手写作评论文章，他捕捉到了两个特别触目的意象：语言和装甲车，以此作为主线进行分析：

> 语言无论怎样尖锐，并且，无论怎样多的人的声音，都不可能毁坏一辆装甲车。装甲车可以让所有的声音沉默，甚至可以毁掉整个布拉格。但是，在布拉格街头的装甲车似乎无法把自身的存在正当化。为了自身的正当化，无论如何都需要语言。不是使对手沉默，而是必须做出反驳，并且必须是用语言反驳语言。1968 年的夏季，在被小雨淋湿了的布拉格街头，占压倒性优势的无力的装甲车和无力的占压倒性优势的语言两相对峙。在这里，没有可能分出胜负。

加藤周一的这篇《语言和装甲车》，最初发表于《世界》杂志 1968 年 11 月号，是对还处于流动状态的重大历史事件所作的时事性评论。但其中蕴含的思想洞见，以及丰富感性与明澈理性恰切融合的论述方式，无疑都远远超出它所谈论的具体事件。加藤本人也非常珍视这篇文章。2008 年夏，他已经卧病，但内心有话不吐不快，便请两位媒体界朋友到家里做了一次访谈。访谈稿整理发表时题目定为《加藤周一谈 1968》，副标题则是“重谈‘语言和装甲车’”。据编者说，这是加藤先生最后的遗言。

（原题为《介入的谱系：在语言和装甲车之间思考》，载《中国改革》2010 年第 5 期，据作者所存原稿收入本书）

“密使”之痛：体制内“介入者”的困境

另一类型的“介入”

冲绳问题不仅是日本长久的历史之痛，也成了当下日本政治、外交的难愈之症。2009 年获得政权的日本民主党在大选时曾信誓旦旦，要把普天间美军基地迁出冲绳。用该党组建的第一届内阁总理大臣鸠山由纪夫的话说：迁到国外，至少是冲绳县外。但经过数月交涉折冲，最终还是回到了美国坚持的原案，在冲绳县内调整。2010 年 6 月，鸠山首相因未能兑现向国民的承诺而辞职，继任首相菅直人则开始有意识地调整外交和安全政策。有媒体注意到，在民主党为同年 7 月参议院选举制定的“公约”中，已经不再强调和美国的“对等关系”，而是表现出很强的“对美协调”倾向。(《参院选举的民主党公约：外交转换，对美国的关照》，《每日新闻》2010 年 6 月 18 日社论）而所谓“协调”，从某种意义上也可说是“迎合”的修饰性替换。“对美迎合”，正是日本民主党夺得政权之前批判执政党政府对外政策的关键词。

政党、政治团体或政治家根据政治情势的变动转换立场和态度，一贯被视为理所当然，鸠山首相的辞职，虽不无引咎自责的意思，但更多还是出于选举策略的考量。菅直人上任后明言承袭鸠山的冲绳基地处理方案，内阁支持率却陡然飙升，表明这一策略已经奏效。作为一名政治家，鸠山应该对自己的决断坦然释怀了。但如果是一位参与其间的知识分子，经历这样的转换，会不会也如此心安理得呢？

我想到的是当年为缔结美日“冲绳密约”而充当“密使”角色的若泉敬（1930—1996）。但说实话，提起这个人物，我的心情是颇为复杂的。我之所以给文章标题中的“介入者”一词加上引号，主要是想说明，这里所说的“介入”，指的不是知识分子对权力、体制的批判行为，不是人们通常所熟悉的法国思想家萨特曾经论述和实践过的那种“介入”。若泉敬是热心为政府出谋献策的人物，属于幕僚、智囊或政策咨询一类。在现代社会，以此为志业的知识人已经相当多，形成了一个不可忽视的群体。他们的“介入”行为显然属于另外的类型，并因为其参与过程很少留下文字记录，特别是那些策划于密室的方针、议案，其形成内幕更是长久甚至永久不得公之于众，所以很少被放置到思想文化层面进行讨论。而冲绳问题交涉密使若泉敬之所以值得关注，则在于完成“密使”使命之后，他仍然紧张地关注自己的行为所导致的后果，并在关注中痛苦的反省。他在临终前出版的回忆录《别无他策》（文艺春秋社 1994 年版），不仅详细记录了自己所参与的日美“冲绳问题”交涉过程，证实了“密约”的存在，也披沥了作为交涉者的复杂心境，为研究体制内“介入者”的心路历程提供了一个难得的文本。

“密使”与“密约”

据若泉敬的传记作者后藤乾一调查，若泉敬正式和日美冲绳交涉发生关联开始于 1967 年 7 月 26 日，后来公开刊行的《佐藤荣作日记》记录说，这天“和若泉敬君共进午餐，餐后恳谈，听取美国的冲绳意见及其他。满脑子都是越南问题”。此时的佐藤荣作是内阁首相、地位显赫的政治家，而若泉敬只是一位年轻的国际政治研究者，一所并不知名的私立大学——京都产业大学世界问题研究所的教授，并无可以夸耀的头衔和官职。但从这一天起，若泉敬的名字却频繁出现在佐藤的日记里，先后计有八十四次。1967 年 9 月 27 日，若泉敬和时任执政党自民党干事长的福田赳夫有一次会谈，确定了他将秘密承担外交交涉的使命。同年 11 月 6 日，佐藤首相再次约见若泉敬，两天后交给他一封写在总理大臣官邸用笺上的外交信函，委托他赴美和约翰逊总统的安全事务特别助理罗斯托讨论“我们所共同关心的事项”——这当然是隐语，实际指的是冲绳问题。若泉敬的密使生涯就

从这时正式开始。（后藤乾一：《背负“冲绳核密约”：若泉敬的生涯》，岩波书店 2010 年版）

若泉敬为什么会被委以如此重任？这和他在美国的政界学界有广泛人脉，特别是和罗斯托交谊深厚有关。当时的佐藤首相急切希望和美国政府约定归还冲绳行政管辖权的确切时间，但“越战”正酣的美国则担心归还冲绳使基地功能受损，双方出现了微妙的分歧。精明老练的佐藤深知，单靠正式外交途径难以解决这一难题，所以启动了“密使”。而若泉敬也不辱使命，不仅通过罗斯托的途径，为 1967 年 11 月 14 日至 15 日的日美首脑会谈作了妥善铺垫，使“冲绳归还”的具体时间写进了会谈声明文件，还摸清了美国在冲绳问题上的交涉底线，即交还冲绳行政权要和维持冲绳美军基地并行，而在基地保持核力量，则是不能动摇的前提。

在交涉过程中，若泉敬也曾试图对美方施压，而颇具讽刺意味的是，他打出来的牌恰恰是日本国内的反对美军基地运动。他说，如果美国不明确公布归还冲绳的时间，反对运动还将激化，而与其维持一个被周围住民敌视的基地，不如后退一步，营造双方的友好关系，这才是上策。若泉敬这种被称为“弱者的威胁”（后藤乾一语）的“强硬”，其实明显包含着内在的矛盾。他既想坚持日美同盟这一主轴，维护并强化美军基地包括核打击在内的战略功能，又想平缓国内民众反核反战、要求和平、要求无条件归还冲绳的浪潮，巩固佐藤荣作的自民党政权，最终只能采取阴阳两手，走到秘密外交的路上。

而偏巧就在这一时期，美国政局发生了变化。约翰逊总统因无法从“越战”泥沼抽身而放弃连任，继任总统尼克松上台后即调整美国的全球战略，并启用基辛格担任安全事务助理。作为现实主义的外交家，基辛格把国家利益放在冷战意识形态之上，在具体交涉过程中，也更重视效率和效果，轻视甚至无视外交官僚机构的常规方式和程序。在这样的背景下，若泉敬的交涉“密使”地位非但没有因为好友罗斯托的离任而降低，反而在基辛格的秘密外交链中加重了分量。若泉敬在回忆录《别无他策》中写道，1969 年 11 月 12 日，他和基辛格完成了日美“密约”剧的设计图。概言之，就是在该月 21 日，以美日首脑会谈声明方式公开宣布 1972 年归还冲绳行政权，完整保留美军基地，并承诺冲绳和日本本土一样实行“无核化”。但实际上，美国撤除的冲绳核设施都是“已经过时”的“中程核导弹”，（五百旗头真：《战后日本外交史：1945—2010》，世界知识出版社 2007 年版）并且，双方约定：在需要的时候，美国可以重新运载核武到冲绳，而冲绳的嘉手纳、那霸、边野古等地则将继续维持核武储藏地的状态。当然，这约定并不写在公开声明里，而是由美国总统尼克松和日本首相佐藤荣作签署“合意议事录”，也就是一份“密约”。这份密约的知情者仅限于美日两位首脑和基辛格、若泉敬四人，两国的外交官僚也被排除在外。他们甚至精心设计了密约签署的细节，即在美日两首脑会谈时，以临时休息欣赏白宫的美术品为借口，走进总统办公室旁的一个小屋内秘密签字。

知羞愧的痛苦

但是，1969年11月20日尼克松和佐藤荣作举行会谈时，若泉敬已经回到了日本。作为秘密特使，他要彻底隐身，不能像基辛格那样占尽风光。若泉敬是在电视上看到美日首脑会谈后的记者会见的，这次会谈的结果，曾被若泉的友人称为“世界史上没有前例的”“和平收复战争失地”（大浜信泉语），若泉无疑会对自己参与谋划而感到兴奋和荣耀，但此时的若泉更关心的是本土舆论，特别是冲绳人们的反应。当看到《琉球新报》《冲绳时报》对美日首脑声明所承诺的“冲绳无核化”的怀疑，看到冲绳回归运动领袖们对美军基地完整保留的不满，若泉敬内心也颇为复杂。

但是，若泉敬对自己促成的“日美核密约”并无悔意。在他看来，这是日本战败以后为争取国家独立不得不付出的代价，并且，在当时的国际局势下，允许美军基地保持核武力量是必要的。这是若泉敬的一贯立场。据后藤乾一描述，早在东京大学读书期间，若泉敬就站在左翼学生运动的对立面，和一些持保守立场的同学组成学习会，探讨国际政治、外交和国家安全等问题，并接受曾担任过首相的自民党政治家芦田均资助的活动经费。若泉敬1954年东大毕业之后进入日本国家保安厅保安研修所（后改为防卫省防卫研究所），很快就被派往英国留学，后来又到美国从事研究。一路坦途，应该和他与执政党政治家的良好关系有关。

1966年若泉敬到京都产业大学任教后的状况也是很特殊的，他是该校世界问题研究所唯一一位专职教授。研究所并不设在大学所在地京都，而设在东京市内，若泉敬可以不担任教学，自由活动。这是不是为他做“密使”专门提供的便利条件？不得而知。该所的创所所长岩畔豪雄曾任陆军少将、日本对美英开战前夕的陆军省军事课长，战后也和军方政界关系密切。这些背景，不能不让人产生一些联想。

当然，若泉敬的主要工作是国际政治研究。在20世纪60年代，特别是中国进行核试验之后，他关心的重点集中到“核时代”的日本外交问题。若泉敬认为，“核武器既是军事武器，又是非军事的政治、外交、心理的武器”。所以，日本有必要在接受美国核保护伞的同时，制定长期的国家核发展计划。若泉敬提出的对策是首先积极发展和平利用原子能事业，提高日本潜在的核能力，也借此提高国民的自信心。同时，利用作为世界上唯一受过原子弹爆炸之害的国家的特殊条件，联合具有潜在核能力的国家制衡核武拥有国。若泉敬的构想，在论文

《核军缩和平外交的提倡》发表之前曾和佐藤首相谈过，这可能是他得到佐藤信任的原因之一。

但作为一个学者，若泉敬终究与佐藤等职业政治家不同，虽然在他的战略构想中，向冲绳基地运进核武并无可惊可怪，却不能不因为以“密约”方式欺骗了冲绳人而感到羞愧。按照后藤乾一的分析，自此以后，若泉敬一直把冲绳人因美军基地而承受的负担、受到的损害，视为自己外交行为的“结果责任”。他无法做到佐藤首相接受诺贝尔和平奖的坦然自若，始终被沉重的“原罪”意识折磨，甚至拖着病躯到冲绳战死者遗骨前跪拜。1980年，若泉敬五十五岁，便断然离开城市，回乡隐居，并开始了关于冲绳交涉的回忆录写作。若泉敬知道，回忆录刊行后可能被指控泄露国家机密，但几经踌躇，最后还是认为应该把自己的外交信念和交涉理由公开给国民。若泉敬回忆录的书名，其实引自日本明治时期外交家陆奥宗光的一句话：“愿你相信：除此之外无他策”。他甚至想到回忆录出版之后，被国会作为证人传唤，那样，就可以堂堂正正地做一番申述。1994年若泉敬回忆录出版后，因其中明确写到“核密约”，确有在野党在国会对此提出质问，但日本政府仍然依照惯例矢口否认，将其马虎过去，自然也没有给若泉敬申述的机会。

（原载《中国改革》2010年第9期，据作者所存原稿收入本书）

左翼形象的戏仿与重塑

——读井上厦的音乐剧《组曲虐杀》

《组曲虐杀》是日本当代著名作家井上厦以 1933 年 2 月 20 日被“帝国日本”的特高警察拷问致死的左翼作家小林多喜二（1903—1933）的生涯为题材创作的音乐剧。2009 年 10 月 3 日该剧由专门演出井上剧作的“小松座”首次搬上舞台，在东京天王洲银河剧场公演至同月 25 日。其间井上厦参加了一次关于此剧的座谈会，随后便卧病不起，翌年 4 月 9 日病逝。《组曲虐杀》是井上厦的绝笔之作。

但剧本的构思早已开始。1996 年东京纪伊国屋为了庆祝书店内的剧场落成，特邀井上创作一部新剧，他即拟以小林多喜二为主人公。尽管剧本当时没有完成，此后却成为井上念兹在兹的夙愿。评论家小森阳一说，《组曲虐杀》使长期萦回在井上心中的“小林”再度复苏。[《致二十一世纪的多喜二先生》（井上厦最后的座谈会），《昴》2012 年第 12 期。以下引用此文皆简称《最后的座谈会》] 而井上对小林多喜二和日本普罗文学的关切，其实更为源远流长。20 世纪 30 年代，井上厦的父亲井上修吉（1903—1939）曾在全日本无产者艺术联盟

（纳普）的杂志《战旗》上发表过文章，后来亦因参与左翼文艺活动而多次被捕，健康受到严重损害，三十六岁时便英年早逝。可以想知，井上厦是怀着追念父辈的心情，去追溯小林多喜二的足迹的。这决定了这部剧作的形式和音调。井上以自己喜爱的乐曲，为左翼父辈们献上了一曲颂歌和挽歌。

为了写作《组曲虐杀》，井上编制了一份年表：“小林多喜二的二十九年零四个月”，不仅记录了小林一生的事迹和他的作品，还详细标注上小林和周围人之关系、有关小林的研究以及井上对这些研究的看法，并绘制了相关的地图，但在两幕九场的剧作里，除了第一场写到少年时代的小林在伯父的三省堂面包店打工，其他八场全部都集中到1930年5月至1933年2月这两年零九个月之间。查小林年谱，1929年11月，他因参与工人运动组织和从事左翼文学创作被北海道小樽拓殖银行解雇，1930年3月到东京，5月中旬，赴大阪、京都等地，参加保卫不断遭到查禁的《战旗》杂志的讲演会，同月23日被捕，不久释放，但同年6月回到东京后再次被捕，1931年1月保释出狱后亦始终被置于特高警察的监视之下。此一时期日本共产党作为政治组织已经处于溃灭状态，但仍有成员在艰难境况中谋划组织的重建，小林多喜二就是在这样的时刻加入了日共，并于1932年春和宫本显治（1908—2007）等一起转入地下，在不断摆脱特高警察的追捕过程中，坚持以文学写作和实际的社会活动来抗击“帝国日本”的国家暴力。可以说，此一时期小林多喜二的生活状态，如同他的遗作《党生活者》所描写的主人公那样，成了以地下活动为业的人。

在日本左翼抗争的历史谱系上，小林属于身受酷刑而没有动摇或“转向”的罕见的“坚强者”，而关于他的叙述和评价，也常常定格在“坚强”。据小森阳一介绍，他就是“以小林被虐杀的身体为出发点，开始阅读小林作品的”。(《最后的座谈会》) 井上则坦承：自己几次构想小林多喜二登场的戏剧却都中途搁置，即由于不知怎样理解小林的坚强。(《最后的座谈会》) 他所说的“小林的坚强”，应该不仅是指历史上小林的坚强行为，也包括战后日本左翼评论界有关小林“坚强”形象的叙述，并且，后者可能是让他在创作中踌躇不决的主因。《组曲虐杀》虽以“虐杀”为题，却没有在剧中展现“虐杀”的场景，表明作者是想在已经固化了的“小林叙事”之外，探寻重塑这位左翼作家形象的途径。

不过，井上厦并不回避正面展示小林多喜二所参与的斗争，他截取其生前最后的两年零九个月作为剧作的“情节时间”，设定的剧情发生场所，则既有小林被拘留拷问的审讯室，又有关押他的单人牢房。此外，无论在小林临时借住的房屋，还是秘密的栖身之所，特高警察都如影随形，但即使是对处于如此险峻情境之中的小林，井上也没有像既有的“小林叙事”那样去简单强调小林的勇敢和坚强，他更着力表现的是小林的从容。

置身火焰刀锋般的险境而能从容自若，这是大勇者。在井上的剧作中，小林的勇气不仅来自理性的信念和觉悟，还来自他的纯真和善良。而恰恰因为纯真，当特高警察通过讲述他亲人的故事向他套话时，他不能不情有所动，在不自觉中承认了自己的身份。（第二场："绳鞭"）同样，也因为善良，他不拒绝和住在家里监视自己的特高警察古桥、山本进行交流，且以悲悯之心，同情他们的辛酸身世和困窘生活（第五场："小钱包"），甚至在自己潜入地下将要被这两位特高警察抓捕之际，也不赞成伊藤富士子举枪（后来知道其实是演戏用的道具枪）反抗，明确表示："彼此不尊重生命，这种思想不配称思想"，"我的思想不能用作杀人的工具"。小林努力诱导包括两位特高警察在内的所有在场者们讲述自己记忆里最为难忘的场景，终于以语言的力量，唤醒了潜藏于各自心中相互尊重的感情。最后，被追捕的小林、追捕者特高警察，还有小林的支持者富士子等，居然挨肩靠背同声合唱，合唱歌词重复的关键词则是"只要生命在"。（第八场："心里的放映机"）到了下面一场小林已经殉难，可以说，此时的小林是面死而生，引导大家唱了一曲充满喜悦和悲怆的生命之歌。

《组曲虐杀》第八场设置的小林及其支持者和两个特高警察的"挤香油"游戏，颇为出人意表，但也不完全是剧作家的突发奇想。井上自我揭秘说，剧中的特高警察山本，其实取自小林多喜二早期剧作《山本警察》里的同名人物。(《最后的座谈会》) 在那部作品里，小林不仅正面描写了因镇压工人抗议活动受伤而被上司作为“废物”抛弃的“山本警察”最后怎样愤而挺身发表批判国家权力的演说，还侧面写到有的警察在监视革命者的演说会、没收革命传单的过程中，受到影响而转向了工人一边。这些细节和线索，都在《组曲虐杀》里有隐约的回响且有所发展，而比起小林笔致的严肃和紧张，井上的风格显然更为幽默、抒情，即使是表现严峻的斗争场面，他也着意发掘其中的喜剧因素。井上在把前辈作家的文本编织到自己的剧作时，其实进行了“戏仿”(Parody) 式的改造。

已经有评论家注意到，小林多喜二的《党生活者》也是井上写作构思时的前文本。岛村辉说:《组曲虐杀》是井上厦版的《党生活者》。从追捕和被追的剧情结构看，两个文本的相似性确实明显，但在小林的文本里特高警察只是模糊的影子，到了井上文本才作为“人物”和被追捕的革命者演出了对手戏。而评论家们更为关注的是两个文本里女性形象的互文关系，这应该与“二战”以后评论家平野谦 (1907—1978) 提起的“地下假夫妻的女性问题”有关。平野曾以《党生活者》里出现的女性“笠原”为例，指责小说里有关革命者“我”以和一位名叫“笠原”的女性同居为掩护却又在内心抱怨她政治觉悟不高的描写，是一种“为了 (正确的政治) 目的可以不择手段”的倾向，是对女性作为人的尊严的无视，甚至据此判定左翼作家小林多喜二和自觉迎合“帝国日本”侵略战争的作家火野苇平是互为表里。平野无视小林当时所处的艰难处境给其小说带来的“未完成性”，仅据一篇作品的某些片段描写即给其上纲定罪，此种论法在发表当时即遭到批评，但他挑起的这场所谓“政治与文学”论争却成为战后日本文学史上的一个重要“事件”，后来也不断作为话题被反复提起。井上厦写作《组曲虐杀》时是否有意要对此作出回应，不得而知，但他在剧里设计小林的姐姐千真、恋人泷子和妻子伊藤富士子登场，且作为重要角色贯穿始终，显然是要对小林的女性观以及与他相关的这几位女性提出自己的诠释。

在实际生活中，这三位女性于同一场所会面可能只有一次，即是在小林多喜二的葬礼上。井上把她们请到同一舞台，是一个大胆的虚构。这样的设计，自然有助于强化作品的戏剧性，尤其是小林恋人的泷子和他的妻子富士子第一次会面时，前者对后者的试探、猜疑和嫉妒，使同为小林一方的人物关系也变得紧张。但井上显然无意去渲染情感的多角纠葛，他把小林和这几位女性设置在同一场景里，既为了集中表现小林对姐姐、恋人、妻子的纯真感情，也为这几位女性性格的展现提供了相应的情景。在井上的笔下，这几位女性的活动虽然围绕小林而展开，却并非是小林的陪衬，随着她们的生活和心路历程的有层次展开，她们的形象也饱满而鲜亮地呈现了出来，感人至深，并不亚于主人公小林多喜二。比如，当年被小林从陪酒女的凄惨境遇中解救出来的泷子，深深爱恋着小林，又视他为兄长，尽管随着对小林革命活动的逐步接触，她知道了“多喜二哥哥”和自己保持距离是有意对自己的保护，也从理性上理解了他和革命同志伊藤富士子的关系。但当在小林的地下藏身之所看到他和富士子说话直呼其名的亲昵，特别是目睹两人同栖的床时，还是心绪起伏，很难平静地接受，在此情景中她对富士子说出的那句道谢，是多么坚忍、壮烈而灿烂。

扮演小林姐姐千真的演员高畑淳子说：“在井上的作品里，经常出现在世间大潮的边角上默默生活着的女性。”《组曲虐杀》无疑也是这样一部作品。尽管这部作品被称为“无产阶级作家小林多喜二的评传剧”，但剧作者井上厦对剧中出场的几位女性也寄予了同样敬爱和追念之情，并艺术地再现了她们的鲜亮形象。也许应该说，《组曲虐杀》是小林多喜二和这些默默支持着他的女性星光辉映的合传，才更为确切。

（原载《世界文学》2015 年第 3 期）

V

视觉意象的流动与再生产

奔跑在野兽派与立体派之间的牝鹿

——读鲁迅藏《玛丽・罗兰珊诗画集》

因为参与鲁迅外文藏书的调查和研究，有幸目睹了先生的部分珍藏。日文版《玛丽・罗兰珊诗画集》（《マリイ・ロオランサン詩画集》，以下简称《诗画集》），是很早以前就切望读到的一本。《鲁迅日记》在1936年6月的“书帐”上录有此书，却没有按惯常记法注明具体购入的日子，“书帐”同月30日有一行说明：“月初以后病不能作字，遂失记，此乃追补，当有遗漏矣”。查鲁迅日记，则可看到先生二十五年连续不辍的记录在1936年6月5日中断，至30日始续记云：“自此以后，日渐委顿，终至艰于起坐，遂不复记。其间一时颇虞奄忽，但竟渐愈，稍能坐立诵读，至今则可略作数十字矣。但日记是否以明日始，则近颇懒散，未能定也”。（《鲁迅全集》第15卷，人民文学出版社1981年版）参照《鲁迅日记》里这两条记录，可知《诗画集》当在1936年6月5日以后亦即鲁迅病得“艰于起坐”期间购入，至30日先生病情略有好转，开始整理病中所购之书，尽管只“可略作数十字”，还是拼着病弱之躯，把包括《诗画集》在内的书目记入了日记。因为了解上述经纬，所以，那天在鲁迅博物馆，看到资料室的老师把这本留有先生晚年手泽的《诗画集》放到桌案上，小心翼翼地打开特制的布面函套时，我屏住了呼吸，久久不敢近前翻动。

《玛丽·罗兰珊自画像》（纸板油彩，1905）

与前卫艺术巨匠青春纵酒

“マリイ・ロオランサン”是以日文片假名标记的法国女画家Marie Laurencin（1883—1956）的名字，中文译法似未统一，我见到的至少有玛丽·洛朗辛、玛丽·洛朗森和玛丽·罗兰珊几种，而我更喜欢最后

面的这个。《鲁迅日记》直接抄录日文书名，没有转译为中文，而将之写作《玛丽·罗兰珊诗画集》，是我的选择。“罗兰珊”，也许发音不一定和法语原文那么贴近，但我觉得这三个汉字的形和义都特别契合画家的精神气质。

日文版《玛丽·罗兰珊诗画集》的译编者署堀口大学。该书是由东京的昭森社于1936年（昭和十一年）6月1日发行，限定刊印七百部，其中以和纸印刷一百部，以炭画用纸印刷六百部。鲁迅所藏为编号388。《诗画集》内容主要由罗兰珊的诗和画两辑构成，诗作一辑列在前，辑前又置有法国诗人让·莫雷阿斯（1856—1910）和纪尧姆·阿波利奈尔（1880—1918）的作品各一首，作为序诗；画作一辑居于后，其后还附有译编者堀口大学（1892—1981）评述罗兰珊的一篇长文。但堀口文章并不全取置身局外的评介者视点，亦时时转换为玛丽友人的口吻，以他本人和玛丽的几次交往为结构文章的聚焦点，叙述就难免出现大跨度的跳跃。由是，要比较全面地了解罗兰珊的人生和艺术，堀口文章虽可作为重要线索，但也需要参照另外的文献进行补充。

《玛丽·罗兰珊诗画集》书影（338 号，鲁迅博物馆藏）

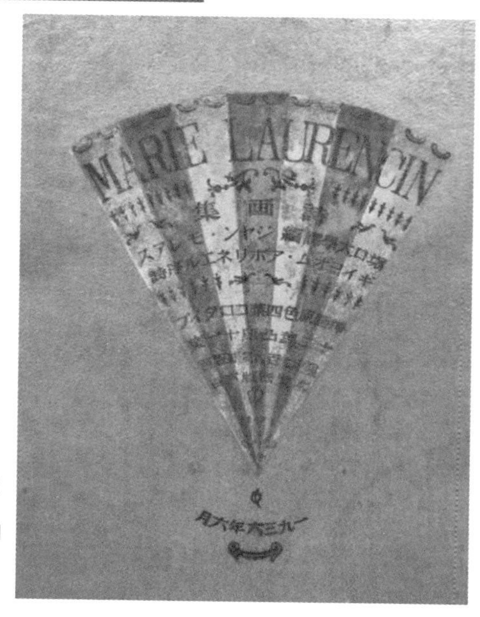

《玛丽·罗兰珊诗画集》书影（94 号，和纸印刷版）

堀口的文章开篇从1914年着笔，这自然有其道理。因为就在这一年，罗兰珊和诗人阿波利奈尔多年的苦恋彻底结束，6月她和一位具有男爵身份的德国画家结婚。而此时第一次世界大战的导火索已被一位塞尔维亚青年点燃，8月德国对法国宣战，罗兰珊因为有了德国丈夫而不能见容于本国，不得不流亡西班牙。画家本人其实是懵懵懂懂地跌入了旋流，但个人命运和历史动荡竟然如此诡异地扭结在一起，无疑是为其作评传者应该特别关注的一个节点。不过，堀口大学着眼于此却另有原因，他写道："这位女性的不幸遭遇，使我获得了与她相识的幸福。"因为恰在1914年7月，刚刚在日本新诗坛崭露头角的堀口大学从瑞士来到马德里。此前一年，他的父亲作为日本驻西班牙公使（代理）已经来此地赴任。

堀口的文章省略了罗兰珊流亡之前的经历，特别是她在巴黎和那批前卫画家和诗人们的密切交往，而这段经历对理解罗兰珊的成长着实不可或缺，所以本文对此略做补充。就现在所能见到的罗兰珊早期习作而言，1901年至1902年，她手绘于瓷盘上的少女肖像，有的基于古典主义技法，也有的带有浪漫派风格；而大约作于1904年或1905年的油画《林间小路》，点染在秋林红叶上的灿烂阳光，则很近于印象派的笔触。这些习作表明罗兰珊接受的画艺训练是多元折中的，用色和线描皆表现出了一定功力，但整体构想还没有显露出鲜明个性。

1905年，罗兰珊和乔治·勃拉克（Georges Braque，

1882—1963）相识，他们虽然同为安贝尔学院的同学，但后者已在尝试突破包括印象主义在内的既有成规，注意到当时被官方画展排斥在外的马蒂斯（1869—1954）并受到其“野兽派”画风影响。1906年，由勃拉克引介，罗兰珊开始出入位于蒙马特尔山西南斜坡上一座破旧建筑。了解欧洲前卫艺术史的人肯定都知道这座建筑的名字——“洗衣船”，毕加索（1881—1973）自1904年从巴塞罗那再度来到巴黎后就居住在这里，并像黏合剂似的把一群同样穷困潦倒的未来艺术巨匠聚集在一起。据一部毕加索传记说，1907年他在一家旧店铺的废物堆里发现了亨利·卢梭（Henri Rousseau，1844—1910）创作的一幅女人肖像画，不仅当即买下，悬挂在自己的画室里，后来还专门为这位以税务所退休职员身份默默度日的老画家举办了一次盛大的致敬宴。尽管场地设在如仓库般杂乱的画室，且因毕加索预订饭菜时把时间错说成翌日，结果菜肴只能以临时找到的沙丁鱼等食物代替，却丝毫没有影响宴会的气氛，“客人们将错就错，以酒代饭，因而欢乐情绪更加高涨”。这次“税务员的宴会”可谓是前卫艺术史上的一个“事件”，多名画家诗人到场，罗兰珊的表现则留下了后来屡被提及的话题：那天她“由于饮酒过度，一跤跌倒在放满果酱饼的盘子里”。这些散碎的逸事表明，此一时期罗兰珊已经是“洗衣船”艺术家群体里一个引人注意的存在。

1909年，亨利·卢梭专门为阿波利奈尔和罗兰珊画肖像画，题名《给诗人以灵感的缪斯》——亨利·卢梭的这幅画作有两个版本，一幅藏于瑞士的巴塞尔美术馆，另一幅藏于莫斯科的普希金美术馆。“缪斯”自然指的是罗兰珊，由此可见她在“洗衣船”里被推崇的程度。但就艺术创作而言，可能是罗兰珊更多地从同“船”的友人那里汲取了灵感和营养。总之，无论从人际往来还是绘画实践看，罗兰珊都投身到野兽派、立体派运动之中。

《给诗人以灵感的缪斯》（1909）

作为前卫绘画艺术最热烈的肯定者，诗人阿波利奈尔在《美学沉思录》（1913）里评骘立体派画家，认为罗兰珊“作为艺术家，可以列在毕加索和卢梭之间”，“她的艺术宛如莎乐美，在毕加索的艺术和卢梭的艺术之间跳舞”。他还斩截地说，罗兰珊、毕加索和卢梭是三位“最上乘的肖像画家”。（阿波利奈尔：《美学沉思录》，收入《阿波利奈尔论艺术》，上海人民出版社2008年版）

阿波利奈尔1907年经毕加索介绍和罗兰珊相识后即坠入爱河，从堀口放置在《诗画集》卷首位置的阿波利奈尔诗作《鸽》，可以感受诗人毫不掩饰的爱情："鸽子呦，基督降生的爱呦/圣灵呦/我也像你一样爱着一位玛丽/啊啊，我想和她结为夫妻"。情人眼里出西施，对玛丽的热恋之情当然会投射到阿波利奈尔的艺术判断，作为杰出的艺术评论家，他的鉴赏力本来无可怀疑，但对玛丽·罗兰珊的评价却不能不让人感到有些感情用事。阿波利奈尔似乎过于着急把罗兰珊排进前卫名家行列，却因此而忽视了她在这一群体里与众不同的个性。比较而言，也许是诗人、评论家让·谷克多（Jean Cocteau，1889—1963）下面的诗句更接近"洗衣船"时代画家罗兰珊的特点：

夹在野兽派和立体派之间
小牝鹿呀，落入了圈套。
（关容子：《日本的莺　堀口大学访谈录》，岩波书店2012年版）

自1908年起罗兰珊明显从习作时代跳脱而出，而在她有意识地开始个性探索之时，恰逢欧洲绘画史的大转折时期，她幸运地立在了"前卫"的潮头。但实事求是地说，在前卫艺术家群体里，罗兰珊并不属于开宗立派引领风气者，她的长处，更表现在敏锐感悟同时代前卫艺术家的创意，努力将之熔铸为自己的画境。如同有些研究者已经注意到的那样，标志罗兰珊作为前卫画家出现的代表作品之一《阿波利奈尔和他的朋友们》（1908/1909），既隐含着对卢梭画作《给诗人以灵感的缪斯》的回应，也巧妙借鉴了毕加索彼时刚刚完成的《亚维农少女》（1907）的构图。如所周知，毕加索这幅标志立体主义绘画正式诞生的作品，直到十八年后才在一个超现实主义的杂志上发表，三十年后才公开展出，最早目睹原作的其实只有“洗衣船”小圈子里的艺术家，罗兰珊当然是其中的一位。

《阿波利奈尔和他的朋友们》（1908/1909）

1908 年以后罗兰珊的画作，明显背离欧洲文艺复兴以来建构起来的透视法原则，有意回避具有纵深感的三维空间，构图追求平面化，但她最热衷的人物肖像画虽然不惮变形，却没有抽象为毕加索式的几何体。如她为瑞典画家尼尔斯·冯·达尔德尔（Nils von Dardel，1888—1943）所画的肖像画（1913），人物的形体轮廓和面部神情虽不失形似，但偏小的头部和过度修长的手臂及下身之间的比例，显然不是出自某一设定视点和所画对象的远近关系，而是体现了画家对线条自由流动的节奏感的追求。大约作于同时期的《优雅的舞会》（另名《乡村舞会》，1913）亦具有同样的风貌，构成画面的三位青年女性，无论右侧弹奏乐器者，还是左侧的两位舞者，其手臂和腰腿的修长，都被画家以从斜前方下垂的线条作了夸张的渲染。当然，画面的某些部分，特别是左侧舞女的身后像是裙裾翘起的那些条块，很容易让人联想到同时代其他立体派画家的硬朗笔法，但浅蓝、淡粉、灰白几种色彩的搭配，则显露了罗兰珊特有的柔和与梦幻。比《优雅的舞会》略早两年创作的《少女们》（1910—1911），构思和构图也许都可看到毕加索《亚维农少女》的影响痕迹，但与毕加索以直线为主的笔法不同，罗兰珊的画作更注重运用曲线和“S”形曲线，通过二者或和谐或紧张的组合，表现出音乐般的律动和诗一般的意境。这些特点表明：在野兽派、立体派名家巨匠的光环之下，罗兰珊也许曾经眩晕，曾经焦虑，或者像谷克多所说：曾经“落入了圈套”，但仅从上面介绍的几幅代表性作品即可以说，至迟在1910年，罗兰珊已经找到了自己的线条、色彩和构图方式，以此从立体主义画派中脱颖而出，也逐渐地离“派”而去，她晚年多次说自己“不是立体派画家”，既表现了一个艺术家拒绝被贴标签的孤傲和自尊，也一定程度上道出了当年的实情。

《尼尔斯·冯·达尔德尔》（1913）

《优雅的舞会》（又名《乡村舞会》，1913）

前卫绘画与舞台设计、时尚潮流的邂逅

然而，上面谈到的这些作品，堀口大学译编的《诗画集》都没有收入。堀口描述罗兰珊生平的文章从她流亡西班牙起笔，而《诗画集》的画集部分所收录的作品，珂罗版印十二页，凸版印十一页，则大都是版画，其中铜版蚀刻黑白印刷的女性肖像系列，多作于1921年。和画家此前以油彩或水彩绘制的同类题材作品一样，其人物面貌也大体可分为两类：一类脸型丰满，眼珠圆黑；另一类脸型呈锐三角状，颇近似画家投身立体派后的油彩自画像——神情忧郁，如陷梦幻。不过，如果对照罗兰珊的照片，可知她本人并非下颚瘦削一型，她的自画像其实也是经过变形处理的“假面”——当然是更能表现她精神世界的“假面”。

《诗画集》所收四页原色作品，是罗兰珊结束流亡生活重返巴黎之后的创作，至少其中两幅可以判定与罗兰珊的舞台设计图案有关。几只牝鹿围绕着一位少女翩翩起舞的那幅，应该来自1923年罗兰珊为巴黎俄罗斯芭蕾舞团的舞剧《牝鹿》所做的舞台设计片段，这幅图案后来曾作为插图收入让·谷克多的作品。而另外一幅，两个少女骑着白马悠然前行的画面，既出现于罗兰珊题名《舞台装置》（1928）的纸本水彩，也作为插图石版印刷

在《费妮特的冒险》(*Aventures de Finette*) 里。前卫画家和舞台设计结合，并不始于罗兰珊。早在 1918 年，毕加索已经为俄罗斯芭蕾舞团设计服装和背景并连续获得轰动效应。第一次世界大战之后，前卫艺术渐渐成为流行风尚，毕加索、罗兰珊参与舞台设计，应该属于这一潮流的产物。

堀口大学译编《玛丽·罗兰珊诗画集》中的部分插图

回到巴黎之后的罗兰珊甚至成为社交界瞩目的人物，很多明星显贵都来请她画像。她和著名的时装设计家可可·香奈儿（1883—1971）因此发生的纠葛，堪称前卫艺术和时尚生活设计的一次有意思的遭遇。罗兰珊创作的《香奈儿小姐肖像》（1923）背景并无纵深的暗示，整幅画面的褐绿色调飘溢着幽怨气氛，主人公右手抚头，轻靠在椅子上，右半身如裸，轻覆于左半身的浅蓝披肩上缠绕着一条长长的黑色披巾，向下凝视的眼睛里充满忧伤。罗兰珊舍弃了可以显示画中主人作为巴黎女性时尚引领者特色的所有符号，表明立体派时代不拘形似而直逼内在之真的艺术理念已成为她的艺术实践之本能。不过，罗兰珊从没有像毕加索等人那样决绝地摒弃形似。据法国美术史家皮埃尔（José Pierre，1927—1999）所言，罗兰珊的这幅作品在脸型表现上是属于最为形似的，在整体构图里则寄托了画家的情感和愿望。皮埃尔把罗兰珊的这幅作品称为“倾诉型肖像画”，认为画家在向肖像主人说：“看，你在现实中是这样的呀！”或者“如果说出我的喜爱和希望，那就请按这个样子成长吧！”

《香奈儿小姐肖像》（1923）

但可可·香奈儿断然拒绝领收这幅肖像，那时她是巴黎时装界的宠儿，刚刚开发出来的香水也大受欢迎，人生正逢得意时，自然不能理解更不愿接受那画中人物的忧伤凝望，也无法听进罗兰珊的真情倾诉；而罗兰珊也坚定地拒绝改作，尽管她不会预知到香奈儿后来的坎坷跌宕。这幅肖像画的杰作《香奈儿小姐肖像》因为订制者的拒收而在当时少为人知，堀口大学译编的《诗画集》既没有收入也没提及。

诗人罗兰珊与“日本的莺”

画家玛丽·罗兰珊也写诗。在法国现代诗歌史上，应该怎样认定罗兰珊的位置，这需要专门的研究者去作判断，而1925年出版的堀口大学译诗集《月下的一群》，收录法国现代诗人六十家，罗兰珊便赫然在列。大约十年之后，堀口译编罗兰珊的《诗画集》，把诗作排在画作之前，似乎也表明了他对诗人罗兰珊的重视。在此仅转译两首，以供分享。

小鸟

美丽的
小鸟哟，
你们虽然不是我的朋友，

你们的歌儿
却让我变得温柔。

马

受伤的马无声地死去。
温顺的马哟，
我为目睹你的死而来。

这两首诗也都收在堀口译《月下的一群》里，也就是说，早在 1925 年，日本的读者已经读到罗兰珊的诗作。在日本现代翻译诗歌的谱系上，《月下的一群》是具有标志性的名著之一。在此之前，有森鸥外等“新声社”成员的译诗集《迹象》（1889 年刊印，日文原题写作“於母影”），主要收录歌德、海涅、拜伦、莎士比亚等人的诗作，为日本带入了近代欧洲的浪漫主义诗风；还有上田敏的译诗集《海潮音》（1905 年刊印），主要收录魏尔伦、波德莱尔、马拉美等人的诗作，不必说，都是象征主义的名家。《月下的一群》则更着重于象征主义之后的未来派、达达派、超现实主义派的诗作，而这些诗人，在 20 世纪 20 年代前期的日本，几乎连名字都无人知道。堀口大学后来回忆说，那时他从很多过期的小杂志和发行册数少到摆不上书店的诗集里搜寻到这些诗人的作品，读得入迷，遇到特别喜欢的，哪怕仅是一篇有翻译的可能，便雀跃不已，立刻着手。堀口大学与森鸥外、上田敏的明显不同，是他没有像两位前辈那样把选诗范围锁定在已有定评的名家，而是通过自己的阅读和品鉴，从当时正在进行写作探索的未名诗人中发现杰作。也正因为如此，《月下的一群》改变了日本诗人对欧洲诗歌的隔代追赶，而进入同时代共有的氛围之中。

堀口大学之所以能够如此快速接触到同时代的欧美诗人，首先受惠于他的外交官父亲。自 1911 年至 1925 年，堀口随父亲在欧洲和南北美洲各地学习和工作，不仅直接阅读当地的书籍杂志，还和文学艺术界时有往来。前面已经说到，堀口和罗兰珊相遇，就是在西班牙的马德里。据堀口后来的追忆，他先是在一次茶会结识了一位西班牙画家，由这位画家带到罗兰珊的画室，看到罗兰珊的画作。他描述当时的观画印象说，色彩、线条、造型都非常优美，温润生动如歌。与其说是绘画，毋宁说更应该归入诗歌门类。这样的观感，堀口也清楚写在《诗画集》的罗兰珊述评文里：

> 玛丽·罗兰珊的绘画，具有她独特的艺境，极具女性的装饰风格。如果严格地从绘画的规则而言，她的作品，也许更应该归入诗歌门类。人们从中看到的与其说是造型之美，毋宁说更多是抒情之美。她的作品既是绘画，同时又是抒情诗。因此，她的作品最受诗人们喜爱。

堀口由此写到女画家和诗人阿波利奈尔的恋情，还写到“一战”结束后，法国的年轻而又前卫的诗人们对罗兰珊的思念——他们甚至专门编印了一册题名《罗兰珊的扇》的诗画集。仿佛受此感召，1922 年罗兰珊和德国籍的丈夫离婚，回到了巴黎。通过这些叙述可以感知，堀口对阿波利奈尔等同时代前卫诗人的了解，有一些应是来自罗兰珊的介绍。堀口结识罗兰珊后曾拜师学画，但两人来往之间似乎更多是以诗为话题。收在《诗画集》里的那首短诗《日本的莺》，就是 1922 年两人在巴黎重逢之时，罗兰珊亲手交给堀口的：

他在吃饭，
他在唱歌，
他是一只鸟。
他随心所欲心血来潮，
故意唱起寂寞的歌。

有人推测罗兰珊所写的“日本的莺”隐喻指涉了堀口大学，堀口则回说所指对象并不限于他本人。这是一个无法坐实也无须坐实的问题。在 20 世纪 20 至 30 年代的日本，可称为“罗兰珊迷”者，自然不限于堀口一人，如这本《玛丽·罗兰珊诗画集》的编者后记里提到的神原泰，也是其中一位。该“后记”说，《诗画集》所录作品，是“从堀口氏及神原泰氏的藏书中选出来的”。神原泰（1898—1997），以抽象画著称的画家，同时又是一位前卫诗人，曾积极推介意大利的未来派艺术，也曾先后参与创办日本现代主义诗歌杂志《诗与诗论》和《诗·现实》。早在 1924 年，神原泰即发表过评论罗兰珊的文章，后来还和北原义雄一起编印了一本《罗兰珊画集》（アトリエ社 1927 年版）。

这场“罗兰珊热”当时还从日本本土蔓延到了它的海外殖民统治地区，刊行于“租界都市”大连，在后来被文学史家称为“日本现代主义诗歌起点”的《亚》（1924—1927）杂志上，也曾闪现过罗兰珊的身影。在该刊第四期（1925）“后记”里，该刊编者、诗人安西冬卫（1898 — 1965）写道：“关于罗兰珊夫人的画，记得曾和北川冬彦君做过竟夕之谈”。这里提及的北川冬彦（1900—1990）亦是《亚》的创刊同人之一，他和安西冬卫彻夜长谈罗兰珊，都谈了些什么，安西未予披露，但他在同“后记”写道，交谈当中，北川“拿出了一张罗兰珊（画像），说这是妹妹的，而那妹妹就是水原”。非常有意思的是，该期还登载了水原元子的一首短诗《玛丽·罗兰珊的画和安西桑的诗》，其中写道：“拜读了安西桑的诗/我总是联想到玛丽·罗兰珊的画/圆润的粉红，淡绿/单纯而柔软的线/在现实与梦幻的国度之间彷徨的童话般构图……”水原既不是诗人，也不是《亚》杂志的同人，却以诗的方式，来作安西冬卫和罗兰珊的诗画比较论，可见当时罗兰珊对这群年轻人的感染之深。

以上虽然只是两个散碎事例而非系统梳理，但似乎亦可说明，在当时的日本，罗兰珊已经颇有一些“粉丝”，她和她的作品引起了多只“日本的莺”的回应与唱和。

鲁迅的欧洲现代文艺视域与罗兰珊

鲁迅对欧洲现代美术——特别是对“印象派”后之各种新派的关注始于何时，笔者未做详细考察，但在鲁迅写于1919年的一则《随感录》里，已明确提及“后期印象派”及其后的“立体派”和“未来派”。

> 十九世纪以后的新艺术真艺术，又是怎样？我听人说：后期印象派（Postimpressionism）的绘画，在今日总还不算十分陈旧；其中的大人物如Cézanne与Van Gogh等，也是十九世纪后半的人，最迟的到一九〇六年也故去了。二十世纪才是十九年初头，好像还没有新派兴起。立方派（Cubism）未来派（Futurism）的主张，虽然新奇，却尚未能确立基础；而且在中国，又怕未必能够理解。
>
> （《随感录·五十三》，《新青年》第6卷第3号）

鲁迅既言“听人说”，表明他的知识是间接得来，他是经由怎样的途径接触到后期印象派及其后的“新派”的，还有待查考，但写作此篇杂感时他已经关注到“立方派”（亦即今通称的“立体派”）和未来派，则可由此确认。并且鲁迅后来也一直保持了这一关注。1928 年鲁迅翻译了板垣鹰穗（1894—1966）的《近代美术史潮论》，该书主要叙述 18 世纪末至 19 世纪欧洲美术演进的历史，终章“最近的主导倾向”言及 19 世纪末至 20 世纪初年的新动向，则首先强调了从印象派到“后期印象派”的区别：

> 十九世纪的末顷，印象主义是终于到了要到的处所了。而对于接踵而起的作家们——绥珊，戈庚，思拉等——的新的尝试，则给以“新印象派”呀，或是“后期印象派”呀的这些名目，作为“便宜上”随机应变底的名称。这新时代的作家们，要用“印象派”这一名目来加以总括，自然是不可以的。在他们那里，甚至于反而也窥见和印象派站在相反的立脚地上的意向。
>
> （《近代美术史潮论》，鲁迅译，北新书局 1929 年版）

此处提到的几位画家：绥珊，今通译保罗·塞尚（Paul Cézanne，1839—1906）；戈庚，今通译保罗·高更（Paul Gauguin，1848—1903）；思拉，今通译乔治·修拉

（Georges Seurat，1859—1891）。在区分了印象派与后期印象派的立场之“相反”以后，板垣进而指出了后者——特别是其中的代表性人物绥珊（塞尚）、戈庚（高更）与20世纪初期兴起的新画派直接的亲缘关系，他赞同在一些现代美术史家和画家之间通行的观点，认为塞尚、高更是“现代画的先觉者”“现代画的‘始祖’”，同时也指出，那些奉塞尚为始祖的现代画家们，其实未必都“一定得了那始祖的真意”。板垣特别批评了“立体派”画家，认为他们误解了塞尚的那句名言：“在自然界，一切皆以球体、圆锥体、圆柱体为本而形成”，并将之“硬化为一个‘教义’”。但板垣并没有因此而无视立体派的存在，他不仅扼要分析了立体派画家把物体“还原为单纯的几何学底形态”的努力，以及他们在物体的“立体底表现”上所体现出的特色，还介绍了该派的代表人物巴勃罗·毕克梭（Pablo Picasso，今通译巴勃罗·毕加索）、耳治·勃拉克（Georges Braque，今通译乔治·勃拉克）的画作与风格，以及立体派作为运动的发生和发展。(《近代美术史潮论》)

作为译者，鲁迅无疑是板垣原著的最细心读者，也自然会通过该书的评述以及附录的画作，更深入地体认他在十年前谈到的“虽然新奇，却尚未能确立基础”的“立体派”。而和本文主旨有关的，则是在板垣谈及“属于立体派的别的作家”时提到了罗兰珊。兹引鲁迅译文如下：

还有，作为属于立体派的别的作家，则有和毕克梭及勃拉克倾向相同的斐尔南莱什（Fernand Leger）；有藉了使物体的形态歪斜，以增重其立体性的罗拔尔陀罗内（Robert Delaunay）；又有将人体也矿物的结晶似的，还元为立方体的拉孚珂涅（A. Le Fauconnier）；有正象一个女性，画着木偶的抒情诗的马理罗兰珊（Marie Laurencin）；……

（《近代美术史潮论》）

参照本文前面有关罗兰珊艺术生涯的叙述，可知板垣鹰穗基本是在立体派的脉络中把握这位女画家，并未涉及其后来的发展和变化，而鲁迅的译文也不无费解之处，但如果结合板垣书里所选录的罗兰珊的画作《女》［这是罗兰珊 1922 年的作品，曾刊载于《北新》半月刊第 3 卷第 2 号（1929 年 1 月 16 日发行），但作者被错署"莱什"，后来鲁迅作了更正］综合观之，则可以说，板垣的简要评述基本捕捉到了罗兰珊画风的主要特点：女性的视点和感觉，人物造型的木偶化，以及抒情诗般的氛围和意境。

《女》（1922）

除了板垣的《近代美术史潮论》，鲁迅是否还从别的渠道了解到罗兰珊，尚有待考察，但他的藏书里有阿波利奈尔两部诗集的日译本，分别是《动物诗集》（《動物詩集》，堀口大学译，第一书房 1925 年版）和《阿波利奈尔诗抄》（《アポリネエル詩抄》，堀口大学译，第一书房 1927 年版）。1928 年，鲁迅曾从前一部诗集中选出一首短诗《跳蚤》译为中文，译者署名“封余”，发表在《奔流》月刊第 1 卷第 6 期，并在该刊“编校后记”（六）里作了以下说明：

> 《跳蚤》的木刻者 R. Dufy 有时写作 Dufuy，是法国有名的画家，也擅长装饰；而这《禽虫吟》的一套木刻尤有名。集的开首就有一篇诗赞美他的木刻的线的崇高和强有力；L. Pichon 在《法国新的书籍

图饰》中也说——

“……G. Apollinaire 所著《Le Bestiaire au Cortége d’Orphée》的大的木刻，是令人极意称赞的。是美好的画因的丛画，作成各种殊别动物的相沿的表象。由它的体的分布和线的玄妙，以成最佳的装饰的全形。”

这书是千九百十一年，法国 Deplanch 出版，日本有堀口大学译本，名《动物诗集》，第一书房（东京）出版的，封余的译文，即从这本转译。

这里说到的“木刻者 R. Dufy”，即法国画家劳尔·杜飞（1877—1953），他曾为“G. Apollinaire”即诗人阿波利奈尔的诗集《禽虫吟》（Le Bestiaire au Cortége d’Orphée，堀口大学译本题名《動物詩集》）作插画；“L. Pichon”即法国作家比雄，他对杜飞的赞赏，大约引起了鲁迅的共鸣，鲁迅把杜飞的木刻插图也刊印到了同期《奔流》上，和阿波利奈尔诗作搭配。在译诗《跳蚤》的前面，鲁迅还写了一段文字介绍阿波利奈尔以年轻评论家的身份，“鼓吹文艺，结交许多诗人，对于立体派大画家 Pablo Picasso 则发表了世界中最初的研究”，也说到他在欧战中从军负伤，“愈后结婚，家庭是欢乐的”，却不幸病逝，云云，（鲁迅译《跳蚤》的“题记”，《奔流》第 1 卷第 6 期）但没有言及阿波利奈尔和罗兰珊的关系。鲁迅所藏《阿波利奈尔诗抄》收录的两首诗作：《玛丽》和《米拉波桥》，都是和罗兰珊有关的情诗，鲁迅可能是读过的，当时他是否清楚诗里的“本事”？我们不可妄测，但阅读阿波利奈尔，使鲁迅更为具体地感受到了包括罗兰珊在内的欧洲现代艺术家所置身的精神氛围，则是没有疑问的。

《禽虫吟》中刊有劳尔・杜飞《跳蚤》的页面

鲁迅不是“罗兰珊迷”，但对后期印象派及其后续谱系上的“现代画”，他持有相当广泛的关心。从其日记的记载看，自 1927 年 10 月定居上海后，鲁迅持续购买这一谱系上的画家的作品，在他的藏书里，那套《阿尔斯美术丛书》［《アルス美術叢書》（26 册），阿尔斯社 1925—1927 年出版。鲁迅自 1927 年 10 月起通过内山书店陆续购得］，即包括塞尚、高更、梵高、毕加索、康定斯基、马蒂斯等人的评传，并附有画作插图，至于《文森特·梵高》（画集，德国慕尼黑佩珀出版社 1912 年出版，鲁迅 1931 年 7 月 25 日通过丸善书店购得）、《塞尚大画集》[《セザンヌ大画集》（3 册），アトリエ社 1932 年出版，同年 7 月至 10 月鲁迅通过内山书店陆续购齐]、《梵高大画集》[《ヴァン・ゴッホ大画集》（4 册），アトリエ社 1933 年出版，同年 5 月至 10 月鲁迅通过内山书店陆续购齐] 等印制精美的作品集，当然更属于此列。《玛丽·罗兰珊诗画集》应该也是在这样的脉络上进入鲁迅的视野的。在生命的最后几个月，在大病初愈之时，鲁迅翻阅罗兰珊的《诗画集》，曾经生发过怎样的感触？他没有写记，我们已经无从得知。

2017 年 7 月 28 日写于清华园

（原载《鲁迅研究月刊》2017 年第 8 期）

绘制“蒙疆”

——从军画家深泽省三的美术活动与创作

何谓“蒙疆”

所谓“蒙疆”，是在一种特殊历史状况下产生的地域概念。1937 年 8 月，由“七七”事变发端的日本对华侵略战争进一步扩大，关东军乘机占领了察哈尔南部、山西北部及绥远地区，并在这些地区分别建立了“察南自治政府”“晋北自治政府”“蒙古联盟自治政府”等配合日本军事侵略的傀儡政权。同年 12 月，这三处所谓“自治政府”合而为一，在张家口设立“蒙疆联合委员会”。统领“蒙古联盟自治政府”的德王（德穆楚克栋鲁普，1902—1966）就任“蒙疆联合委员会”主席，但政权的实际运营权力掌握在最高顾问金井章次（1886—1967）手上。所以，虽然德王出自建立“蒙古人自治”政权的构想，强烈反对“蒙疆”这样的词语表现，“日本方面从对‘满洲’以及中国的整体政策考量，检讨‘蒙疆政权’的地位”，结果还是给该政权亦即“联合委员会”冠上了“蒙疆”之名。（中见立夫：《“满蒙问题”的历

史性构图》，东京大学出版会 2013 年版）

1939 年 9 月，该政权改名为“蒙古（疆）联合自治政府”，1941 年又改为“蒙古自治邦”，但“蒙疆”这一名称，却一直作为指称这些亲日傀儡政权所管辖的地区的概念而被使用。如 1940 年 11 月出版的《北支・蒙疆年鉴》便有如下记述：

> 所谓蒙疆，虽为蒙古民族固有的定居地域之总称，但本年鉴的“蒙疆”，则指称蒙古联合自治政府统辖范围内的全部地区。支那事变（即“七七”事变——引用者注）之后，“蒙疆”概念出现了不小变化，随着民国二十六年九月四日察南自治政府的成立，旧察哈尔省外长城线以南—内长城线以北的十县脱离了国民政府的羁绊，翌月，山西省内长城线以北的十三县亦从同省分离，进入晋北自治政府的统辖，同年十月下旬，随着蒙古联盟自治政府成立，把横跨旧察哈尔省、绥远省的五个盟收归治下，此前所谓的北中国五省中的两省：察哈尔省、绥远省的政府便告取消，进入三自治政府联合的新的政治行政管辖之内。而在本年九月一日，因蒙古联合自治政府成立，上述地区全部一元化地统合到同政府之下，其作为东亚防共特殊地带的一个回廊而存在的意义，亦愈发强化。

此外还可以举出其他用例。比如在“蒙疆”政权下设立的“国策”报纸《蒙疆新报》，从创办时起直到日本战败，也没有改变名称。同政权的“中央银行”，自1937年设立直到1945年解体，也一直使用“蒙疆银行”这一名称。

尽管如此，因为“蒙疆”这一地区毕竟是在战争状态下形成的特定区域，随着战局的变化，“蒙疆政权”的统辖范围时有伸缩。所以，作为地域概念，“蒙疆”所指涉的对象也有流动性或交错性特点。

本文即基于这样的视点把握“蒙疆”的地域特征，选取在这一地区生活了近八年之久的画家深泽省三作为考察对象，首先简要追溯深泽的人生历程，厘清他从一个儿童画画家转向从军画家的经纬，然后调查他在“蒙疆”的交游与美术活动，发掘战后出版的《深泽省三画集》里未曾收录的迎合战局的宣传性作品，究明被称为“‘蒙疆’画伯”的深泽省三描绘“蒙疆”的艺术行为与侵略战争之关联。最后，则以深泽省三的《蒙古军民协和图》为例，分析这幅被视为“蒙疆”意象的代表画作的构图与主旨，指出其中潜藏着的可能超出画家本人意图的意涵。

从儿童画画家到从军画家

深泽省三（1899—1992）是知名的儿童画画家，据他的《闲话如忆录》一文说，他在东京美术学校读书期间，由清水良雄（1891—1954）介绍，成为铃木三重吉（1882—1936）主编的儿童文学杂志《赤色鸟》插图画家。最初似乎只是作为学画学生的课外打工，但因为和铃木三重吉意气相投，从1920年（大正九年）第4卷第5号起，直至1936年（昭和十一年）复刊12卷13号（铃木三重吉追悼专号），将近十七年间，深泽省三没有间断地为《赤色鸟》绘制插图、扉页、封面，可谓是全身心投入。文学史家小田切进（1924—1992）评价《赤色鸟》杂志在日本近现代文化艺术史上所作的贡献，曾说："铃木三重吉创办如此精彩的杂志，留下了开创一个新时代的业绩，固然是因为有芥川龙之介、北原白秋、有岛武郎等第一流文学家的支持，但如果同时没有清水良雄、深泽省三、铃木淳、武井武雄、川上四郎等画家的倾情协助，《赤色鸟》肯定也会失去色彩，缺少魅力。"

深泽省三在美术学校专攻油画，作品曾入选"帝展"，绘制儿童画，无疑有为了谋生的一面。而在1927年（昭和二年）他和武井武雄（1894—1983）、村山知义（1901—1977）等一起结成日本童画家协会之后，"树起了儿童画家的横向发展的坐标，工作激增，伸展到了《赤色鸟》之外，在《儿童绘本》《儿童之国》《儿童之友》等杂志上，都留下了他的很多童画作品"。可是，1936年（昭和十一年）8月，随着铃木三重吉的逝世，《赤色鸟》停刊，其他的儿童文艺杂志也陷入经营不善的状态，借用深泽省三的话说，“儿童书籍的时代已经结束”，因此，他“决意奔赴蒙古”。后来，深泽曾这样叙述自己的“蒙古”体验：

> 蒙古是我的第二故乡，生活了八年。在蒙古，甚至在政治方面得到重用，并且得以受惠于可作画题的动物，更加喜欢上了广漠的蒙古。像明治维新时期的人一样，可以率性而为，加之年纪轻，自由任性。

查阅两种深泽省三的年谱，分别有这样记载：“昭和十三年　1938 年　39 岁：6 月，作为从军画家到蒙古，直至终战的七年之间，以张家口为中心从事绘画创作”；“昭和十三年（1938）：到蒙古，直至终战，为当地人使用的小学教科书绘制插画”。所记都与深泽本人的回忆一样，把他奔赴的场所写作“蒙古”。但应该指出，深泽所说的“蒙古”一词含义暧昧，并不是正式的地域名称。

确实，“蒙古”既是民族称谓，又曾作为指称该民族生活地域的名词而被使用。但在清朝时，清政府以“盟旗制”统治蒙古族，将其分割为若干“旗”——或直属于中央政府委任的大臣、将军，或由中央政府设置的“理藩院”管理，并没有一个作为行政区划的“蒙古”。1912 年中华民国成立，北京国民政府为了重新构筑与蒙古族的关系，1914 年在一般所谓“内蒙古”地区设置了绥远、察哈尔、热河三个特别区。1924 年 11 月，蒙古人民共和国成立，一般所说的“外蒙古”地区脱离了中华民国。1927 年，在南京成立的国民政府接续了北京国民政府时代的政策，进而在绥远、察哈尔、热河地区导入“行省制”，把这三个特别区升格为“省”。如此看来，进入民国时期，也不存在作为地域名称的“蒙古”。所以，1938 年 6 月深泽省三从日本奔赴而来，一直到日本战败都住在“蒙古”，即当时所谓的“蒙疆”。而如前所述，这个“蒙疆”，对深泽来说，并不仅是由茫茫草原、晴空白云、马和牛羊、牧人等构成的充满异国情趣的空间，更是以日本军队占领为背景、由亲日政权所统治的政治空间。

“‘蒙疆’画伯”

已经是知名儿童画画家的深泽省三，为何转身成为从军画家奔赴“蒙疆”？前引深泽本人的回忆文章说“决意奔赴蒙古”，可知他是自主决断，而非被军队强制征用。回忆文章除此之外便未多说，但在 1941 年（昭和十六年）发表的一篇文章里，深泽间接谈到自己奔赴“蒙疆”的契机：

最初和井上先生见面，正在距今四年之前，是昭和十三年初夏，我拜访张家口善邻协会的时候。井上先生在当时事变突发之际，作为协会理事被赋予重大责任，在一所中国式宅院的房间里日夜忙碌。我作为从军画家初到张家口时，表兄村谷氏便告诉说，先生德望人格皆高，来到此地，是首先应该表示敬意的人物，所以，就乘坐当时还不习惯的人力车，颠簸在当时还不熟悉的张家口城内通往善邻会的坎坷道路，前往拜谒问候。

(《悼念井上璞先生》)

此处出现的“井上先生”，就是该文标题出现的井上璞（1877—1941），身份是退役陆军中将，1934 年出任由日本陆军省和内务省等机构支持而设立的“善邻协会”第一代理事长，通过该协会开展内蒙古民间文化事业活动的名义，曾多次到内蒙古和德王联系。1938 年 4 月，所谓“蒙疆政权”建立之后，“善邻协会”也在所谓“蒙疆”的“首都”张家口设置了本部机构，6 月，理事长井上璞移居本部常驻。深泽省三来到张家口后急忙拜见井上，当然不仅是因为仰慕同乡前辈的德望人格，肯定也有争取这位当时居于“蒙疆”文化事业“领导者”位置的人物庇护的打算。

同样值得注意的是上引文字中言及的“村谷氏”，这位被深泽称为“表兄”的村谷，全名村谷彦治郎，1941 年（昭和十六年）发行的《蒙疆年鉴》载有他的简历：

兴蒙委员会主任顾问兼主席府秘书处长【岩手】 明二十二 【东大政】 高知县理事官、群马县内务部庶务课长、满洲民生部关东军嘱托、蒙古军政府最高顾问、参议府秘书处长。

据此可知，村谷本为日本内务部官僚，后进入“满洲”，相当早地参与了所谓“蒙古自治运动”，此处所记“蒙古军政府”，是 1936 年 4 月在乌珠穆沁建立的组织，是德王势力为脱离南京国民政府而迈出的第一步，村谷作为“最高顾问”已经参与其中。而接下来的“参议府秘书处长”，则是 1939 年 9 月“蒙疆联合委员会”改组为“蒙古（疆）联合自治政府”之后设置的职位，而在改组前的“蒙疆联合委员会”时期，村谷是仅次于最高顾问金井章次的参议。1941 年 4 月，“蒙古（疆）联合自治政府”施行“机构改革”，同时发生“最高人事变动”，“参议府秘书处长”村谷被任命为新设立的“兴蒙委员会”的“主任顾问”，无疑也是要职。可以想见，在日本国内，深泽作为儿童画画家的生活受挫之后，之所以选择前往“蒙疆”寻求新路，肯定和在“蒙疆”身居要职的表兄颇有关系。从深泽 1939 年 7 月寄给家人的书信看，在到“蒙疆”一年多的时间里，他的人脉关系已经扩展到“蒙疆政权”的高层：

从六月二十八日起，在厚和（以前的绥远）将有蒙古大会，非常期待。此次大会据说是第三届，以后十年或二十年举办一次，正所谓千载一遇之机，村谷参议和木村事务官（岩手县五户地方的人）两人和我，再加上金井蒙古最高顾问和大同最高顾问，一行五人住进大青山宾馆。

德王赐见。比我的想象更具王者风采。引导我们参观了蒙疆政府的建筑，坚实牢固。抓紧时间给德王素描肖像，德王特别高兴，亲自在画布上署上“德亲王”和蒙古文字，据说这是前所未有之事。（《来自蒙古之旅》）

前引深泽省三的回忆文章说到他在“蒙疆”时期曾“在政治方面得到重用”，但没有说明他怎样被重用。经查，在1940年，他似乎具有“蒙古（疆）联合自治政府嘱托”或“名誉嘱托”的头衔，嘱托大约相当于顾问。而在1941年刊行的《蒙疆年鉴》之“人名录”上，则有这样的记录：“深泽省三，画家，蒙古自治政府军嘱托，张家口东菜园村谷公馆”。可知深泽与“蒙疆”的“军政”方都保有关系。

不必说，作为画家，深泽的主要活动是在美术领域，除了个人的绘画创作，他作为“蒙疆美术家协会”的组织者，也颇为活跃。由于文献限制，关于这个协会存立的全貌还不能充分解明，但综合若干片段资料，也可窥知大略。

第一，上引《蒙疆年鉴》（1941）之“文化”栏里，设有“美术家协会”一项，记云：

> 以美术谋求蒙疆诸民族之融合、亲善，促进文化启蒙与向上，七三五年（成吉思汗纪年，昭和十五年）八月，在张家口创立蒙疆美术家协会，乃朔北蒙疆文化史上须要特别记录之大事。抄录其规约如下：
>
> 一、大会由蒙疆在住美术家组成，会员限于美术家（绘画、雕塑）。
>
> 二、本会致力推动蒙疆文化的开发与发展。
>
> 三、本会通过美术进行介绍与宣传。
>
> 四、本会每年定期举办一次展览会（也应在其他城市巡回展览）
>
> 干部：会长 深泽省三◇ 干事 林一三、和田北佐久、大野都美男、西原良藏、石本正郎、刀弥治义、吉泉德一、森茂、小泽与次郎

第二，同《蒙疆年鉴》之“文化”栏里还有一则“蒙疆美术展”报道，所记内容如下：

> 蒙疆美术家协会主办的第一届蒙疆美术展览会于七三五年十二月六日至十二日在张家口上堡蒙疆

新闻社内举行，金井最高顾问、常冈蒙疆学院院长、深泽画伯等的特别出品之外，出品人总计四十名，西洋画、日本画、中国画、工艺品总计达一百二十点，入场参观者整个展期间超过万人，作为蒙疆首次美展，盛况空前，获得超出预想之效果。首届获奖者三十一名。

第三，1942 年 6 月作为“蒙疆文艺恳话会”之机关杂志创办的《蒙疆文学》亦经常刊载关于“蒙疆美术”的报道，同杂志 1942 年（昭和十七年）9 月号刊有《蒙疆美术协会小品展评》一文，文末署有作者笔名“S”。而据同期杂志“鄂尔多斯”时事短评栏里的一则报道，“S 先生是在法兰西战败之后仍滞留巴黎一年有余”，此次“来张家口旅游”的画家，S 先生的《展评》写道：“蒙疆美术协会的各位成员都有各自的职业，也许不会特别专注于绘画，但都有绘画之心。”由此可推测，“蒙疆美术家协会”主要由业余画家构成。

第四，在《蒙疆文学》的创刊同人、“蒙疆文艺恳话会”的主持者小池秋羊的未刊回忆里，有这样的记述：“《蒙疆文学》得到了深泽氏及任职于《蒙疆新闻》的高玉辉雄氏等人的大力协助，他们的画作常常装饰于杂志的页面。”由此可知，这位高玉辉雄也是和深泽一样活跃于“蒙疆”美术界的人物。而高玉氏所写的《关于蒙疆美术家协会研究所的设立》一文，则比较清晰地讲述了

“蒙疆美协”的宗旨与目标：

> 深泽省三画伯主宰的蒙疆美术家协会此次在张家口设立的蒙古美术研究所，拟通过美术，朝向蒙疆新文化的创建而出发，这具体显示了同协会面对当下时局所怀持的抱负和展开的实践：怎样研究并实现现有时局状况下的美术课题？怎样将之生动地展现在蒙疆的土地上？这可说是给蒙疆文化建设运动赋予重大意义的举措。
>
> …………
>
> 艺术已经不是个人之物，而是民族本身之物，国家本身之物，作为“大东亚共荣圈”之重要一翼，身居守护西北亚细亚关门位置的蒙疆的美术家和美术作品所应指向的目标，应该是清晰明确的。朝着这个目标，美术家协会把这个研究所作为本部的事务所，在内部，会员之间切磋磨炼精神和技术，对外，则指导本地人认识纯正的美术，复兴草原的艺术，朔北的艺术，给悠远的东亚民族传统吹进新的气息，为扎根蒙疆大地的纯正文化的创建而积极工作。

读了上引文字，不难了解，深泽省三所主导的“蒙疆美术家协会”和“蒙古美术研究所”想要创建的新美术，在所谓“复兴”草原艺术、朔北艺术之同时，更要迎合“蒙疆”文化建设以及“大东亚共荣圈”建设的潮流。

“蒙疆”时期的绘画创作

生活于“蒙疆”的将近八年，是深泽省三集中精力进行绘画创作的时期，且多次参与或举办画展。据他的“年谱”所载：“昭和十四年　1939 年　四十岁：一月，从蒙古归国。在牧野虎雄主办的旺玄社展上，特别陈列了他在蒙古的作品三十六幅，以及受德王所托搜集的绥远青铜器、鼻烟壶等。”此外，同年“三月，在盛冈市的川德百货店举办‘深泽省三蒙疆风物展览会’，展出《蒙古妇人》四幅，《队商》《蒙古平原》《骆驼》四幅，《云冈石佛》九幅，总计油彩画三十四幅，素描画三十幅”。

而在《蒙疆文学》1943 年（昭和十八年）12 月号（2 卷 9 号）的“文化消息”栏里，亦有关于深泽画展的记载：“11 月 8 日至 12 日，蒙古自治邦主办的第二届蒙古美术展览会在第一国民学校举行，在此前后，在东亚会馆举办了深泽省三的个展。去年，麻生丰氏也在同一东亚会馆举办过个展，听说当时成交额接近两万日元。此次深泽氏画展卖出的作品，听说也超过了一万七千日元。是不是懂画，姑且不论，就张家口在住日本人一万七八千的人数而言，竟然开拓出这样的美术市场，确实值得注目。”从这则消息可以看出，当时深泽省三作为“蒙疆”的代表画家已经被广泛认可，在美术市场也颇有人气。

1945 年 8 月，“蒙疆政权”随着日本战败而崩溃，12 月深泽作为遣返者回到日本，他后来曾对友人说：“不知道那么多描写蒙古的画作都怎么样了，战败的凄惨和恐怖，蒙古人的态度，像翻掌一样说变就变了”。而有的研究者也跟从深泽本人的说法，认为他在“蒙疆”时期的“画作几乎都留在了当地”。

画家生前出版的《深泽省三画集》（1989）里收录“蒙疆”时期的画作只有很少几幅，或许就是由于这样的原因。该画集标注“1938—1945”年的作品，多以颇具蒙古风味的人物、风景、动物为题材，画作描绘的陆地人的骨骼与容貌，和深泽到“蒙疆”之前的儿童画里经常出现的“西洋风的时髦人物”，形成了鲜明对照。但从深泽在同一时期创作的风景画，则可看出与其奔赴“蒙疆”之前的同类作品有一定的连续性。不过，“蒙疆”时期的作品印象派或后期印象派的构图特点和色彩更为鲜明，作为油画家，他的艺术进境也是很明显的。

迎合侵略战争的宣传性作品是否全部消失？

读《深泽省三画集》所收“蒙疆”时期的作品，首先让人注意到的是，他所描绘的人物速写和肖像画，几乎都是以“蒙疆政权”上层人物或他们的家属为模特。这大概和被称为“‘蒙疆’画伯”的深泽氏当时的人脉有关，同时也表明，他的目光几乎没有关注下层社会。

更令人费解的是，在这些画作里，几乎感受不到战争状态下的气氛。而在深泽给家人的书信里曾写到，他在“蒙疆”各地旅行作画，常常要携带手枪。如在《来蒙古之旅》里有这样的描述：“在多伦，素描蒙古女人，因为准备不足，不能自如之处很多。夜里要把手枪放在枕下入睡，或许你由此可以察知在此作画的辛苦。”深泽主导的“蒙疆美术家协会”本来就颇为积极地参与“大东亚共荣圈”建设，他的绘画创作，自然也不可能不与当时的战争时局发生关联。

笔者虽然只做了初步调查，但已经发现了《深泽省三画集》所没有收录的“蒙疆”时期深泽的一些作品。在此仅举两例。一是刊载于杂志《儿童之友》1942 年（昭和十七年）4 月号上的插画《蒙古王子》。画面上，服饰华美的蒙古王公带着他的儿子（王子）在观赏一位画家的作画，而他们的身旁，则有两位荷枪而立的日本士兵，显然是在负责保卫。另外一例，是《蒙疆文学》1943 年（昭和十八年）3 月号的封面画，画面上这位女性的激烈表情，和旁边标注的画题《勇敢进击》合起来看，不难判断，是一幅呼应战争时局的宣传画。

即使只看上面这两个例子，也可以说，战后出版的

《深泽省三画集》其实是有意识地遮蔽了画家当年为配合侵略战争而从事的美术活动。但他当年绘制的宣传性作品肯定曾为媒体欢迎，并不会全部消失，而为了解明从军画家深泽省三的实相以及他以画作表现的“蒙疆”意象，还有必要继续对这些作品进行调查和发掘。

《蒙古“军民协和”图》的多义内涵

最后，且来看一下深泽省三作为从军画家而受到高度评价的代表作《蒙古“军民协和”图》。如画题所示，这是一幅表现日本侵略者和被占领地区“蒙疆”的“民”之间的“协和”景象的画作，站立在前景位置的两个人物，是以日本皇族北白川宫永久王和“蒙疆政府”最高顾问金井章次为模特描绘的。如所周知，这位身着军装的北白川宫（1910—1940），是陆军大将北白川宫能久亲王和明治天皇的第七皇女房子内亲王所生的第一王子，当时作为陆军炮兵大尉驻在“蒙疆”，1940 年（昭和十五年）9 月 4 日，因为在张家口举行的航空演习发生事故而死亡。或许是因为这个人物的特殊地位，1941 年（昭和十六年）7 月，日本陆军的外围团体——陆军美术协会举办“第二届圣战美术展览会”，在第十一展室（陆军作战记录画作之部）展示了这幅作品，并列入昭和天皇的“天览画”之内，当时给从军画家深泽省三带来了